行政法论丛

第29卷

ADMINISTRATIVE LAW REVIEW VOL.29

沈岿/主编

教育部人文社科重点研究基地
北京大学宪法与行政法研究中心/主办

法律出版社
LAW PRESS CHINA
北京

图书在版编目（CIP）数据

行政法论丛. 第29卷 / 沈岿主编. -- 北京 ：法律出版社，2023

ISBN 978-7-5197-7945-0

Ⅰ. ①行… Ⅱ. ①沈… Ⅲ. ①行政法学－文集 Ⅳ. ①D912.101-53

中国国家版本馆CIP数据核字（2023）第087948号

行政法论丛（第29卷）
XINGZHENGFA LUNCONG（DI-29 JUAN）

沈　岿　主编

责任编辑　王　珊
装帧设计　李　瞻

出版发行　法律出版社
编辑统筹　学术·对外出版分社
责任校对　张翼羽
责任印制　陶　松
经　　销　新华书店

开本　710毫米×1000毫米　1/16
印张　15.25　　**字数**　229千
版本　2023年6月第1版
印次　2023年6月第1次印刷
印刷　北京新生代彩印制版有限公司

地址：北京市丰台区莲花池西里7号（100073）
网址：www.lawpress.com.cn
投稿邮箱：info@lawpress.com.cn
举报盗版邮箱：jbwq@lawpress.com.cn

销售电话：010-83938349
客服电话：010-83938350
咨询电话：010-63939796

书号：ISBN 978-7-5197-7945-0　　**定价**：69.00元

凡购买本社图书，如有印装错误，我社负责退换。电话：010-83938349

目　录

代卷首语

●政府应当如何回应民意？

沈　岿*

一、引论：民意可违吗？

2022年6月24日，美国最高法院作出了"一石激起千层浪"的裁决，其在道布斯诉杰克逊妇女健康组织案（Dobbs v. Jackson Women Health Organization，以下简称道布斯案）中，以5位大法官支持、4位大法官反对的裁决，①推翻了近半个世纪前最高法院在罗诉韦德案（Roe v. Wade）确立的女性堕胎宪法权利。根据这一最新裁决，美国宪法的隐私权并不包括女性堕胎权利，各州可以自主通过法律决定对堕胎的规制。由此，美国预计有接近一半的州会出台法律禁止或严格限制堕胎。② 这个裁决不仅成为美国国内舆论的焦点，也引发全球范围的广泛瞩目。③ 与本文主题相关的一个事实是，根据美国哥伦比亚广播公司（Columbia Broadcasting System，CBS）的民意调查结果，59%的美国人并不同意最高法院推翻罗诉韦德案裁决，对

---

* 北京大学法学院教授。

① 美国最高法院首席大法官约翰·罗伯茨（John Roberts）虽然加入多数意见，支持密西西比州对堕胎的限制，但并不同意推翻罗诉韦德案。故，道布斯案的裁决是6∶3的投票结果，可是，对于推翻罗诉韦德案而言，最高法院大法官的支持和反对票数是5∶4。

② See Dan Mangan & Kevin Breuninger, *Supreme Court Overturns Roe v. Wade, Ending 50 Years of Federal Abortion Rights*, CNBC（June 24, 2022）, https://www.cnbc.com/2022/06/24/roe-v-wade-overturned-by-supreme-court-ending-federal-abortion-rights.html.

③ 参见《"罗诉韦德案"：全球各地如何回应美国堕胎裁决》，载英国广播公司2022年6月29日，https://www.bbc.com/zhongwen/simp/world-61964237。

应之下，41%的美国人则表示同意。在反对者之中，有2/3是女性。④ 凭此，可以认为，美国最高法院否认女性堕胎宪法权利的裁决是违逆当下多数美国人意愿的。

在以民主为立国基础之一的国家，“违逆民意”是较容易引发质疑和谴责的。20世纪60年代，耶鲁大学法学院的亚历山大·毕克尔（Alexander Bickle）就曾经以“反多数困境”（counter-majoritarian difficulty）概念，指向美国最高法院对立法行为或民选总统的行为进行司法审查并宣布其违宪所面临的处境。他指出，最高法院“实施的控制并不是代表而是反对占主导地位的多数人”，“这就是为什么司法审查会被指责为非民主的原因”。⑤ 当然，由于民选的国会或总统（统称“民选机关”）在原理上代表多数选民的选择，最高法院推翻民选机关决定可以被视为违反多数选民的意愿，而通过道布斯案，最高法院只是推翻了其原先在罗诉韦德案中确立的裁决，严格而言，似乎不能轻易归入毕克尔的“反多数”范畴。但是，就此案引起的当下美国民意而言，言其属于“反多数”，也并不为过。

另外值得注意的是，在美国的政制之中，最高法院若错误解释国会立法，限缩了公民权利，国会可以修改法律，重新建立起原本立法的意愿。实践中，最高法院除了接受国会对其裁决的“推翻”之外别无选择。这可以认为是民选机关对最高法院审查其立法的反向制衡。然而，这种反向制衡仅仅是就最高法院审查国会立法而言的，若最高法院出现对宪法的“错误解读”，那么，国会就没有类似的平行权力“推翻”最高法院的宪法解释。最高法院成了宪法意义的最后决断者。⑥ 而道布斯案裁决，恰恰是最高法院对宪法隐私权的解释。这就意味着，在未来不确定的很长一段时间内，道布斯案裁决所确立的女性在宪法上没有堕胎权的原则是很难被“推翻”的。

然而，民意是否就一定不能被“违逆”呢？以某种形式表现出来的违

---

④ See Jennifer de Pinto et al., *CBS News Poll*: *Americans React to Overturning of Roe v. Wade—Most Disapprove*, *Call It Step Backward*, CBS News (June 26, 2022), https://www.cbsnews.com/news/americans-react-to-roe-v-wade-overturn-opinion-poll-2022-06-26/.

⑤ Alexander M. Bickel, *The Least Dangerous Branch*: *The Supreme Court at the Bar of Politics*, 2nd edition, Yale University Press, 1962, p.16-17.

⑥ See Jamin B. Raskin, *Overruling Democracy*: *The Supreme Court v. The American People*, Routledge, 2003, p.216.

逆,如与民选机关的决定或民意调查的多数意见相左,是不是就一定因为“反多数”“反民主”而失去合法性或正当性呢?答案是并不尽然。至少有四个可能的理由:第一,法律和政策并不必然出自多数人的意志。⑦ 第二,托克维尔笔下的多数暴政(tyranny of majority)⑧威胁始终存在。第三,与多数暴政相关却又有独立意义的是,民意或多数意见并不一定都是善的。电视、小报等媒体出于商业动机搅动民意,迎合、取悦情绪、直觉、偏见甚至低俗趣味,让民众或者充满仇恨或者“空智化”,民粹主义可能取代以善治政府、代议民主和理性辩论为基础的社会结构。⑨ 第四,“反多数”并不一定是“反民主”,因为,世界范围内对民主存在多种定义,大致有宪法上的、实质上的、程序上的和过程导向的四类。⑩ 与多数人意志相左的“反多数”仅仅是程序意义上的,但可能是符合实质民主的。所以,曾任美国宾夕法尼亚州中部地区法院法官的约翰·E. 琼斯指出,《美国宪法》第1条、第2条关于立法和总统的规定是指向多数人统治的,这两个政府分支受制于人民的意志,屹立于普选中,而第3条的规定则是反多数的,司法分支是保护人民免受多数暴政。⑪

由上可知,对于“民意是否可违”这一看似简单的问题,从来没有简单的答案。在当代,对于一个承诺以民主为立宪基础、将“为了中国最大多数人民的最大利益”作为立宪原则的政府而言,⑫无论是其立法、行政分支还是其司法分支,都需要在如何回应民意上进行与其职能特色相匹配的,谨慎、耐心、精细又富有创造性、专业性的制度探索。本文以下无意对

⑦ 汉娜·阿伦特(Hannah Arendt)很少直接赞扬代议民主,仅仅将其视为一种政府形式。她拒绝接受法律和政策源自多数人意志的观点。See George Kateb, *Arendt and Representative Democracy*, *Smulgundi*, No. 60, Spring-Summer 1983, on Hannah Arendt, p. 20, 55.

⑧ 参见[法]托克维尔:《论美国的民主》,董果良译,商务印书馆1991年版,第287~291页。

⑨ See Bernard Crick, *Democracy: A Very Short Introduction*, Oxford University Press, 2002, p. 85-90.

⑩ See Charles Tilly, *Democracy*, Cambridge University Press, 2007, p. 7-11.

⑪ See John E. Jones III, *Inexorably Toward Trial: Reflections on the Dover Case and the "Least Dangerous Branch"*, Humanist (January/February, 2009), https://web.archive.org/web/20110613225327/http://www.thehumanist.org/humanist/09_jan_feb/Jones.html.

⑫ 参见曾建徽、徐民和:《为了中国最大多数人民的最大利益——彭真同志谈中华人民共和国宪法修改草案》,载张友渔等:《宪法论文集》,群众出版社1982年版,第1~7页。

此主题进行全面的触及和铺开,而是针对与人民更多直接交道、与人民福祉更为直接相关的政府(狭义的,即行政),讨论应该通过怎样的制度,促使其更好地回应民意,提升其开放、交流、负责的形象。当然,即便是如此限缩讨论范围,也可能是挂一漏万的。

二、什么是民意?什么不是?

究竟什么是民意?如果采取拆字解读的方法,一个简单的回答可以是人民的意见、意愿和意志。意见、意愿和意志在中文词汇中有共同意义指向,也有些微的差异,本文根据语言习惯在不同上下文中使用之。有时,为行文简洁起见,当需要合并表达"意见、意愿和意志"时,也会用"意愿"统称。然而,对一个重要概念进行如此简洁的阐释或定义,容易忽视或掩盖许多复杂难解的问题。

比如,什么是"人民"?是指每一个有着自然生命的个人即自然人,还是指向无数个不特定自然人的抽象集合?仅仅指有着国籍身份的国民、公民,还是指向所有生活在一个国家、受该国法律辖束的有着任何国籍的人?包不包括自然人在法律上的组合,即不是事实上聚集在一处的人,而是形成了具有法律意义的组织体,如从事生产经营活动、谋取商业利益的企业组织,或者为了共同的但非营利的目标而成立的社会组织?有着专业知识、专门经验并往往据此提出专业意见的专家,属不属于"人民"?另外,什么又是"意愿"呢?只有表达出来的才是"意愿"吗?通过什么形式表达的可以算得上是"意愿"?口头的还是书面的?情绪化的还是理性化的?"意愿"有真实的和虚假的之分吗?

进一步,"人民"与"意愿"叠加而成的民意,通常理解似乎是一个集合概念,其不指向特定个体(包括自然人和组织体)的意愿。可是,有的时候,为什么听取特定个体的意见也会被当作尊重民意的事例?若民意概念就是集合的,排斥个体的,那么,民意是多数人的意愿,还是也包括少数人的,又或者既不是多数的也不是少数的,而是人民形成的共同意愿?又如何判断某个具体民意是多数的、少数的还是共同的?全国和各地人民代表大会作出的决定或制定的法律法规,是全国人民或特定地方人民的民意吗?在互联网时代,上热搜头条的意见是不是就代表民意?"沉默的大多数"(silent majority)是更常见的民意现象吗?

本文列出以上问题，并不是要一一予以解答，再对“民意”给出一个精准的、可以广为接受的定义。这些问题已经足以显示，对于一个被广泛使用且使用语境和使用意义有着众多变化的语词或概念，提供为许多人所接受的定义是非常困难的。如果我们稍稍离开现实，回溯历史，也会发现其意义在时间维度上的变化。

在英语世界中，与中文“民意”对应的单词有“public opinion”或“the will of the people”等。其中，“public opinion”作为一个组合词，在历史演进中至少曾经出现过三种意义。最开始，它在18世纪欧洲启蒙时期得到广泛运用，是若干重大历史趋势的产物。这些历史趋势包括：人们读写能力的提高、商人阶层的扩张、新教改革以及印刷业发展带来的文献流通等。有文化的、广泛阅读的商人阶层崛起，聚集在沙龙和咖啡馆等新的流行场所中，在倡导基本个人自由的新自由主义哲学的鼓舞下，开始明确表达对王室专制主义的批评，并在政治事务中维护自己的利益。在早期的用法中，“public opinion”指的就是这个日益壮大的“文人”阶层的社会习俗和举止。

之后，到了18世纪末，它则被明确地用于政治语境之中，经常与“共同意志”（common will）和“公共良心”（public conscience）一起使用。如同卢梭著述中所表达的那样，它更为经常地指向共同意志，从而获得了一个抽象的、超人的属性。它是通过理性辩论而获得的，作为审查和控制国家行为的一个强力新法庭。

再之后，“public opinion”又摆脱了这一共同体主义的起源。在密尔、边沁等思想家那里，政治共同体不再被视为由分离的思想聚集一处经过理性辩论形成共同意志，而是被视为使自身利益和效用最大化的个人的集合。要协调这些相互冲突的利益，最好的办法不是通过公开的理性辩论得出任何共识结论，而是通过在定期选举和公民投票基础上的多数人统治，国家只是在竞争性实现经济和政治目标的个人和团体之间充当裁判角色。由此，“public opinion”就指向在自由主义推崇的不受规制的“观念市场”基础上形成的多数人观点。[13]

---

⑬ See Vincent Price, *The Public and Public Opinion in Political Theories*, in Wolfgang Donsbach & Michael W. Traugott eds., The SAGE Handbook of Public Opinion Research, SAGE Publications Ltd., 2008, p. 12 – 13.

文森特·普莱斯（Vincent Price）的以上描述想来无法覆盖“public opinion”一词的全部历史，可也已经折射出其意义的多变性。甚至，从中可以发现，这些意义——如共同意志或共识、多数人的意志、与国家/政府对立的公众意志、对大众有巨大影响的精英意见——在当代不同语境中也会有所呈现。这再次证明，“民意”是很难定义的。只是，为了让本文的聚焦更加显明，还是有必要在此以并非周全的框架方式，大致勾勒出本文所指的“民意”是什么、不是什么。

第一，民意是公众的意愿，而非统治实体的意愿，尽管通过民选产生的立法机关作为统治实体的一个分支，被认为是人民的代表机关，其制定的法律、作出的决议被认为是民意的体现，而行政机关、司法机关执行和适用法律也可以被认为是民意的事实。第二，民意是不特定的个人、组织的意愿，而非特定个人、组织的意愿，尽管政府工作人员就某项公共决策听取特定个人、组织的意见，有时也被认为是尊重民意的体现。第三，民意的体现形式是多样的，口头的、书面的，文雅的、低俗的，在网络上纷纭众说中的，在民意调查报告中的，在政府机构舆情分析中的，等等，但一定是表达出来的。第四，民意不一定仅仅指向多数人的意愿，少数人的意愿也同样包括在内，尽管前者往往被认为是公共决策的合法性/正当性（legitimacy）所在。第五，民意是不同于精英或专家意见的，前者的意见主体是普通人群体，后者的意见主体则是在能力或品质上优越于普通人的群体。第六，民意本身并不一定在法律上、道德上、伦理上更具正当性，但在民主社会中，其容易占据制高点，与民意相左需要给出更多的正当性理由或通过正当的程序。

三、开放且制度化地听取民意

听取和回应民意并不只是民主时代的产物，在前民主时代，它同样为不少统治者所重视，且会以多种形式表现出来，如中国古代的微服私访、体察民情。只是，在“君者，舟也；庶人者，水也；水则载舟，水则覆舟”（《荀子·王制》）的思想之中，听取和回应民意的主旨应该是保证君王之治的安定，所谓“故君人者，欲安则莫若平政爱民矣”（《荀子·王制》）。当下，在民主时代，由于民主政制的宗旨是保护和促进人民权益，故听取和回应民意应该更多以开放的且制度化的形式出现。

如果我们承认,每个人都应当是平等的,每个人的正当利益都应当得到"应得的"尊重和保护——姑且不论"应得的"究竟意指什么、在不同情境中会有怎样不同的意涵,那么,在理论上,民主政府就应当充分听取每个人关于其利益的诉求。任何个人被有意无意地忽视其意见或被有意无意地拒绝提供意见的机会,就是与平等原则相悖的。然而,"听取每个人意见"的原则付诸实践,需要处理五个具体的现实问题:第一,什么情况下需要听取意见?第二,什么时间节点听取意见?第三,谁来听取意见?第四,听取谁的意见?第五,通过什么方式听取意见?

1. 什么情况下需要听取意见?

原则上,但凡政府决定对个人利益有影响的,特别是构成不利影响的,都应当听取相关个人意见。这不应该仅仅限于传统行政法上正当程序原则或自然公正原则所适用的政府作出影响特定个人决定的场合,也应该适用于政府作出影响不特定多数个人利益的决定的场合。在后一场合所听取的意见即是本文重点关注的民意。有的时候,即便是一种看似对特定群体有利的决定,如普遍提高失业救济金或者退休金,也应当适用听取意见的要求,因为:第一,对特定群体有利的决定有可能对其他群体不利;第二,对特定群体有利的决定有可能存在多种备选方案以及同一群体内部对不同备选方案可能有不同意见;第三,对特定群体有利的决定有可能涉及公共资源的分配,而其他群体即便并未受到不利影响,也会对如何分配有不同意见。

以往,传统行政法学除对行政诉讼法将行政人事处理决定排除在行政诉讼受案范围之外的规定⑭是否合适进行讨论外,对内部行政较少关注。之所以如此,或许有以下三个理由:其一,内部行政较少直接涉及行政管理或服务对象的利益;其二,内部行政即便存在涉及行政管理或服务对象的活动,也可能处于"不成熟"环节,行政机关尚有权进行裁量决断,故不必对其施以严格的规则之治;其三,内部行政的好坏,主要是效率问题,外在表现是总体上的行政绩效,即总体上是否令人满意地完成立法者

⑭ 《行政诉讼法》第13条规定:"人民法院不受理公民、法人或者其他组织对下列事项提起的诉讼:……(三)行政机关对行政机关工作人员的奖惩、任免等决定……"此条款自1989年《行政诉讼法》诞生时即存在,迄今未有任何松动。

或上级行政机关交代的任务，与之对应的基本是行政机关负责人承担的政治责任。这里隐藏着"管好负责人就可以管好内部行政"的逻辑。

然而，第二个理由更多是排除司法审查的过早干预，其所指向的行政过程的不成熟环节，若确实涉及行政管理或服务对象的利益，恰是听取意见应当适用的场合。至于纯粹内部行政与外部相对人利益无关，其好坏由行政首长负责的理念，也不是绝对成立的。考虑行政绩效涉及"如何花好纳税人的钱、办好纳税人的事"，所以，凡是内部行政关乎行政绩效的重大举措或改革措施，也应该以听取民意为原则。

2. 什么时间节点听取意见？

涉及公众利益的决定在其内容具体化形成之前听取意见，当然是首选的，因为其不仅具有象征意义，也同样有现实意义。前者是指其具有民主的象征，涉及公众利益的意见在政府决定作出之前被听取，可以让政府决定建立在民意基础上，从而获得合法性、正当性。后者是指政府听取的意见构成了政府决定最后内容的真实依据，实际上塑造了政府的决定，尽管公众意见并不见得总是能够发挥如此重要的现实作用。

当然，在一种应急或紧急的状态下，若政府于听取民意之后再作出相应决定，可能会贻误和错过对公众利益保护最为有利的时机，那么，事前听取意见就不是必经程序。但是，这绝不意味着政府有完全的、绝对的自主裁量权，绝不意味着民意无需听取。由于在应急或紧急状态下作出的决定可能会忽视特定群体的利益，或者可能会没有意识到更好的方案，因此，政府在决定作出之后，仍然需要考虑听取民意，以更好地改进决定。⑮

3. 谁来听取意见？

原理上，民意当然应该是由作出决定的人来听取的，因为只有当公众意见——通常表现为在同一议题上的众多不同意见——为决策者所知，决策者才有可能对不同意见之是非曲直、利弊得失等进行充分的权衡，才有可能促成决策者作出对由不同利益群体构成的公众而言最优或接近最优的决策。

---

⑮ 关于风险治理决策程序的应急模式及该模式下"决策后、决策执行中的公众参与"环节，参见沈岿：《风险治理决策程序的科学与民主——以防控甲流的隔离决策为例》，载姜明安主编：《行政法论丛》第12卷，法律出版社2009年版。

实践中,最终有权的决策者不可能就每一项公共决策都亲力亲为地听取意见,更常见的情形是,决策者所在机构的相关工作人员接受委派听取意见,受委派工作人员则会将公众意见汇报或简要汇报给决策者。在这个过程中,存在三种信息传递失真的可能性:第一,汇报者对不同的公众意见进行了自己的解读和汇报;第二,汇报者在扼要汇报中遗漏了重要的公众意见;第三,汇报者出于某种目的故意扭曲或隐瞒了重要的公众意见,该目的可能是汇报者认为需要特别予以考虑某些公众意见而忽略其他公众意见,也可能是汇报者迎合决策者先入之见。

为确保没有亲力亲为听取意见的决策者获取公众意见,同时又为减少前述信息传递失真导致决策者作出错误决定的情况,需要考虑四项制度设计:第一,听取意见过程的记录制度;第二,听取意见情况的汇报制度;第三,汇报者汇报过程的记录制度;第四,汇报者的责任制度。

4. 听取谁的意见?

如上所述,"民意"是一个意义含糊而多变的词语。尽管如此,有一点是确定的,即民意绝不意味着没有不同意见;即便是当其意义指向"共识"或"共同意志"时,多数情况下也隐含不同意见逐渐达成"共识"或"共同意志"的过程。例如,前文提及的通过理性辩论形成民意。如果这是成立的,那么,听取谁的意见这一问题的答案在于尽可能让不同意见得以充分表达。

接下来的技术性问题是,怎么才能做到"尽可能让不同意见得以充分表达"?尤其是,通常情况下,听取意见者事先并不知晓哪些人会有哪些不同意见,在传统的听取意见方式如座谈会、讨论会、听证会等(下文将要述及)召开之前,由于时间、空间对提意见者的限制,邀请谁参加就会成为一个问题。于是,"利益组织"和"利益代表"原理就有了用武之地。"利益组织"原理是假定有着相同或相近利益的不特定多数个人可以成立组织,相较于分散的个人,组织更能表达和维护其每个成员的利益。"利益代表"原理是假定有着相同或相近利益的不特定多数个人,可以选定和委托一个或少量个人代表其利益,或者通过成立组织来代表其利益。由此,一个看似较易操作的方法是,政府找到并听取政府决策相关的不同利益群体之代表——无论是个人代表还是组织代表——的意见。

当然,即便是这种方法,也不一定能够绝对地保障:第一,找到所有相关的利益代表;第二,利益代表都是合适的、真正可以为其所代表的利益发声的。由于存在曼瑟尔·奥尔森(Manchur Olson)集体行动逻辑理论指出的问题,即分散的个人缺乏动力直接组织团体或参加有组织的团体,⑯或者存在利益组织化的自由空间受到较大程度限制的问题,并非所有的利益主体都有相应的代表。而即便是选定和委托了一个或少量个人代表,或者成立或加入利益组织作为代表,这些代表也不一定能在听取意见的场合,将所有需要决策者关注的利益诉求皆予以准确、适当的表达。⑰然而,尽管存在这些缺陷,该方法仍然不失为处理听取谁的意见这一问题的经济有效的答案。而这些缺陷带来的危害,如果不能完全杜绝的话,可通过其他制度予以减少。

5. 通过什么方式听取意见?

公开的听取意见的方式可以是多种多样的。在我国的政府实践中,一般而言,有五种方式:

一是座谈会、讨论会等。其主要是由政府机构邀请其认为合适的利益代表来参加,听取其意见。而且,常见的情况是同时邀请一些专家来参与,让专家尽可能不作为利益代表而是倾其所学所长提供相对客观、中立的意见。

二是实地走访、书面征求意见。其主要是政府机构委派工作人员到现场或者发出书面信函,听取其认定的特定对象的意见。

三是公开征求意见,即政府机构并不邀请特定意见主体参加会议,也不是指向特定意见主体的走访或书函征求意见,而是通过政府网站、政务新媒体以及报刊、广播、电视等便于社会公众知晓的途径,将其决策草案向社会公开,任何个人、组织都可以向政府机构提出意见。

四是问卷调查、民意调查,即政府机构或其委托的民间调查机构,以问卷、电话、邮件等方法了解不特定民众的想法或看法,其往往由调查者设计调查的问题以及可能的选项,被调查者也是从预先设定的选项中进

---

⑯ See Martin Gilens & Benjamin I. Page, *Testing Theories of American Politics: Elites, Interest Groups, and Average Citizens*, 12 Perspectives on Politics 546(2014).

⑰ 例如,在美国的实践中,公共利益律师可能"不是主张在理论上假设其所代表的广大委托人的利益,而是主张其自身的利益或者委托人中少数积极分子的利益"。参见[美]理查德·斯图尔特:《美国行政法的重构》,沈岿译,商务印书馆2002年版,第137页。

行选择,并没有充分空间说明选择的理由,也无法选择调查者未设计的选项。

五是听证会,即政府决策事项涉及多方利益主体且各方意见分歧较大的,政府机构应当举行听证会,听取各方意见。听证会的举办流程大致是事先公布决策草案,明确听证会时间地点,公布听证会参加人员遴选办法并组织遴选(保证各方都有代表参加),向社会公布听证参加人名单,举行听证会由各方参加人询问、质证和辩论,听证会笔录和签字等一系列正式程序。⑱

综上,听取民意是对民主政府提出的一项基本要求,"听取每个人的意见"又是每个人都应平等得到尊重原则的应有之义。而具体实施并非如此简单明了,需要应对的问题也不限于以上所述。然而,无论多么复杂,即便无法百分百实现,甚至无法实现基本要求和原则的一半,也应当通过制度化的设计让听取民意尽可能落到实处,减少其任人恣意摆布的可能性。

四、理性、向善的交流以引导民意

前文提及,民意并不当然具有法律上、道德上和伦理上的正当性。平等尊重每一个人原则与"从善如流"之间是存在张力的。因为,平等尊重意味着不能绝对排斥情绪的、偏狭的、低俗的、错误的意见,而"从善"则意味着需要区别对待,择其善者而从之。就此而言,"唯民意是听、唯民意是从"是不明智的。事实上,无论是前民主社会还是民主社会,治理者都未曾如此对待民意。例如,《荀子·王制》提及"听政之大分:以善至者待之以礼,以不善至者待之以刑。两者分别,则贤不肖不杂,是非不乱"。其虽然指向的是如何对待向君王提出政见的人——通常是有身份、有地位或有学识者,但如果他们的意见尚且受到如此对待,更何况普通百姓的?!

然而,民主时代的进步极大地提升了占据社会多数的平民在意识形态中的地位,自然也就极大地提升了"民意"在意识形态中的地位,尽管平民和民意事实上的地位并未被如此尊崇。在前民主时代,人民只是统治

⑱ 听取意见的这些方式以及听证会的程序,参见《重大行政决策程序暂行条例》(国务院令第713号,2019年4月20日发布,2019年9月1日实施)第14~18条。

的被动接受者,统治的目的是统治者获得长治久安,关心民间疾苦只是长治久安的工具。在民主时代,人民成了统治合法性/正当性的来源,统治的目的显然不再是维护某个统治者或统治集团地位的长久性,而是人民福祉的保障和进步,民间疾苦不再是工具而是目的本身。由此,在进入民主时代以后,套用古斯塔夫·勒庞(Gustave Le Bon)的话,人民的力量是"一股新的力量、一股最终仍会存在下来的现代至高无上的力量",是"唯一无可匹敌的力量,而且它的声势还会不断壮大"。[19]"民意"也就成了一个不能随意、轻易打发的力量,否则,就会背上"违逆民意"的骂名,统治的合法性/正当性就极易受到质疑。

民意应予高度重视、认真对待,但又必须避免政府决策为情绪、偏狭、低俗、错误的民意所左右。由是,对于民主政府而言,极具挑战性的任务就是引导民意向理性、包容、文明、正确等品质发展。之所以称其极具挑战性,是因为民主政府至少有以下三个局限,会妨碍这种引导的健康进行:

一则,现实中的民主政府不是集形式民主和实质民主理想于一身的"神一样的存在",不是独立于又能协调平衡各方利益的"公正仲裁者",它也有自己的利益追求,如保证自己认为正当的政策得以实施。因此,它当然希望民意是拥护其政策的,当然希望获得更多人民支持其政策合法性/正当性的信息,它就完全有可能利用其掌握的舆论工具让民意倒向它一边。

二则,现实中的民主政府可能不是"铁板一块",尤其是经过多党竞争选举产生的。在民主政府内部,可能会对应该有怎样的民意产生分歧,甚至是巨大的分裂。当分裂演化为政党或派系之间"不是你死就是我活""凡是你支持的我就反对、凡是你反对的我就支持"的状况时,政党或派系的领导者就会纵容于己有利的民意,无论民意是否经得起理性、包容、文明、正确的考验。

三则,现实中的民主政府有可能尚未发展出足以避免民粹主义领导人操纵和利用民意的成熟制度。在哈利·柯林斯(Harry Collins)等人看来,极端的民粹主义视人民意志为社会有机的、统一的构成,人民意志集

---

⑲ [法]古斯塔夫·勒庞:《乌合之众:大众心理研究》,冯克利译,中央编译出版社2000年版,第6页。

中体现在精英领导层或领导者个人身上，少数派和反对派不是“真正的人民”，不应该有法院、媒体等机构制约人民意志，不应该有精英领导层以外的精英挑战领导层，不应该有政府专家以外的专家制约人民意志，民粹主义领导人会主张以上所有这些以反对多元主义的民主。[20] 由于权力制衡、遥不可及的机构以及民选代表被看作削弱了人民被关注、被倾听和被接纳的能力，所以，有观点认为民粹主义有利于民主，它将人民与决定权重新联结起来，是人民主权的真正体现。[21] 由此，民主政府内在固有的一个风险是很容易滑向勒庞所担心的领导人利用断言、重复和传染等手法动员群体听命、顺服和盲从。[22]

为尽可能减少民主政府的现实局限给民意引导造成的负面影响，就需要建立一系列制度缓冲装置，其核心就是打造理性的、向善的政府与人民之间的交流。具体而言，应当至少考虑以下五个方面：

第一，应当打造政府与人民之间双向、多向的交流沟通机制，而不是政府单向度的宣传。前者是信息、意见、观点的交换，旨在互通有无、促进了解和理解；后者是信息、意见、观点的单方面输送，只是希望公众接受，而不顾公众是否有不同的信息、意见、观点。即便是在专业性非常强的议题上，即便是政府拥有优秀的专家，也不能“一味地使公众成为信息的收件人(receiver)，而忽视公众的感知、认同与关切”[23]。

第二，应当营造人民表达多种声音的环境，以体现对多元利益主张的包容和吸纳。对于一个事关自身利益的公共政策，不同的人、不同的组织往往会有不同的看法和想法；即便是被大致视为有着相同利益的群体，如女性、残障人士、律师、农民工等，在其内部也会有迥然相异的观点。一个更加包容的环境，有助于不同利益、观点的持有者倾听对立的声音、反省自身的不足，有助于人民自身尽量摆脱极端情绪和偏狭之见，也有助于协调平衡各方利益、实现人民利益最大化的公共政策的形成。

---

⑳ See Harry Collins et al., *Experts and the Will of the People: Society, Populism and Science*, Palgrave, 2020, p. 44 – 45.

㉑ See Harry Collins et al., *Experts and the Will of the People: Society, Populism and Science*, Palgrave, 2020, p. 40.

㉒ 参见［法］古斯塔夫·勒庞：《乌合之众：大众心理研究》，冯克利译，中央编译出版社2000年版，第96～117页。

㉓ 沈岿：《风险交流的软法构建》，载《清华法学》2015年第6期。

第三，应当在交流沟通中宽容人民对政府的批评。允许多元利益主张的表达，而不能包容人民对政府的批评，是不可想象的。因为，政府出台或准备出台的公共政策难免会在利益分配和保护上对某些群体有所倾斜，从而某种程度上或多或少对相关利益群体构成不利，又或者为了寻求各方利益的平衡，难免会对各方现实利益或预期利益都有所减损。无论什么情况，利益主体都可能会有批评政府的声音。批评是否在理暂且另当别论，首要的是对批评保持宽容，唯有如此，才可能发现公共政策之不足——实质上的不足或者获得认同上的不足，才可能实质上改进公共政策或者通过交流沟通获得批评者的认同。

第四，应当尽可能保证公共决策所依赖的科学和专家的独立性、专业性和谦抑性，从而既可获得人民的信任，又可促进理智的民意。根据民主政府的原理，公共决策的最终决定者是民选代表或者民选代表授权的机构。但是，一方面，“民主制度日益依赖专家顾问，从而在实践中逐渐变成技术专家统治(technocratic)”，技术专家被认为“在幕后的议程设置和问题框定方面行使了太多的权力、实施了太多的影响”。㉔ 另一方面，科学自身的不可靠性得到了广泛的认识，以托马斯·库恩(Thomas Kuhn)为代表的科学研究第二波浪潮用广泛的案例研究表明科学方法并非如以前宣传的那般，科学结论更多受到其所处社会情境的影响，专家建议其实建立在大量的社会假定之上，因此，该浪潮反对技术专家统治。㉕ 而且，专家也有“源于又不完全等同于科学局限的不可靠性”，如被已有知识蒙蔽双眼、过于自信、保护本专业不受挑战、受雇于企业或政府机构、本领域的“井蛙之见”“反民主的”对非技术问题的排斥、基于特定价值立场地选择科学方法和数据。㉖

㉔ Harry Collins & Robert Evans, *Why Democracies Need Science*, Polity Press, 2017, p. 84 – 85.

㉕ 科学研究的第一波浪潮期间，科学是毫无疑问的知识创造的绝佳形式，科学知识是绝对的、普世的。科学研究的正确性无需从社会角度予以解释——它是真理，故无需进一步解释。科学研究的第三波浪潮认可第二波浪潮所描述的科学工作的性质，但不认为要像第二波浪潮那样默认更加民主化的发展方向；第三波的目标是找出一个更好的方式来分析和管理专家权威与民主应责之间的权衡取舍。See Harry Collins & Robert Evans, *Why Democracies Need Science*, Polity Press, 2017, p. 17 – 19.

㉖ 参见沈岿：《风险评估的行政法治问题——以食品安全监管领域为例》，载《浙江学刊》2011年第3期。

鉴于此，政府在与人民进行交流、引导民意的时候，要充分重视科学、专家的专业性价值，不能因为其固有的局限而轻视之，不能因为技术专家的“傲慢自大”而一味反对之，不能陷入民粹主义对科学、专家的攻击而听任情绪化、偏狭化、低俗化的民意影响政府。然而，也要清醒认知和认真对待科学、专家的局限，尽可能保证其不受政治、经济和社会环境的影响，对受到利益俘获的科学、专家应该慎重，应该允许在同一议题上的不同科学结论、不同专家呈现竞争，应该将科学的确定性和不确定性同时展示给公众，让公众在懂得如何信任又不盲从科学、专家的基础上形成更加理智的民意。

第五，应当以文明价值和审慎理性支撑政府的公共决策及相应的交流。政府的公共决策在听取意见的基础上采纳了哪些意见、没有采纳哪些意见、为什么，都需要充分的理由说明并展示给公众。[27] 尤其是，当多数民意倾向某种方案，而政府选择了另外一种方案时，就更应该以充足的事实依据、周全的价值权衡向公众说明“违逆民意”的合法性/正当性。当民意出现情绪化、偏狭化、低俗化的趋向时，如上所述，政府不必不允许其发声，但一定要以体现文明价值、审慎理性的声音进行交流、引导公众，也为政府已经作出的或将要作出的公共决策提供向善的民意基础。

五、结语：如何建构“对人民负责”

2022 年是现行宪法诞生 40 周年。《宪法》第 2 条第 1 款、第 2 款宣告“中华人民共和国的一切权力属于人民。人民行使国家权力的机关是全国人民代表大会和地方各级人民代表大会”，第 3 条第 2 款、第 3 款规定“全国人民代表大会和地方各级人民代表大会都由民主选举产生，对人民负责，受人民监督。国家行政机关、监察机关、审判机关、检察机关都由人民代表大会产生，对它负责，受它监督”。这些条款建立了一个责任链：行政机关、监察机关、审判机关、检察机关→人民代表大会→人民（箭头所指即对谁负责），最终端就是对主权者“人民”负责。如何在这个责任链上具体展开相关制度的建构，是一个棘手的巨大课题。政府应当如何回应

---

[27] 参见沈岿：《行政机关如何回应公众意见？——美国行政规则制定的经验》，载《环球法律评论》2018 年第 3 期。

复杂的民意，虽然只是其中的一个环节，却是极为重要的、艰难程度并未因其涉及面减少而有任何明显降低的议题。

当前，《民法典》颁布施行未久，对行政法典或行政基本法的呼声日渐高扬，对曾经倡议已久的统一行政程序法也再起顾盼，希冀通过对行政的全面规范，塑造完整的法治政府，全方位提升依法行政的能力、水平。本卷辟出“行政程序法”专栏，是对此立法愿望的呼应。日后，《行政法论丛》还会继续开设其他专栏，以更多地探讨此重大立法进程中需要应对的一系列问题。在中国特殊的政制框架之下，“政府应当如何回应民意”这一兼具政治责任和法律责任的议题，相信会是未来的统一立法不可回避的；其应该不会是通过一章或一节可以集中处理的，更有可能会通过分布的、散在的条款，从不同方面予以处理。而且，在统一立法基础上，细节处仍需层级较低的法规、规章等进行处理，甚至也需要指导性的软法规范进行处理。

总之，如何建构一个相对成熟、完善的“对人民负责”的政府和执政体系，如何在制度上保障政府更好地回应民意之良善、合理诉求，引导民意脱离极端情绪、偏狭与低俗，是一个任重道远的政治和法律使命。

行政程序法

●德国联邦行政程序法*

Verwaltungsverfahrensgesetz（VwVfG）

张博琳　译　赵　宏　校**

1976 年 5 月 25 日颁布，1977 年 1 月 1 日生效

完整引注：

“法律文本发布于 2003 年 1 月 23 日《联邦法律公报》第 102 页，第 3a 条第 2 款第 5 句为本法最新修订的条款，相关修订信息见于 2019 年 6 月 21 日《联邦法律公报》第 846 页所载之法律修正案第 5 章第 25 条。”

目　录

* 本项目属中宣部文化名家及四个一批人才支持项目“国家治理现代化与行政程序法典研究”的部分成果。

** 张博琳，北京航空航天大学法学院 2021 届毕业生；赵宏，中国政法大学法学院教授。

第1章　适用范围、地域管辖、电子交流、行政协助、欧洲行政合作

第1节　适用范围、地域管辖、电子交流

第1条　适用范围

1. 本法适用于下列机关在公法上的行政活动,在联邦法律包含相同或者相反的规定时除外:

(1)联邦政府、公法上的联邦直属机构、专门机构和基金会;

(2)代表联邦政府执行联邦法律时的各州、自治市镇、地方行政联合体,以及其他受到州监管的公法上的法人。

2. 当联邦法律没有包含相同或者相反的规定时,如果各州将涉及联邦专属立法或者竞合立法的对象的联邦法律作为自身事务来执行,本法亦对本条第1款第2项所列机关的上述公法活动有效。在本法生效后颁布的法律的实施,仅在联邦法律经联邦参议院同意声明适用本法时,方可适用。

3. 当各州的机关在公法上的行政活动依照州法律规定由其自己通过的行政程序法来调整时,各州对于联邦法律的实施不适用于本法。

4. 本法所称"机关"(Behörde)是指承担公共行政职能的任何单位。

第2条　适用范围的例外

1. 本法不适用于教会、宗教组织、信仰团体及其附属社团与机构的活动。

2. 此外本法亦不适用于:

(1)联邦或各州财政机关依照《租税法》(Abgabenordnung)开展的

程序；

（2）刑事追诉活动、对违反秩序行为（Ordnungswidrigkeiten）的追诉与制裁活动、外国在民事或刑事上的司法协助以及不与本法第 80 条第 4 款相冲突的《法官职务法》（Richterdienstrecht）中的措施；

（3）德国专利与商标局（das Deutschen Patent-und Markenamt）及其仲裁机构开展的程序；

（4）根据社会法典（Sozialgesetzbuch）所开展的程序；

（5）负担平衡法（das Recht des Lastenausgleichs）；

（6）战争赔偿法（das Recht der Wiedergutmachung）。

3. 下列活动依下列规定决定是否适用本法：

（1）法院管理、司法行政机关及其管理下的公法团体仅在下列情况下适用本法——对于行政诉讼管辖权或者对于行政法领域内的律师、专利代理和公证事务进行的事后审查行为；

（2）对个人的成绩考察、能力考核或者类似考核活动仅适用本法第 3a 条至第 13 条、第 20 条至第 27 条、第 29 条至第 38 条、第 40 条至第 52 条、第 79 条、第 80 条和第 96 条；

（3）联邦在外国的代表机构不适用本法。

第 3 条　地域管辖

1. 地域管辖权依下列规定确定：

（1）涉及与不动产或特定地点有关的权利或者法律关系的事务时，该不动产或者地点所在地的机关。

（2）涉及企业的经营或者经营场所，以及从事某一职业或者其他持续性的活动有关的事务时，该企业经营场所以及该岗位或者该活动所在地或者应从事工作所在地的机关。

（3）涉及与其他事务时，地域管辖权的确认如下：

a）涉及自然人有关的事务时，该自然人居住地或者最后居住地的机关；

b）涉及法人或者社团有关的事务时，该法人或者社团所在或者最后住所地的机关。

（4）涉及不属于本条本款前三项所列管辖权的事项时，该职务行为发生原因所在地的机关。

2. 根据第 1 款规定数个机关均有管辖权的，由最先受理的机关作出决定，除非其共同专门监督机关（die gemeinsame fachlich zuständige Aufsichtsbehörde）指定由另一有地域管辖权的机关受理。在同一事务涉及工厂或者企业的多个经营场所的情况下，该共同专门监督机关可以将一个本条第 1 款第 2 项所称的机关作为共同管辖机关，该共同管辖机关应作出能保全参与各方利益的统一决定。如果多个机关认为自身有或没有管辖权，或者因为其他原因产生管辖权争议，该共同专门监督机关应当对地域管辖权作出决定。没有共同专门监督机关的，由其各自的专门监督机关共同决定。

3. 构成管辖权理由的事实在行政程序中发生变更的，在参与各方的利益得到保全、行政程序得以简单且有效地实施，并在征得现拥有管辖权的机关同意的情况下，可以由原管辖机关继续管辖。

4. 当延迟采取措施会带来危险时，该职务行为原因发生地的任一具有地域管辖权的机关都可采取紧急措施。依据本条第 1 款至第 3 款而具有地域管辖权的机关应当及时得到通知。

第 3a 条　电子交流

1. 只要收件人已具备接收途径，行政机关可使用电子途径传输文件。

2. 除法律另有规定外，书面形式（Schriftform）均可用电子形式（elektronische Form）替代。电子形式的文件上应载有合格的电子签名。不可使用不能被机关直接识别出所有人的化名。书面形式也可以被替代为：

（1）有关机关通过输入设备或者可以公开访问的网站所提供的、直接通过电子形式发布的公告；

（2）依照《邮传法》（De-Mail-Gesetz）第 5 条第 5 款规定以电子文件形式向有关机关发送的申请或者申诉；

（3）电子行政行为或者有关机关通过网络服务提供者认证的账号（das De-Mail-Konto）依照《邮传法》第 5 条第 5 款规定发送的邮件信息形式的电子文件；

（4）联邦政府所颁布并为联邦参议院所同意的法规命令中确定的其他安全可靠的程序，且该程序能够保证数据发送人（Datenübermittler）是可验明的、数据传输记录是完整的、数据传输是无障碍的；信息技术规划委员会（IT-Planungsrat）可就适当的程序提出建议。

在上述第4项所述情况下通过公共网络进入时，必须根据《身份证法》(Personalausweisgesetz)第18条、《电子证件法》(eID-Karte-Gesetz)第12条或者《居留法》(Aufenthaltsgesetz)第78条第5款签发电子身份证。

3. 如果发送给机关的电子文件不适合处理，机关应立即告知发送人处理此类事务的技术框架条件。如果收件人无法处理机关发送的电子文件，该文件应以适当的电子格式或作为正式文件重新发送给收件人。

第2节　行政协助

第4条　协助义务

1. 应其他机关请求，任一机关都应为其提供辅助性帮助[行政协助(Amtshilfe)]。

2. 下列情况中不存在行政协助：

(1)彼此存在命令服从关系的机关之间的帮助；

(2)提供帮助的内容为被请求机关的分内工作。

第5条　行政协助的条件

1. 在下列情况下，机关尤其可以请求行政协助：

(1)由于法律上的原因，职务行为无法自己完成的；

(2)由于事实上的原因，尤其是缺乏必要的人员或者设备导致职务行为无法自己完成的；

(3)不具备为完成任务所需事实的知识，且无法自己查明的；

(4)为完成任务所需的文件或者其他证据材料由其他机关所掌握的；

(5)自行处理的花费远远大于请求其他机关协助的花费的。

2. 在下列情况下，被请求机关不得给予协助：

(1)因为法律原因无法协助的；

(2)提供协助会对联邦或者州的利益产生严重影响的。

如果该事件依其性质或者法律规定须保密，被请求机关尤其负有不出示文件或者档案、不提供信息的义务。

3. 在下列情况下，被请求机关不需要提供协助：

(1)尚有远比被请求机关更容易或者花费更少来提供协助的另一机关的；

(2)协助须以不成比例的高代价达成的；

(3)考虑到请求机关的职能,完成协助将会对被请求机关的本职工作造成严重损害的。

4. 被请求机关不得以本条第 3 款以外的理由,或者以该协助所欲实现的措施是不恰当的为由,拒绝协助。

5. 如果被请求机关认为自己没有义务提供协助,则应将其意见传达给请求机关。如果请求机关坚持请求协助,则由其共同专门监督机关决定;如果没有共同专门监督机关,则由被请求机关的专门监督机关决定。

第 6 条　机关的选择

如果有多个机关可提供协助,则应由请求机关所属行政部门的最低级别的机关提供。

第 7 条　行政协助的实施

1. 行政协助拟实现的措施的合法性,应依照请求机关所适用的法律判断;而实施行政协助的合法性,则应依照被申请机关所适用的法律判断。

2. 请求机关应对所采取措施的合法性负责,被请求当局应对行政协助的实施负责。

第 8 条　行政协助的费用

1. 申请机关无需就行政协助向被申请机关支付行政规费(Verwaltungsgebühr)。如果行政协助在个案中的垫款超过 35 欧元,申请机关应当向被申请机关支付。互相提供行政协助的无需偿还垫款。

2. 如果被请求机关为了实施行政协助而作出了必须收费的职务行为,则有权得到第三方所欠的费用[行政规费、使用费(Benutzungsgebühren)和垫款(Auslagen)]。

第 3 节　欧洲行政合作

第 8a 条　协助原则

1. 依照《欧洲共同体法》(Rechtsakte der Europäischen Gemeinschaft)的规定,任一机关都应向欧洲联盟其他成员国的机关提供协助。

2. 在《欧洲共同体法》的规定所允许的情况下,也可请求欧洲联盟其他成员国的机关提供协助。依照《欧洲共同体法》的规定有必要寻求协助时,应向其他成员国的机关寻求协助。

3. 在不违背《欧洲共同体法》的条件下,可以比照适用本法第 5 条、第

7 条、第 8 条第 2 款。

第 8b 条　请求的形式与处理

1. 请求应以德语向欧洲联盟其他成员国机关提出，必要时还可附上译文。申请应符合欧洲共同体法律，并附上相关法案。

2. 欧洲联盟其他成员国机关提出的请求，只在其内容以德语呈现时方予以处理。必要时，可以要求外国请求机关在使用另一语言发出的请求中提供德语译文。

3. 当欧洲联盟其他成员国机关提出的请求没有依照规定给出法案依据，也没有对此提供必要理由，则其请求可被拒绝。

4. 欧洲联盟委员会的机构与手段应被用于处理请求。相关信息应以电子方式传输。

第 8c 条　协助的费用

在《欧洲共同体法》要求的范围内，欧洲联盟其他成员国机关仅需支付行政规费与垫款。

第 8d 条　官方通报

1. 依照《欧洲共同体法》的规定，主管机关应向欧洲联盟其他成员国机关和欧洲联盟委员会通报有关事实和人员的信息。为此目的而建立的信息网络应被应用于这一过程。

2. 依照《欧洲共同体法》的规定，如果某一机关将本条第 1 款所述信息传递给欧洲联盟另一成员国机关，则其应将这一信息传输情况告知当事人，同时说明信息的性质、传输的目的与法律依据。

第 8e 条　适用范围

此外，本节的规定自欧洲共同体相关法案生效之日起生效；如果相关法案具有直接效力，本节的规定则自其适用期届满时生效。本节的规定还适用于《欧洲经济区协定》（Abkommen über den Europäischen Wirtschaftsraum）的其他缔约国，只要《欧洲共同体法》也适用于这些国家。

第 2 章　行政程序的一般规定

第 1 节　行政程序的原则

第 9 条　行政程序的概念

本法所称行政程序，是指机关的这些外部活动——对行政行为进行的前提条件审查、准备与作出，以及公法合同的缔结；行政程序包括行政行为的作出与公法合同的订立。

第10条　行政程序的非要式性

除非法律对程序的形式有专门规定，否则行政程序不受特定形式的约束。行政程序应便捷地、合目的地、快速地进行。

第11条　参与能力

具有参与行政程序之能力者为：

(1)自然人与法人；

(2)有相应权利能力的社团；

(3)行政机关。

第12条　行为能力

1. 具有参与行政程序行为之能力者为：

(1)具有民事行为能力的自然人；

(2)尽管民事行为能力受限，但就行政程序的标的而言，可在民法上被视为有行为能力者或者在公法上被视为有行为能力者的自然人；

(3)法人或者本法第11条第2项所称社团，由其法定代表人(gesetzlichen Vertreter)或者特别受托人(besonders Beauftragte)行使；

(4)行政机关的领导及其代表(Vertreter)或者受委托人(Beauftragte)。

2. 行政程序的标的涉及《民法典》第1903条所规定的同意保留(Einwilligungsvorbehalt)，有行为能力的受托人仅在其根据民法规定无预先同意就能采取的行为范围，或公法规定可视其具有行为能力的范围内，对所采取的行政程序行为具有行为能力。

3. 准用《民事诉讼法》(die Zivilprozessordnung)第53条及第55条的规定。

第13条　程序参与人

1. 程序参与人为：

(1)申请人及被申请人；

(2)行政机关拟向或者已向其作出行政行为者；

(3)行政机关欲与之或已与之订立公法合同者；

(4)由行政机关根据第2款通知参与行政程序者。

2. 机关可依职权或者依申请，通知法律上的利益可能受程序结果影响者参与行政程序。程序结果对第三人具有法律上的影响的,可通过申请参与程序;行政机关知道第三人存在时,应在程序开始时就通知其参与。

3. 不符合本条第 1 款条件者,不因应对其听证而成为程序参与人。

第 14 条　代理人(Bevollmächtigte)与辅助人(Beistände)

1. 程序参与人可由代理人代理。授权委托可授权与行政程序有关的一切程序行为,除非该程序行为的性质对此另有要求。代理人应当能够应机关要求出示书面授权委托证明。代理权的解除仅在行政机关收到解除通知时,方对行政机关生效。

2. 授权委托不因委托人死亡或其行为能力的变更,或者法定代表人的变更而失效;代理人为参与人的权利继承人代理时,应当能够应行政机关要求出示书面授权委托证明。

3. 如果参与人为该程序委托了代理人,行政机关应与其联络。参与人有协助义务时,机关也可以与参与人联络。当机关直接联系参与人时,应当告知代理人。对代理人送达的规定不受影响。

4. 参与者可以与辅助人共同参加辩论和审理。除非参与人立即提出反对,否则辅助人所作陈述视为参与人的陈述。

5. 代理人与辅助人如果违反《法律服务法》(Rechtsdienstleistungsgesetz)第 3 条提供法律服务,应被行政机关拒绝。

6. 代理人和辅助人被认为不宜作出书面陈述时,行政机关可驳回其答辩;依据《行政法院法》(Verwaltungsgerichtsordnung)第 67 条第 2 款第 1 句和第 2 句第 3 项至第 7 项的规定而作为行政诉讼程序的代理人不可以被拒绝。

7. 依据第 5 款和第 6 款其代理人或者辅助人被拒绝的参与人也应该被告知。被拒绝之后的代理人或者辅助人作出的行政程序行为无效。

第 15 条　受领代理人(Empfangsbevollmächtigten)的指定

在本国无住所或惯常居住地、所在地或营业地的参与人应根据要求在合理期限内指定一名受领代理人。参与人不指定受领代理人的,为其寄送的文件应在寄送 7 日后视为送达,电子文件应在寄送 3 日后视为送达。证明该文件未送达或迟延送达的不在此限。行政机关应向参与人说明不指定受领代理人的法律后果。

第 16 条　依职权指定代理人①

1. 在没有代理人的情况下，监护法院（Betreuungsgericht）应根据行政机关的申请为家事法院的未成年参与人指定合适的代理人：

(1) 身份不明的参与人；

(2) 居所不明或者不能处理其事务的缺席参与人；

(3) 未能在规定期限内依机关的要求指定代理人且在本国无居所的参与人；

(4) 因精神疾病或者身体、智力、精神障碍，不能亲自参与行政程序的参与人；

(5) 为保障行政程序所涉及的无主物相关的权利义务的。

2. 在第 1 款第 4 项的情况下，由参与人居住地的监护法院指定代理人；在其他情况下，由提出申请的机关所在地的监护法院指定代理人。

3. 代理人有权从指定其的机关处得到适当的报酬并偿还垫款。该机关可要求被代理人承担此费用。行政机关决定报酬数额和确认垫款数额。

4. 此外，在第 1 款第 4 项的情况下，对代理人的指定与代理人的职责准用照管（Betreuung）的法律规定，其他情况下准用监护人（Pflegschaft）的法律规定。

第 17 条　统一申请的代理人

1. 对在行政程序中，由逾 50 人在签名表上或者相同内容的文件上签名的申请与呈文［统一申请（gleichförmige Eingaben）］，只有表明其为代理人，并标注其姓名、职业和住址，方可作为其他签名人的代理人，但以其未被其他签名人指定为代理人（Bevollmächtigter）的为限。代理人须为自然人。

2. 在统一申请中，附签名的每页呈文没有依照第 1 款第 1 句的规定详细且明显地写明的或者不符合第 2 句的要求的，机关可对统一申请不予处理。如果机关意欲如此处理，则应以当地惯用的方式通知各签字人。如果各签字人未将其姓名或地址写出或者写得不够清楚，机关也可对该统一申请不予处理。

① 从本条至第 32 条所称代理人，除非另有说明，均为 Vertreter。——译者注

3. 代理人或授权人以书面形式向行政机关作出代理权消灭的声明，代理权即告消灭；代理人应针对所有被代理人作出此项声明。被代理人作出此声明的，应同时告知行政机关其是否维持其申请或者是否已另行委托代理人（Bevollmächtigter）。

4. 在代理人的代理权终止后，机关可不再要求被代理者在合理期限内指定一名共同代理人。如有逾 50 人需要通知，行政机关可以当地惯用的方式予以公告。如果该要求未在指定的期限内被遵守，行政机关可自行指定一名共同代理人。

第 18 条　相同利益参与者的代理人

1. 50 人以上为相同利益参与同一行政程序而无代理人的，如果行政程序的有序进行会因此受到影响，则机关可以要求其在合理期限内指定一名共同代理人。未及时遵守该要求的，行政机关可依职权指定一名共同代理人。代理人须为自然人。

2. 一旦代理人或授权人以书面形式向机关作出代理权消灭的声明，代理权即告消灭；代理人只能针对所有被代理人作出此种声明。被代理人作出此种声明的，应同时告知机关其是否维持其申请或者是否已另行委托代理人（Bevollmächtigter）。

第 19 条　针对共同利益与统一申请的代理人的共同规定

1. 代理人应当谨慎维护被代理人的利益。代理人可以实施行政程序所涉及的所有程序行为。代理人不受指令的约束。

2. 准用本法第 14 条第 5 款至第 7 款的规定。

3. 行政机关指定的代理人可要求行政机关给予适当报酬并偿还垫款。行政机关可要求被代理人承担此费用。指定代理人的行政机关决定报酬数额和确认垫款数额。

第 20 条　须回避的人员

1. 下列人员不得在行政程序中为行政机关工作：

（1）本人为参与人的；

（2）为参与人的亲属的；

（3）因法律规定或者委托授权而在一般情况下或者某特定行政程序中代理参与人的；

（4）为参与人的代理人的亲属的；

(5)有偿受雇于参与人,或者以董事会、监事会或其他类似机构的成员为参与人服务的;所供职的单位为参与人的不受此限;

(6)在其官方职责以外提供鉴定意见或者采取其他行动的。

因机关的活动或者决定而受到直接的利益或者损失者,应被一同视为参与人。但仅因某人属于某一职业或居民组织,而该组织的共同利益受事件的影响而造成利益或不利的,不适用本规定。

2. 第1款不适用于义务工作的选任与解除。

3. 根据本条第1款应回避的人在行政事务有延误危险时,可以采取紧急措施。

4. 如果本法第88条所称的委员会成员认为自己应回避或对是否符合本条第1款规定的条件有疑问,应通知委员会主席。委员会应对此作出决定,当事人不得参与该决议。决议要求回避的成员不得参与进一步的磋商和决策。

5. 本条第1款第2项所称亲属为:

(1)已订婚者;

(2)配偶;

(2a)生活伴侣(Lebenspartner);

(3)直系血亲或姻亲;

(4)兄弟姐妹;

(5)兄弟姐妹的子女;

(6)兄弟姐妹的配偶与配偶的兄弟姐妹;

(6a)生活伴侣的兄弟姐妹与兄弟姐妹的生活伴侣;

(7)父母的兄弟姐妹;

(8)因为长时间的照顾而产生的类似父母与孩子关系的人,如寄养父母与寄养子女。

具有下列情况的,仍旧视为本条第5款所称的亲属:

(1)第2项、第3项和第6项所称的婚姻关系已经破裂的;

(1a)第2a项、第3项和第6a项所称的生活伴侣关系已经破裂的;

(2)第3项至第7项所称的关系已经终止的;

(3)第8项所称的家庭关系已经终止,但是依然如同父母与子女相互联系的。

第 21 条　涉嫌偏袒

1. 拟为机关实施行政程序者，如果有适当理由认为自己执行职务可能会导致偏袒，或者有参与人提出相同理由的，应当告知机关领导或者其受委托人（Beauftragte），并依其命令放弃对该程序的实施。如果有偏袒之虞者为机关领导且未自动放弃对该程序的实施，由专门监督机关命令其放弃。

2. 对于本法第 88 条所称委员会成员适用本法第 20 条第 4 款。

第 22 条　程序的开始

行政机关根据合目的的裁量决定是否以及何时实施行政程序。有下列情况的除外：

（1）依职权或者依申请必须实施行政程序的；

（2）仅能依申请实施程序但未收到申请的。

第 23 条　官方语言

1. 官方语言为德语。

2. 以外语形式向机关提交申请、呈文、证据、证书或其他文件的，机关应立即要求提供翻译。在有正当理由的情况下，可以要求提供经过认证的翻译，或者由官方任命的或经宣誓的口译员或笔译员进行的翻译。如果未及时提供所要求的翻译，行政机关可自行组织翻译，由参与人支付费用。行政机关聘用的口译员或笔译员将根据《司法薪酬和补偿法》（Justizvergütungs-und-entschädigungsgesetz）获得报酬。

3. 如果机关以收到告发、申请或者意思表示之时为起算某一程序的时点，而其收到的告发、申请或者意思表示为外文的，则将其收到相应译本之时作为起算时点。

4. 为了便利参与人遵守机关所设定的期限、行使公法上的请求权或者获得给付，如果参与人根据机关的要求在合理期间内为用外文送达的告发、申请或者意思表示提供译本，以机关收到告发、申请或者意思表示的时点为准。在其他情况下，国际协议未做其他规定时，以提交译本的时点为准。规定提供译本的期限时应对此法律后果予以说明。

第 24 条　调查原则

1. 机关依职权查明事实。机关决定调查的方式与范围；机关不受参与人的陈述与证据申请的内容的限制。如果行政机关使用自动化设备发布行政行为,必须尊重参与人重要且真实的陈述中提及的、无法通过自动化程序查明的个别情况。

2. 机关须考虑所有对具体个案来说重要的情况,包括对参与人有利的情况。

3. 机关不得以不被允许为由或者无正当理由,拒绝接受其职责范围内的声明与申请。

第 25 条　指导、答复与早期公共参与

1. 当参与人仅因为疏忽或不知情而未提出声明或申请,或者错误地提交了声明或申请时,机关应该提示参与人发出声明或提交申请,或者勘正声明或申请。必要时,机关应向行政程序的参与人说明其权利与义务。

2. 必要时,机关应当在提交申请之前与准申请人讨论其必须提供何种证据和文件,以及其可以如何加快程序。为加快程序进程,机关收到申请后应立即将程序的预计期限和申请文件是否齐备通知申请人。

3. 机关应当确保,有关机构在对项目进行规划时,如果对数量较多的第三方的利益产生的影响并非微不足道,应当尽早告知公众有关该项目的目标、实施项目的手段以及该项目可能产生的影响[即早期公共参与(frühe Öffentlichkeitsbeteiligung)]。早期公共参与应当尽可能地在提交申请之前进行。受到影响的公众应拥有发表意见与讨论的机会。在提交申请之前进行的早期公众参与的结果最迟应在提交申请时告知受影响的公众和相关机关,在其他情况下应当立即告知。如果受影响的公众在提交申请之前已依据其他法律规定参与行政程序,则本条本款第 1 句规定不适用。法律规定的其他参与权不受此款影响。

第 26 条　证据

1. 机关可以根据合目的的裁量使用其认为对调查事实有必要的证明方法,尤其是:

(1)收集各种资料;

(2)询问参与人、证人和鉴定人的意见,或者从参与人、证人和鉴定人处获得书面或者电子的意见;

(3)查阅档案与文件;

(4)组织勘验。

2. 参与人应当协助事实的查明。参与者尤其应该提供其所知的事实与证据。而参与人的其他义务，尤其是到场或者陈述的义务，只在法律另有专门规定时方存在。

3. 在法律有规定时，证人和鉴定人有作证或作出鉴定的义务。机关使用的证人与鉴定人可根据《司法薪酬和补偿法》申请获得报酬。

第 27 条　担保代宣誓

1. 只有法律或者法规明确规定相关对象和程序适用担保代宣誓，且法律已经对机关进行授权的，该机关在查明事实时才可以要求和接受担保代宣誓。只有在没有其他可供查明事实的方法，致使无法得到结果或者需付出不合比例的代价的情况下，才适用担保代宣誓。对于《民事诉讼法》第 393 条所称无宣誓资格的人（eidesunfähige Personen），不得适用担保代宣誓。

2. 只有机关领导及其全权代表（allgemeiner Vertreter）和具有法官资格或符合《德国法官法》第 110 条第 1 款要求的公共服务人员，才有权对担保代宣誓进行记录。机关领导人或其全权代表可以书面地对其他公共服务人员进行一般的或者针对个案的授权。

3. 担保要求担保人对作为声明对象的真实性进行证实，并宣誓："我谨以此保证立誓，具以实告，无所隐瞒。"（Ich versichere an Eides statt，dass ich nach bestem Wissen die reine Wahrheit gesagt und nichts verschwiegen habe.）代理人（Bevollmächtigte）与辅助人有权参与保证代宣誓的记录。

4. 在记录担保代宣誓之前，应告知担保人担保代宣誓的意义，以及进行不正确或者不完整的担保代宣誓的刑事后果。此解释应载入记录中。

5. 记录须包括时间、地点及出席人员的姓名。作出担保代宣誓者应宣读担保以示同意或以应审查之需要。对担保代宣誓授予的同意须被标明并由担保人签名。担保代宣誓人及记录人应在记录上签名。

第 27a 条　网上公告

1. 如果依据法律规定应当发布公开的或者地区性的公告，机关应额外在互联网上发布该内容。公告可通过在机关或者行政主体的网站上发布来进行。公告中提及的待查阅的文件也应在互联网上公布。除非法律另有规定，文件内容以互联网上公布的为准。

2. 公开发布或者地区性发布的公告应注明登载其的网站。

第 28 条　参与人的听证

1. 在采取对参与人权利产生影响的行政行为之前，应当给予参与人对与该决定有关的事实发表意见的机会。

2. 在个别情况下可不举行听证，尤其是：

(1)当存在延误的危险或者为了维护公共利益，须立即作出决定时；

(2)听证可能会影响作出决定所需遵守的期限时；

(3)就参与人在申请或者声明中作出的陈述而言，不举行听证不会对参与人产生不利时；

(4)行政机关拟发布一般性处分或大量同类行政行为，或借助自动化设备作出行政行为时；

(5)行政强制执行中采取的措施。

3. 当听证有悖强制性公共利益时，不可举行听证。

第 29 条　参与人查阅案卷

1. 当参与人的知情对于主张或者保护其合法利益为必要时，机关应允许参与人查阅与程序有关的文件。在行政程序完成之前，本款第 1 句对相关决定的草案和相关直接准备工作不适用。根据本法第 17 条和第 18 条指定代理的，只有代理人有权查阅案卷。

2. 当查阅案卷会影响机关正常完成任务时，或者披露行为的内容将会损害联邦或者州的利益时，又或者依据法律规定或者事件的性质尤其是因为参与人或者第三人的合法利益，须对其过程保密时，机关没有允许参与人查阅案卷的义务。

3. 查阅案卷应在案卷所在机关进行。在个别情况下，查阅案卷可以在其他机关或者联邦德国在国外的领事代办处进行；拥有案卷的机关可以就其他例外情况作出许可。

第 30 条　保密

参与人有权要求机关未经授权不得泄露其隐私，尤其是其个人生活领域的隐私以及经营和商业领域的秘密。

第 2 节　期间、期日、期间的恢复

第 31 条　期间与期日

1. 期间的计算与期日的确定适用《民法典》第 187 条至第 193 条的规

定，但本条第 2 款至第 5 款另有规定的，依有关规定。

2. 除非对参与人员另有通知，行政机关所定期限从告知次日起开始。

3. 如果期间的最后一天是周日、法定假日或者周六，则期间于下一个工作日终结。但通知相关人员以特定日期为期限终结的，本规则不适用。

4. 如果机关仅在特定的时间段内提供服务，即使期间最后一天为周日、法定假日或者周六时，也不应有例外。

5. 即使逢周日、法定假日或者周六，机关所定的期日也应遵守。

6. 如果以小时为单位设定期间，则期间的计算应包括周日、法定假日或者周六。

7. 机关所设定的期间可以延长。如果期间已经届满，则可以追溯性地将其延长，尤其是当确认期间届满会导致不合理的法律后果时。机关可以按照本法第 36 条的规定在附款中设定延长。

第 32 条　期间的恢复

1. 如果某人无过错而未能遵守法定期间，则可以依其申请恢复期间。代理人的过错视为被代理人的过错。

2. 期间恢复的申请应在障碍消除两周内提出。申请所依据的事实须在提交申请或者处理申请的过程中予以证明。被遗漏的行为须在申请期间内弥补。如果已经弥补，则无需请求即可将期间恢复。

3. 在期间届满 1 年后，不得申请恢复期间或者弥补被遗漏的行为，除非在期间届满 1 年内因不可抗力无法作出申请。

4. 负责被遗漏行为的行政机关应对恢复期间的申请作出决定。

5. 法律禁止恢复期间的，期间不得恢复。

第 3 节　官方认证

第 33 条　对文件的认证

1. 每个机关均有权对自己签发的文件副本进行认证。当文件原件为某机关所签发或者文件副本需向某机关呈送时，联邦政府通过法律规定所指定的且为本法第 1 条第 1 款第 1 项所称的机关以及依据州法规有管辖权的机关有权对文件副本进行认证，除非法律规定将为官方登记簿和档案提供经认证的文件副本的职能专门保留给另一机关；此等法律规定无需经过联邦参议院的同意。

2. 原始文件的内容已经被变更,尤其是其中有遗漏、删减、增补、修改,字词、数字或者符号难以辨认,删除的字词、数字或者符号留下痕迹,文件页数有缺失的,不得认证其副本。

3. 对文件副本的认证的方式为在副本下方作认证说明。该说明应包含:

(1)对所认证的文件副本的原件的准确描述;

(2)经查明文件副本与原件一致;

(3)如果文件不是机关签发的,则应写明认证的文件副本拟呈交的行政机关;

(4)认证的时间、地点、负责认证的公务员的签名、公章。

4. 第1款至第3款适用于对下列的认证:

(1)在技术程序中制作的影印本、珂罗版印刷(Lichtdrucken)和类似复制品;

(2)利用摄影技术为文件制作的、由机关保存的底片;

(3)电子文件的电传;

(4)电子文件:

a)用以描述文件而制作者;

b)与收到的带有合格电子签名的原始文档有不同的技术格式者。

5. 认证附注必须根据第3款第2句额外作出如下陈述:

(1)载有合格电子签名的电子文件的电传,必须包含对下列信息的确认:

a)为签名核验所证明的签名者为何人;

b)为签名检验所证明的签名时间为何时;

c)该签名以何日期的何文件为基础作出。

(2)电子文件中应包含负责认证的公务员的姓名和认证机关的名称;负责认证的公务员的签名和第3款第2句第4项所称公章可由稳定的、可验证的合格电子签名代替。

依本款第2项的规定为与收到的带有合格电子签名的原始文档有不同的技术格式的电子文件进行认证时,认证附注中必须包含本款第2项所规定的对原始文档的各项确认。

6. 根据本条第4款制作的文件,如果经过认证,视为经过认证的文件副本。

7. 对其自己签发的文件，每一机关都应按要求制作并认证该文件的电子副本或者本条第 4 款第 4 项第 a 小项所称的电子文件。

第 34 条　对签名的认证

1. 如果已经签名的文件根据法律规定需要被提交给某机关或者其他机构，联邦政府通过法律所指定的且为本法第 1 条第 1 款第 1 项的含义所指向的机关以及依据州法规有管辖权的机关有权对签名进行认证。本规则不适用于：

(1) 仅有签名而没有对应的文字内容；

(2) 根据《民法典》第 129 条规定需要公开认证 (öffentlichen Beglaubigung) 的签名。

2. 签名仅在负责认证的公务员在场时被签下或者被承认，才能够被认证。

3. 认证附注应紧邻着被认证的签名书写。其中包含：

(1) 对签名真实性的证明；

(2) 被认证签名者的确切名称，以及对此人是否得到了负责认证的公务员的信任和该签名是否在该公务员在场时被签下或者被承认的陈述；

(3) 对该签名仅用于向特定的机关或者机构提交的说明；

(4) 认证的时间、地点、负责认证的公务员的签名、公章。

4. 第 1 款至第 3 款的规定适用于对画押的认证。

5. 第 1 款至第 4 款的规定无需联邦参议院的同意。

第 3 章　行 政 行 为

第 1 节　行政行为的成立

第 35 条　行政行为的概念

行政行为是行政机关为规制个案，在公法范围内作出的、对外直接发生法律效果的处置、决定和其他高权措施。一般处分 (Allgemeinverfügung) 属于行政行为，其针对的是数量确定的，或是根据一般标准能够确定的人群，或者其内容是对某物的公法性质以及一般使用的规定。

第 35a 条　行政行为的全自动发布

如果法律允许且行政机关不存在裁量空间和判断余地时，行政行为可以完全通过自动化设备发布。

第 36 条　行政行为的附款

1. 羁束行政行为只有在法律有规定或能够确保符合行政行为的法律前提实现时，始能附加附款。

2. 其他的行政行为可根据合义务性裁量附加以下附款：

(1)指定某项授益或负担在某一确定时刻开始、结束或在一定期限内有效的［即期限(Befristung)］；

(2)指定某项授益或负担的产生或结束以未来某一不确定事件的发生为准的［即条件(Bedingung)］；

(3)废止保留；

(4)确定授益人必须承担某种作为、不作为或容忍义务的［即负担(Auflage)］；

(5)申明事后可附加负担、改变或补充负担的(即负担保留)。

3. 附款不得与行政行为的目的相违背。

第 37 条　行政行为的内容明确与形式

1. 行政行为必须在内容上足够确定。

2. 行政行为可以书面、电子、口头或其他方式作出。如果相对人具有法律保护的正当利益且及时提出请求，口头行政行为须以书面方式或电子方式予以确认。电子行政行为在一定条件下须用书面方式进行确认；本法第 3a 条第 2 款不适用此规定。

3. 作出书面或电子行政行为的行政机关必须标明其名称，其中应有行政机关领导人或其代表(Vertreter)或是受委托人(Beauftragte)的亲笔签名或是复制的署名(Namenswiedergabe)；如果依据法律规定某一行政行为应当以书面形式作出，且需要使用电子形式的材料时，发布机关应标示出其经认证有效的签章。在本法第 3a 条第 2 款第 4 句第 4 项的情况下，依据《邮传法》第 5 条第 5 项的规定，证明文件必须显示出发布机关经认证的账号(das De-Mail-Konto)。

4. 对于根据本法第 3a 条第 2 款所做的行政行为，必须进行署名的，行政法规可规定对此类署名进行审查的规则。

5. 通过电子方式作出的行政行为可不依照本条第3款的规定,省去签章与署名;此类行政行为的内容还可以通过关键词予以展示,只要行政行为所针对或涉及的相对人,通过列出的说明可以清楚了解行政行为的内容。

6. 附有异议程序的书面的或者电子的行政行为应附有说明,告知参与人若反对行政行为时的法律救济途径、可受理的机关或者法院的地址以及需遵守的期限[即法律救济途径指示(Rechtsbehelfsbelehrung)]。根据本法第42a条第3款的规定,法律救济途径也应附入行政行为的证明文件和证书中。

第38条　承诺

1. 有权机关允诺嗣后作出或不作某项行政行为的承诺(Zusicherung),需通过书面方式始能生效。如果法律规定在允诺行为作出前,须为当事人提供听证,或须有其他机关或委员会参与,行政机关只有在举行听证或有其他机关或委员会参与后,始能作出承诺。

2. 在不损害本条第1款第1句的情形下,承诺的无效适用本法第44条;对未履行听证或未履行其他机关或委员会参与义务的瑕疵治愈,适用本法第45条第1款第3项至第5项以及第2款;承诺的撤销适用本法第48条;承诺的废止在不损害本条第3款的前提下适用本法第49条。

3. 承诺作出后,事实或法律状态发生变化,而如果这种变化行政机关事先知悉就不会作出该项承诺,或出于法律原因而不能作出该项承诺时,行政机关不再受承诺的约束。

第39条　行政行为的理由说明

1. 通过书面或电子方式作出或确认的行政行为,须附有理由说明。在理由说明中,应包含行政机关作出决定时考虑和权衡的关键性的事实和法律原因。裁量决定的理由同样应包含行政机关行使裁量权时考虑的因素。

2. 以下情形可免除理由说明:

(1)如果法律没有例外规定,行政机关批准了当事人的申请,且未影响他人权益;

(2)如果行政行为所直接针对或受其影响的当事人,已经获知了行政机关对于事实和法律问题的观点,或者已经没有当事人并不知道的其他理由的；

(3)如果行政机关作出了大量的相同种类的行政行为,或者行政行为借助电子设施作出,而理由无须再根据个案予以说明的；

(4)法律有例外规定的；

(5)行政机关作出了一般处分,且已经进行公示的。

第40条　行政裁量

如果行政机关被授予裁量权时,其对裁量权的行使必须符合法律授权的目的,且遵守法律的授权界限。

第41条　行政行为的告知

1.行政行为必须向由其确定的相对人或受其影响的利害关系人告知。上述参与人指定委托代理人(Bevollmächtigter)的,可向委托代理人告知。

2.在国内以邮寄方式递送的书面行政行为在交付邮寄后的第3日,以电子方式作出的行政行为在发送后第3日,视为已经告知。但行政行为未抵达或在该日期后抵达的除外。对此存有争议的,行政机关应提供行政行为已邮寄或发送以及邮寄和发送时间的证明。

2a.在征得参与人同意时,行政行为可以通过让参与人或者其代理人(Bevollmächtigter)检索可以公开访问的网络来告知。机关应确保只有经授权并经过身份验证的人才能访问,并且电子行政行为应当是可保存的。行政行为在其被访问的次日视为已经告知。如果在发送有关信息的通知后10日内没有检索该行政行为,则该行政行为将终止。这种情况下告知不发生效力。重新提供访问或者选用其他方式进行告知的可能性不应受影响。

3.如果法律允许,行政行为也可以公告的方式告知。一般处分不宜通过其他方式告知的,也可以通过公告的方式告知。

4.对书面或电子行政行为予以公告时,应在当地惯常地点公告其处分部分。在惯常地点的公告中,应告知当事人在何处可查询该行政行为及理由说明。在当地惯常地点公告行政行为两周后,视为行政行为已告知。在一般处分的公告中也可规定与此不同的时间,但当事人知悉该行为的时间最早只能为告知后的次日。

5.关于以送达为告知方式的法律规定不受前款规定影响。

第 42 条　行政行为的明显错误

行政机关可在任何时间更正书写错误、计算错误或其他类似的明显错误。当事人对更正有正当利益的，必须进行更正。行政机关有权收回应更正的文本。

第 42a 条　许可的拟制

1. 如果法律有规定且许可申请对此已做了足够确定，则所申请的许可在决定所确定的期限经过后仍旧有效[即许可的拟制(Genehmigungsfiktion)]。有关行政行为存续力及法律救济程序的规定同样适用。

2. 只要法律未作其他规定，则本条第 1 款第 1 句所指的期限为 3 个月。该期限自材料完备之日起计算。如事项复杂则该期限可适宜延长一次。期限延长必须具备适宜理由，且延长时间应适宜。

3. 行政行为作出时按照第 41 条第 1 款的规定应获告知的人，均有权要求行政机关在上述许可拟制出现时出具书面证明。

第 2 节　行政行为的存续力

第 43 条　行政行为的生效

1. 对于由行政行为确定的相对人，或受其影响的利害关系人而言，行政行为自被告知其时始发生效力。行政行为的生效内容依据其对相对人的告知而确定。

2. 行政行为只要未被作出机关撤销、废止，或被其他有权机关撤销，或因事件经过或其他原因而完成的，一直有效。

3. 无效行政行为自始不产生效力。

第 44 条　行政行为的无效

1. 有特别严重的违法瑕疵，且对于所有具备一般知识能力的人而言，该瑕疵均非常明显时，该行政行为无效。

2. 有下列情形的，无需再斟酌上述要件即可认定其无效：

(1)书面行政行为或电子行政行为，未表明作出该行为的行政机关；

(2)应以证书的方式做成而未给予证书的；

(3)行政机关未经授权而违背有关专属管辖规定或缺乏事务权限的；

(4)该行政行为因为事实上的原因，任何人都不能实行的；

(5)行政行为所要求的行为构成刑罚或其他违法行为的；

(6)行政行为违背善良风俗的。

3. 有下列情形的,不视为无效:

(1)依法应回避的公务员参与行政行为的作出,但该公务员本身为当事人的,行政行为仍属有效;

(2)依法应参与作出行政行为的机关未参与的;

(3)依法应参与行政行为作出的委员会未作出行政行为所需的决议,或是决议不足法定人数的;

(4)行政行为违法地域管辖权的。

4. 如果行政行为部分无效,但该部分对于行政行为至关重要,以至于没有这部分,行政机关即不会作出该行政行为时,则整个行政行为均无效。

5. 行政机关可依职权随时确定行政行为的无效;当事人申请行政机关确定行政行为的无效的,须具有正当权益。

第 45 条　程序与形式瑕疵的补正

1. 行政行为有下列程序或形式瑕疵,且该瑕疵未构成第 44 条的无效情形的,可不予考虑:

(1)行政行为的作出所必要的申请,事后已提出的;

(2)应说明的理由,事后已说明的;

(3)对当事人的听证,事后已听证的;

(4)作出行政行为须经委员会决议,事后已决议的;

(5)须其他行政机关的协力,其他行政机关事后已协力的。

2. 本条第 1 款中的违法情形可在行政法院一审诉讼程序终结前予以补正。

3. 行政行为未说明必要理由的,或作出行政行为前,未给予参与人必要的听证权利并因此耽误了相对人对行政机关诉请撤销的权利的,相对人对有关法律救济期限的延误应视为无过错。对瑕疵行政行为予以补正后,开始计算本法第 32 条第 2 款所恢复的期限。

第 46 条　程序与形式瑕疵的后果

如果行政行为违反有关程序、形式或地域管辖权的法律规范,根据第 44 条的规定并不属于无效情形,且这些违法瑕疵明显不会对行政行为的实质内容产生影响的,不能单独基于这些违法瑕疵而撤销(aufhebung)该行政行为。

第 47 条　对瑕疵行政行为的转换

1. 瑕疵行政行为与另一行政行为目标相同,同时瑕疵行政行为的作出机关依照已经发生的程序和方式也可合法地作出后者,且作出后者的前提要件已经具备的,可将瑕疵行政行为转化为另一行政行为。

2. 瑕疵行政行为拟转换的行政行为,明显有悖行为作出机关的意图或是会对相对人造成相比瑕疵行政行为更为不利的法律后果的,不适用本条第 1 款的规定。不允许撤销的行政行为同样不能转换。

3. 仅可依照羁束行为作出的行政决定,不能转换为裁量行为。

4. 本条适用第 28 条的规定。

第 48 条　违法行政行为的撤销(Rücknahme)

1. 违法行政行为,即使已不能再诉请撤销(unanfechtbar),仍得部分或全部对将来或溯及既往而撤销。创设或确认权利的行政行为[授益行政行为(begünstigender Verwaltungsakt)],其撤销须受本条第 2 款至第 4 款的限制。

2. 提供一次或持续金钱给付或可分物给付,或以此为要件的行政行为,如受益人已信赖行政行为的存续,且其信赖依照公益衡量在撤销行政行为时需要保护,则不得撤销。受益人已使用所提供的给付,或其财产已作出处分,使其不能或仅在遭受不合理的不利时方可解除其行为,则信赖一般需要保护。下列情况下受益人不能主张其信赖利益:

(1)受益人以欺诈、胁迫或行贿取得行政行为的;

(2)受益人以严重不正确或不完整的陈述取得行政行为的;

(3)明知或因重大过失而不知行政行为的违法性的。

本款第 3 句所指的行政行为撤销的效力原则上溯及既往。

3. 行政机关撤销不属于本条第 2 款所列的违法行政行为时,须应相对人申请,赔偿有关财产不利。该财产不利是因相对人相信行政行为的存续力而生,但以其信赖依公益衡量需要保护为限。在此适用本条第 2 款第 3 句。财产不利不得超过相对人在行政行为存在时所具有的利益值。行政机关有权确定须补偿的财产。相对人对此财产赔偿的请求权应在 1 年内行使。该期限以行政机关向当事人指明该期间的时刻起算。

4. 行政机关只能在获知违法行政行为事实时刻起 1 年内作出撤销。但此规定不适用于本条第 2 款第 3 句第 1 项。

5. 行政行为具有不可诉请撤销性后，撤销由第 3 条所指主管行政机关决定；须撤销的行政行为由另一行政机关作出的亦同。

第 49 条　合法行政行为的废止（Widerruf）

1. 合法、非授益的行政行为，即使不可诉请撤销，仍可全部或部分向将来废止，除非废止后，行政机关须重新作出同样内容的行政行为或出于其他原因不容许废止。

2. 合法授益的行政行为，在不可诉请撤销之后，仅可在下列情况下全部或部分地向将来废止：

（1）法规容许或行政行为附有废止保留；

（2）行政行为附有负担，受益人没有或未在为他定出的期限内履行该负担的；

（3）行政机关基于事后发生的事实，既有不作出该行政行为的正当性，且不废止该行政行为就会危害公益；

（4）在受益人尚未使用所提供的优惠，或尚未受领行政行为的给付的情况下，行政机关基于法规的修改，既具有不作出该行政行为的正当性，且不废止会危害公益；

（5）为避免或消除对公共福利的严重不利，在此准用第 48 条第 4 款的规定。

3. 合法的行政行为，为某一特定目的提供一次性或定期金钱给付或可分物给付，或者构成这类给付的前提的，在不可诉请撤销之后，仅可在下列情形下溯及既往地全部或部分废止：

（1）只要给付未在提供之后立即用于行政行为确定的目的，或者不再用于该目的；

（2）行政行为附负担，受益人没有或未在所定的期限内履行该负担。在此准用第 48 条第 4 款的规定。

4. 拟废止的行政行为在废止生效时丧失其效力，除非行政机关定出另一较迟的时刻。

5. 已确定的行政行为，由第 3 条所列的主管行政机关决定其废止。拟废止的行政行为由另一行政机关作出的，亦同。

6. 废止本条第 2 款第 3 项至第 5 项授益行政行为时，应相对人申请，行政机关须对相对人因信赖行政行为的存续而遭受的财产不利作出补偿,但以其信赖需要保护为限。在此准用第48条第3款第3句至第5句的规定。对补偿的争议,由普通法院管辖处理。

第49a条 偿还与利息

1. 行政行为如被溯及既往地予以撤销或废止,或因为解除条件的实现而失效,相对人应返还此时已获得的给付。应返还的给付应通过书面行政行为予以确定。

2. 利息以外的返还范围适用《民法典》中有关不当得利的规定。受益人本应预知或因为重大疏忽而没有预知行政行为被撤销、废止或失效的事由的,无权主张已得利益的消灭。

3. 应返还的利息自行政行为失效之日起按照年基础利率的5%计算。当导致行政行为被撤销、废止或失效的事由并不能归咎于受益人,且在行政机关确定的期限内已返还了已获得的给付,则行政机关可不再向其要求利息支付。

4. 如果受益人未立即按照已确定的目的使用给付,行政机关可按照本条第3款第1句,要求其支付从给付作出之日起至给付按照已确定目的而使用这段期间所产生的利息。只要某项给付是基于请求而获得,无论所请求的给付是否需用其他方式部分或优先替代,上述规定同样适用。第49条第3款第1句在此不再适用。

第50条 对撤销与废止的法律救济程序

如果授益行为中的第三人在行政复议程序中或行政诉讼程序中对该授益行为诉请撤销,且其诉讼请求借此得到认可时,第48条第1款第2句、第2款至第4款,以及第49条第2款至第4款、第6款在此并不适用。

第51条 行政程序的重新进行

1. 行政机关在下列情况下,须应相对人申请,决定是否对已具有不可诉请撤销的行政行为予以撤销或变更:

(1)行政行为所依据的事实或法律情况事后作出了有利于相对人的变更;

(2)相对人提供了新的证据材料,可以导致产生有利于相对人的决定;

(3)具有符合《民事诉讼法》第580条的重新受理理由的。

2. 对于程序重新开始的事由,相对人只有无重大过失才不能在过去的程序中——尤其是不能通过法律途径——主张时,行政机关方可接受其申请。

3. 申请须在3个月内提出。该期限以相对人得知重新进行的理由之日起算。

4. 第3条所列的主管行政机关对该申请作出决定;撤销或变更所涉及的行政行为是另一行政机关作出的,亦同。

5. 第48条第1款第1句和第49条第1款在此处不适用。

第52条　文件与实物的返还

当行政行为在不可诉请撤销后而被撤销或废止,或其效力因其他原因而丧失或不再有效时,行政机关可要求当事人返还基于行政行为而颁发的,用以证明因行政行为而产生的权利或确定权利行使的文件或实物。文件或实物的所有人或(当所有人并不持有该文件或实物时的)持有人有义务交回文件或实物;但行政机关确认文件或实物失效后,所有人或持有人可要求重新收回;本条不适用于无法明确,或不具备必要的明显性或持久性的实物。

第3节　行政行为的时效效力

第53条　行政行为时效的停止

1. 为确定或执行某公法主体的请求权而作出的行政行为,会致该项请求权的时效停止。时效停止在行政行为具有不可诉请撤销性后,或行政行为因其他原因而完成后的6个月后终止。

2. 当本条第1款所述的行政行为不可诉请撤销后,其时效期限为30年。只要行政行为以未来可能合法的给付请求为内容,则其时效与该给付请求的有效时效相同。

第4章　公法合同

第54条　公法合同的适法性

法律无例外规定时,公法领域内的法律关系可以通过合同建立、变更或者消灭[(即公法合同(öffentlich-rechtlicher Vertrag)]。行政机关尤其可以与拟作出行政行为的相对人订立公法合同,以替代行政行为。

第 55 条　和解合同

当机关根据行政行为的目的和其义务进行裁量后，行政机关经明智考虑事实内容或法律状态，认为对存在的不确定性可通过相互和解予以消除时，可以签订本法第 54 条第 2 句所称的公法合同。

第 56 条　双务合同

1. 当对待给付（Gegenleistung）在合同中为特定目的已达成合意，且有利于机关对其公共职能的履行时，可订立本法第 54 条第 2 句所称的公法合同。这种对待给付按整体情况判断必须适当，并须与行政机关履行合同给付有实质联系。

2. 当对机关的给付存在请求权时，只有在对待给付能够根据本法第 36 条作为行政行为内容的附款时，此种对待给付才可通过合同议定。

第 57 条　书面形式

除非法律对公法合同的形式另有规定，公法合同应以书面形式订立。

第 58 条　第三人与机关的同意

1. 涉及第三人权利的公法合同，在取得第三人书面同意后生效。

2. 订立公法合同所代替的行政行为的作出需要其他行政机关的批准、同意或者赞成的，公法合同在其他机关以法律规定的形式参与后生效。

第 59 条　公法合同的无效

1. 符合《民法典》规定的无效事由的，公法合同无效。

2. 本法第 54 条第 2 句所称的公法合同，在下列情况无效：

（1）如果行政行为具有相应内容即无效的；

（2）如具有相应内容的行政行为，具有不属于本法第 46 条范围内的程序或者形式瑕疵，且合同签订者明知这一瑕疵的；

（3）不满足订立和解合同的前提条件，且具有相应内容的行政行为具有不属于本法第 46 条范围内的程序或者形式瑕疵的；

（4）机关承诺了根据本法第 56 条所不允许的对待给付的。

3. 如果合同部分无效，则该合同整体无效，除非在忽略无效的部分后，该合同仍旧能够订立的。

第 60 条　特殊条件下的调整与解除

1. 订立合同后，对合同内容有决定性影响的条件发生重大变化，以致无法期待缔约一方遵守合同规定，则该缔约方可以要求调整合同内容以适应情势变化；如果不能作出调整或对合同一方不合理的，则可以解除合同。机关也可以解除合同，以防止或者消除对公共利益的重大损害。

2. 除非法律另有规定，对合同的解除应当以书面形式作出。解约通知中应附有解除的理由。

第 61 条　即时强制执行的接受

1. 合同缔约方都可以表示自愿接受本法第 54 条第 2 句所称的公法合同的即时强制执行。在此机关应由机关领导、其全权代表或者具有法官资格或符合《德国法官法》第 110 条第 1 款要求的公共服务人员来代表。

2. 如果缔约方为本法第 1 条第 1 款第 1 项所称的机关时，第 1 款第 1 句所称公法合同适用《联邦行政强制执行法》(Verwaltungs-Vollstreckungsgesetz des Bundes)的规定。私法上的自然人、法人或者无权利能力的组织欲通过强制执行实现其金钱债权的，适用《行政法院法》第 170 条第 1 款至第 3 款的规定。对某一行为、容忍或者不作为的强制(Erzwingung)是针对本法第 1 条第 1 款第 2 项所称的机关的，适用《行政法院法》第 172 条的规定。

第 62 条　法规的补充适用

本法第 54 条至第 61 条没有规定的，适用本法其他规定。另补充适用《民法典》的有关规定。

第 5 章　特别程序类型

第 1 节　要式行政程序

第 63 条　要式行政程序的法律适用

1. 要式行政程序依法律的特别规定进行。

2. 要式行政程序适用本法第 64 条至第 71 条的规定，在与其本身不冲突的情况下，亦可适用本法其他规定。

3. 本法第 17 条第 2 款第 2 句所称的通知、本法第 17 条第 4 款第 2 句规定的要求在要式程序中须予以公告。机关在其机关公报上以及在机关的决定可能产生影响的地区的地方日报上发布上述通知或者要求。

第 64 条　申请的形式

要式行政程序以申请为前提的，申请应当以书面方式作出或者在机关处以笔录记录。

第 65 条　证人与鉴定人的参与

1. 在要式行政程序中，证人对其陈述承担义务，鉴定人对其鉴定承担义务。《民事诉讼法》关于证人作证义务或者鉴定人提供鉴定义务的规定、关于鉴定人的排除规定、关于纳用公职人员作证人或鉴定人的规定，同样适用。

2. 无《民事诉讼法》第 376 条、第 383 条至第 385 条、第 408 条所列理由，证人拒绝作证或者鉴定人拒绝作出鉴定的，行政机关可以请求证人或者鉴定人居住地或者所在地的有管辖权的行政法院对其进行询问。如果证人或者鉴定人居住地或者所在地不在行政法院或者其特别设立的法庭所在地的，也可以请求有管辖权的初级法院对其进行询问。在请求中机关应当列明询问的情由以及参与人的姓名与地址。

3. 鉴于证人陈述或者鉴定人鉴定的重要性，或者为了获得真实的陈述，机关认为需要宣誓的，可以请求根据第 2 款有管辖权的法院对宣誓进行询问。

4. 法院对拒绝作证、拒绝鉴定或者拒绝宣誓的合法性作出裁定。

5. 根据本条第 2 款或者第 3 款的规定对法院提出的请求只能够由机关领导及其全权代表和具有法官资格或符合《德国法官法》第 110 条第 1 款要求的公共服务人员作出。

第 66 条　听证参与人的义务

1. 在要式行政程序中，作出决定之前应给予参与人表达意见的机会。

2. 在询问证人、鉴定人以及勘验时，参与人有权在场并就相关问题发问；鉴定意见须以书面或者电子形式送达参与人。

第 67 条　口头辩论的要求

1. 行政机关应在口头辩论之后作出决定。为此应在合理的期限内书面传唤参与人。传唤时应释明如果任一参与人缺席，不影响辩论的进行与决定的作出。需传唤者数量超过 50 人，可以用公告方式代替。该公告应由行政机关至少提前两周在其机关公报上以及机关决定可能产生影响的地区日报上发布，并载明举行辩论的日期。本条本款第 5 句所指的期限以官方公告为准。

2. 在下列情况下，机关可以不经口头辩论而直接作出决定：

(1)所有参与人的诉求得到一致满足的；

(2)参与人在规定期限内未对拟作出的措施提出异议的；

(3)行政机关已通知参与人将在不进行口头辩论的情况下作出决定，参与人在规定期限内也未提出异议的；

(4)所有参与人均放弃口头辩论的；

(5)因为延误的危险须立即作出决定的。

3. 机关应当尽可能在审理期限内完成所有行政程序。

第 68 条　口头辩论的过程

1. 口头辩论不公开。专门监督机关的代表或者在行政机关从事培训的人员可以参加口头辩论。当没有参与人反对时，辩论主持人可以允许其他人在场。

2. 辩论主持人应当就待议事项与参与人进行讨论。辩论主持人应当致力于对不明确请求的释明、对相关请求的提出、对不完整请求的补充，以及对查明事实有重大影响的任何事宜作出解释。

3. 辩论主持人负责维护秩序。辩论主持人可以要求不服从其命令的人离场。该人离场后辩论可以继续进行。

4. 口头辩论应当记录在案。笔录中应记载：

(1)辩论的时间与地点；

(2)辩论主持人、到场参与人、证人与鉴定人的姓名；

(3)审理标的和所提出的申请；

(4)证人与鉴定人所作陈述的主要内容；

(5)勘验结论。

笔录上应有辩论主持人的签字，有书记员的，书记员也应当签名。书面文件被作为附件载入口头辩论记录的，等同于被纳入辩论笔录；此种附件应在辩论笔录中被注明。

第 69 条　决定

1. 机关应基于程序的整体结果作出决定。

2. 结束要式行政程序的行政行为，须以书面形式作出，书面说明理由并送达参与人；对本法第 39 条第 2 款第 1 项和第 3 项规定的情况，不需要说明理由。本款第1句所称的行政行为是以电子形式作出的,应当提供稳定的、可验证的合格电子签名。如果须送达的次数大于50次,可以通过公告代替。此公告应以行政机关在其官方公报,以及行政决定预计产生效力的地区的地方日报上,将行政行为的命令部分与法律救济途径部分以公布方式作出。公告自发布之日起两周后视为送达;公告中应对此予以说明。在作出公告后至法律救济期间届满前,参与人可以以书面形式或者电子形式要求提供行政行为文本;公告中应对此予以说明。

3. 如果要式行政程序以其他方式终结,应当告知参与人。如果须送达的次数超过50次,可以通过公告代替;适用本条第2款第4句的规定。

第70条　对决定的异议

以要式行政程序中所生的行政行为为标的提起行政诉讼的,无需在前置程序中对其进行复查。

第71条　委员会要式行政程序的特别规定

1. 在本法第88条所称的委员会所开展的要式行政程序中,任何委员都有权提出相关问题。对参与人所指摘的问题,委员会可以决定是否受理。

2. 只有参加口头辩论的委员会成员才能出席商议与表决。经委员会主席批准,在委员会所属的机关从事培训的人员可以出席。表决结果应记录在案。

3. 任何参与人都有权要求根据本法第20条规定不宜参加行政程序或者根据本法第21条规定有偏袒之虞的委员会委员回避。该申请应在口头辩论前以书面形式或者以笔录形式作出。已经进入口头辩论程序且没有提供回避理由的参与人提出的回避申请,不予受理。对回避申请的决定适用本法第20条第4款第2句至第4句的规定。

第1a节　程序的统一受理

第71a条　法律适用

1. 根据法律规定,行政程序可以由统一受理机关(einheitliche Stelle)处理的,适用本节规定,除非另有规定,也适用本法其他规定。

2. 当申请人或者告知义务人直接向有管辖权的机关提出的,有管辖权的机关也负有本法第71b条第3款、第4款和第6款,第71c条第2款和第 71e 条所规定的义务。

第 71b 条　程序

1. 统一受理机关应当接收告发、申请、意思表示与文件，并立即将其转交有管辖权的机关。

2. 告发、申请、意思表示与文件应当在统一受理机关接收 3 天后视为已被有管辖权的机关接收。该期限应从统一受理机关接收材料之时起算。

3. 如果某一期限在接收告发、申请、意思表示与文件之时确定，且机关必须在此期限内作出反应的，有管辖权的机关应当出具收据。收据中应写明统一受理机关接收的日期、期限、期限起算的前提条件、期限届满的法律后果以及有效的法律救济途径。

4. 如果告发或申请不完整，有管辖权的机关应当立即告知需补交何文件。并在其中说明，本条第 3 款所称期限在收到全部文件后起算。统一受理机关应当告知有管辖权的机关其接收文件的日期。

5. 可以依据请求开展程序的统一受理机关应当将有管辖权的机关的通知转达申请人或者告知义务人。依行政行为相对人的申请，行政行为应当由有管辖权的机关直接通知。

6. 通过邮寄方式向国外作出的书面行政行为，在交邮 1 个月后视为已通知。适用本法第 41 条第 2 款第 3 句的规定。申请人或者告知义务人无需根据本法第 15 条的规定指定代收人。

第 71c 条　信息义务

1. 统一受理机关针对询问应当立即提供关于相关法律规定、有管辖权的机关、证人、访问公开的登记簿与数据库、程序权利和申请人或者告知义务人可以用于记录或者操作其活动的设备的答复。如果申请过于模糊，则应立即告知申请人。

2. 有管辖权的机关针对询问应当立即提供关于相关法律规定及其通常解释的答复。本法第 25 条所称的建议或者答复应当立即提供。

第 71d 条　互助

统一受理机关和有管辖权的机关共同致力于确保程序正确、迅速地开展；所有统一受理机关和有管辖权的机关都应获得应有的支持。尤其是，有管辖权的机关应当向统一受理机关提供有关程序进展情况的必要信息。

第71e条　电子程序

本法本节中的程序可以按要求以电子形式处理。本法第3a条第2款第2句和第3句以及第3款的规定在此不再适用。

第2节　规划确认程序

第72条　规划确认程序的法律适用

1.在符合法律规定的情况下,规划确认程序适用本法第73条至第78条的规定,只要程序的性质允许,本法其他规定同样适用,除非法律有例外规定;本法第51条、第71a条至第71e条对该程序不适用,机关依合义务裁量权在保障查阅案卷的权利时,方可适用本法第29条。

2.本法第17条第2款第2句所称通知与本法第17条第4款第2句所称要求,在规划确认程序中应当以公告的方式作出。该公告应由机关在其机关公报上以及预计规划将产生效力的地区地方日报上公开其通知或者以要求的方式作出。

第73条　听证程序

1.规划承办者应当将规划提交给听证机关以实施听证程序。规划由记载规划的原因以及受其影响的土地与设施的图纸和说明组成。

2.在收到完整规划的1个月内,听证机关应当要求受规划影响地区所属机关发表意见,并在规划可能影响到的乡镇对其进行展示。

3.本条第2款中所称乡镇应当在收到规划3周内对该规划进行为期1个月的展示。当受影响的人和本条第4款第5句所称的社团已经知道该规划,且行政机关已在适当期间内将规划供其查阅的,则可以省略展示。

3a.本条第2款所称的机关必须在听证机关设定的期限内提交意见,该期限不得超过3个月。在本款第1句所称期限届满后收到的机关意见将不予考虑,除非听证机关已知或应当考虑其利益,或者其对于决定的合法性至关重要。

4.任何利益受到规划影响的人,均可在展示期间届满后两周内以书面形式或者以口头表达并由行政机关笔录的形式,向听证机关或者乡镇对规划提出异议。在本条第3款第2句的情况下,由听证机关确定异议期限。异议期限届满后所有没有私法上特殊依据的异议均不再予以考虑。以上规定应当在关于展示的公告或者对异议期限的公告中指出。在被其他法律规定允许的情况下,能够针对第74条所称的决定提出《行政法院法》所规定的法律救济的社团,可以在本款第1句规定的期限内对该规划提出意见。第2句至第4句同样适用。

5. 对规划进行展示的乡镇,应当以当地惯用的方式对展示予以公告。公告中应包含:

(1)展示规划的地点与时间;

(2)本条第4款第5句所称的社团如有异议或者意见,应当在规定的异议期间内提交给公告中指定的机关;

(3)如果参与人缺席商议,不影响商议的进行,逾期提出的意义在听证会和决定时将不予考虑;

(4)如果需要通知或者送达的次数超过50次,公告还应包括:

a)对提出异议的个人或者提出意见的社团,可以通过公告通知其商议日期;

b)对异议的决定的送达可以通过公告方式进行。

非本地的受影响的人,已知或者在合理期间内能够查明其人或者其住所的,听证机关应告知其该展示以及本款第2句所称的信息。

6. 异议期间届满后,听证机关应就按期提出的针对规划的异议、本条第4款第5句所称的社团按期提出的意见以及机关对规划提出的意见,会同规划承办者、机关、受影响者以及提出异议或者意见者进行商议。商议日期应当至少提前一周以当地惯用的方式公告。应当将商议日期通知机关、规划承办者以及提出意见或建议者。除了对机关与规划承办者的通知外,如需要通知次数超过50次,可以用公告方式代替。除本款第2句规定的方式外,作出公告的方式还可以听证机关在其机关公报上以及在规划可能产生影响的地区的地区日报上发布商议日期的方式进行;本款第2句所称的期限以机关公报上的公布为准。在其他情况下,商议适用本法第67条第1款第3句、第67条第2款第1项与第4项以及第3款、第68条关于要式行政程序中口头辩论的规定。听证机关应在异议期间届满后3个月内终结商议程序。

7. 除本条第6款第2句至第5句规定的方式外,商议日期还可以依据本条第 5 款第 2 句的规定在公告中确定。

8. 对已展示的规划进行变更,受规划影响地区所属机关或者本条第 4 款第 5 句所称的社团或者利益相关的第三方,如果因为此变更而首次受到影响或者受到了更大程度的影响,则其应在两周内收到变更通知并获得提出意见和异议的机会;适用第 4 款第 3 句至第 6 句。如果该变更可能对另一乡镇产生影响,更改后的规划应当在该乡镇进行展示;适用第 2 款至第 6 款的规定。

9. 听证机关应对听证程序的结果发表意见,并在商议结束后 1 个月内向规划确认机关转达该规划、机关和本条第 4 款第 5 句所称的社团的意见以及未完结的异议。

第 74 条　规划确认决定、规划许可

1. 规划确认机关负责确认规划[即规划确认决定(Planfeststellungsbeschluss)]。在此适用本法第 69 条与第 70 条中要式行政程序有关决定和对决定异议的规定。

2. 在规划确认决定中,规划确认机关应对听证机关在商议中未达成一致的异议作出决定。规划承办者应当为了维护公共利益或者避免损害他人的权利,采取预防措施或者建立保护设施。此种预防措施或者设备无济于事或者无法与规划目的相容的,受影响者有权请求获得适当的金钱补偿。

3. 无法作出最终决定的,应当在规划确认决定中予以保留;应当及时向规划承办者提供不完整的或者由规划确认机关认定的文件资料。

4. 规划确认决定应当送达规划承办者、已知的当事人、裁决涉及的提出复议的个人以及意见已经被处理的社团。决定的文本中应载有法律救济途径和已确认规划的文本,并在其所在乡镇展示两周以供查阅;展示时间与地点应当以当地惯用方式公告。展示期限届满,决定视为已被送达其他受影响者;对此公告中应当予以说明。

5. 除对规划承办者的送达外,本条第 4 款所称送达的次数超过 50 次的,可以以公告形式替代。作出公告的方式为,有管辖权的机关在其机关公报上以及在规划可能产生影响的地区的其他地区性日报上,发布规划确认决定的命令部分、法律救济途径以及关于第 4 款第 2 句所称展示的信息;其中应写明规划中设定的负担。展示期限届满,决定视为被送达受影响者与提出异议者;在公告中应对此予以说明。公告发出后,受影响者与提出异议者可以书面形式或者电子形式,在法律救济期限届满前请求提供规划确认决定的文本;在公告中同样应对此予以说明。

6. 在下列情况下,可以规划许可(Plangenehmigung)代替规划确认决定:

(1)他人的权利未受到影响或者未受到重大影响,或者受影响者已书面同意使用其财产或者其他权利的;

(2)受影响地区内的利益承受者的态度已经明确;

(3)其他法律规定并未要求必须根据本法第73条第3款第1句与第4款至第7款的规定展开公共参与的。

规划许可具有规划确认的法律效力;对于规划许可的发布不适用本法关于规划确认程序的规定;但是同样适用本条第4款第1句与第5款。在提起行政诉讼前,不必依据本法第75条第4款在前置程序中对其进行复查。

7. 规划确认决定与规划许可不适用于并不重要的情况。如:

(1)其他公共利益不受影响的,或者机关对其作出必要的决定且与规划不冲突的;

(2)他人的权利不受影响的,或者机关已与受计划影响者达成相应协议;

(3)其他法律规定并未要求必须根据本法第73条第3款第1句与第4款至第7款的规定展开公共参与的。

第75条 规划确认的法律效力

1. 考虑到规划所涉及的所有公共利益后,需由规划确认来确定包括必要后续措施在内的规划的合法性;在规划确认之外,无需其他行政决定,尤其是公法上的许可、授权、同意、承认、赞成或者另外的规划确定。通过规划确认,规划承办者与受规划影响者之间的所有公法上的法律关系都以创设权利的方式受到规范。

1a. 对受规划影响的公共利益与个人利益所进行评估时产生的瑕疵,只有显而易见且对权衡结果有影响时才被认为是严重的。评估中的严重瑕疵与程序上或者形式上的瑕疵,只有在无法通过补充计划或者补足程序来弥补时,才能导致规划确认决定或者规划许可被废除;本法第45条与第 46 条的规定在此不再适用。

2. 当规划确认决定已经不能再诉请撤销时，对停止规划、拆除或变更设备或者停止使用这些设备的请求权即告失效。当规划确认决定已经不能再诉请撤销后，规划或者其中相关的设施对第三方的权利发生了不可预见的效果，受影响者可以要求采取可以消除不利后果的预防措施或者建立相关的保护设施。相关措施与设施，通过规划确认机关的决定，由规划承办者负责。此种预防措施或者设备无济于事或者无法与规划本身相兼容的，受影响者有权请求获得适当的金钱补偿。因为规划确认程序结束后在毗邻土地上发生的变化，使得必须实施本款第 2 句所称的预防措施与设施的，由此产生的费用由毗邻土地的所有者承担，除非此种变化是自然原因或者不可抗力造成的；此时不适用本款第 4 句的规定。

3. 对本条第 2 款第 2 句、第 4 句所称的设施的建造与适当补偿进行请求的申请，应当以书面形式向规划确认机关提出。该申请仅在受影响者知道已经确认且不能再诉请撤销的规划或者其设施的不利后果之时起 3 年内是可受理的。如果规划中的相关情况已发生逾 30 年，则不能行使该请求权。

4. 如果规划在不能再诉请撤销后 5 年内未开始实施，则该规划终止。任何首先开展的、外部可识别的，且对于实现规划的意义并非微不足道的活动，视为实施规划的开始；且在此之后，规划实施的中断并不会影响规划实施的开始。

第 76 条　规划完成前的变更

1. 如果已确认的规划要在规划完成之前变更的，需要进行新的规划确认程序。

2. 如果不影响其他利益或者受影响者已经同意变更，且规划的变更是无关紧要的，则规划确认机关可以省略新的规划确认程序。

3. 如果规划确认机关在本条第 2 款的情况下或者在其他规划变更无关紧要的情况下开展规划确认程序，无需开展听证程序和对规划确认决定进行公告。

第 77 条　规划确认决定的废除(Aufhebung)

如果已经开始实施的规划要被完全放弃，则规划确认机关应当废除规划确认决定。当对维护公共利益或者避免对他人权利造成负面影响而言为必要时,在废除决定中应责成规划承办者恢复原状或者采取其他适当的措施。如果是规划确认程序结束后在毗邻土地上发生的变化导致必须采取此种措施,则规划承办者可以通过规划确认机关的决定来采取适当的预防措施;由此产生的费用由毗邻土地的所有者承担,除非此种变化是自然原因或者不可抗力造成的。

第78条　数个规划的竞合

1.同时存在数个独立规划,且其实施根据法律规定应当通过规划确认程序来作出的,如果这些规划或者其中的部分规划只能通过统一决定作出,且至少其中一项规划确认程序受联邦法律规范,则这些规划或者其中的部分规划可以仅开展一项规划确认程序。

2.管辖和程序依据规范设施涉及较大范围公法关系的规划确定程序的法规而定。对适用法律存疑时,由有管辖权的最高级别联邦机关决定适用何种法律,但如果根据法律对数个联邦机关的职权范围的规定,数个同样高级别的联邦机关都对其有管辖权,则由联邦政府决定适用何种法律。对适用何种法律存疑,并且根据法律规定某一联邦机关和某一州机关都对其有管辖权的,如果有管辖权的最高级别联邦机关与最高级别州机关的意见不统一,则联邦机关与州机关应对适用何种法律达成一致意见。

第6章　法律救济程序

第79条　行政行为的法律救济途径

除法律另有规定外,对行政行为的正式法律救济适用《行政法院法》及其实施规则;在其他情况下适用本法的规定。

第80条　前置程序中的费用偿还

1.复议理由成立的,作出争议行政行为的行政机关的权利主体应当向复议申请人偿还为了主张权利或者维护其权利而支出的、符合其目的的、必要的费用。对于仅因为对本法第45条规定的程序性规定或者形式性规定的微不足道的违反而导致复议不成立的,该规则同样适用。当复议理由不成立时,复议申请人应当偿还作出受争议行政行为的机关为了主张权利或者维护其权利而支出的、符合其目的的、必要的费用;如果复议所针对的行政行为有以下情况,则该规则不适用:

(1)在现有的或者先前的公法服务关系或者职务关系中被作出的;

(2)现有的或者先前的法律职务范围内或者可以替代法律职务的活动中被作出的。

因为受偿权利人的过错而产生的费用由其自己承担;代理人(Vertreter)的过错由被代理人负责。

2. 有必要聘请代理人(Bevollmächtigter)时,应偿还律师或者其他代理人在前置程序中的费用和垫款。

3. 作出有关费用决定的机关应当依申请确定偿还的金额;委员会或者《行政法院法》第73条第2款所称的决策咨询委员会(Beirat)作出的有关费用的决定,偿还金额由组成委员会或者决策咨询委员会的机关确定。费用决定也可以确定是否需要聘请律师或者其他代理人(Bevollmächtigter)。

4. 本法本条第1款至第3款同样适用《法官职务法》中的措施。

第7章　义务工作与委员会

第1节　义务工作

第81条　义务工作的法律适用

除非法律另有规定,否则行政程序中的义务工作适用本法第82条至第87条的规定。

第82条　义务工作的义务

只有在法律有规定时,方存在承担义务工作的义务。

第83条　义务工作的执行

1. 义务工作应被认真、公正地完成。

2. 承担义务工作者接受义务工作后即负有认真、公正工作尤其是对其保密的义务。

第84条　保密义务

1. 即使义务工作已经完成,承担义务工作者也对其工作中获知的事项负有保密义务。该规则不适用于职务交流中的通知、显而易见的事实或者根据其性质无需保密的事实。

2. 承担义务工作者不得在未经许可的情况下就其必须保密的事项在法庭上或法庭外作出陈述或者声明。

3. 仅在陈述会对联邦或者州的利益带来损害或者会对完成公共任务造成严重损害或者使其严重复杂化时,方可以拒绝对承担义务工作者作证的许可。

4. 当承担义务工作者参与到司法程序中或者为了维护其自身合法利益时,即使符合本条第3款的前提条件,也仅能出于强制性的公共利益的要求而拒绝其作证的许可。如果拒绝其作证的申请,则应给予承担义务工作者以公共利益所允许的保护。

5. 本条第2款至第4款所称的许可由聘请义务工作者的部门的专门监督机关负责批准。

第85条　补偿

承担义务工作者有权请求获得对必要的垫款与收入损失的补偿。

第86条　解职

聘请义务工作者的部门可以解除受聘请人的义务工作。尤其是当承担义务工作者:

(1)严重违背其义务或者被证明不称职的;

(2)无法正常完成工作的。

第87条　违规行为

1. 违规行为包括:

(1)有义务接受工作却不接受的;

(2)有义务接受工作却无正当理由放弃工作的。

2. 可对违规行为处以罚款。

第2节　委　员　会

第88条　委员会的法律适用

除非法律另有规定,否则委员会、决咨委和其他合议机构[即本法所称的委员会(Ausschuss)]在行政程序中的行为适用本法第89条至第93条的规定。

第89条　会议秩序

委员会主席负责会议的召开、主持与闭幕;并负责维持会议秩序。

第90条　决定能力

1. 当全部委员会成员均被召集,其中超过一半且至少3名有表决权的成员出席时,委员会方可形成决议。无成员反对时,决定也可以通过书面程序作出。

2. 如果因为缺乏决定能力而将某一事项推迟,又为讨论同一事项而重新召集委员会,当在召集通知中说明此情况后,无论出席人数的数量多少委员会均可直接作出决议。

第 91 条　决定的作出

决定以多数决通过。出现相同票数时,如果委员会主席有表决权,由其决定;否则,相同票数视为拒绝。

第 92 条　委员会选举

1. 在无成员反对的情况下,委员会选举可以口头或者举手的方式进行,否则应以投票方式进行。应委员会成员的请求,选举可以秘密进行。

2. 得票数最多者当选。当票数相同时,由选举主持人抽签决定。

3. 如果有数个相同选举职位有待填补,除非委员会一致决定使用其他方法,否则应当以洪德法②最高数程序选出。出现相同票数的最后一个待选举职位应由选举主持人抽签决定。

第 93 条　记录

会议应做记录。记录应包含:

(1)会议的时间与地点;

(2)委员会主席与出席成员的姓名;

(3)会议议题与所提出的申请;

(4)作出的决定;

(5)选举结果。

会议记录中应由委员会主席签名,有书记员时,书记员也应签名。

第 8 章　附　　则

第 94 条　乡镇任务的转移

州政府可以将本法第 73 条、第 74 条所称的乡镇负有的任务转移给

② 洪德法(Höchstzahlverfahren d'Hondt),比例代表制下最高均数方法选举形式之一。基本规则为,把每一参选党派所取得票数除以一、二、三,直至议席数目,然后将得出的数字分配予该党派名单上的排第一位的候选人、第二位的候选人,如此类推,然后比较各党派候选人所获得的数字,高者为胜。——译者注

另一地方自治团体或者行政共同体承担。已经包含相关规定的州法规在此不再适用。

第95条　国防事务特别规定

在进入国家防卫状态(Verteidigungsfall)或者紧急状态(Spannungsfall)后,在国防事务中可以不遵守本法第28条第1款所称的听证参与、本法第37条第2款第2句所称的书面确认和本法第39条第1款所称的书面行政行为说明理由的规定;在此种情况下,无需遵守本法第41条第4款第3句的规定,行政行为在公告后次日即视为已告知。本规定适用于其他根据《基本法》(Grundgesetz)适用的法律规定。

第96条　程序的过渡

1.已经开始的程序应根据本法规定完成。

2.对在本法生效之前作出的决定而言,其法律救济途径的合法性问题适用原适用法规的规定。

3.本法生效之前已经起算的期间,根据原适用法规的规定计算。

4.在本法生效之前尚未结束的前置程序,其费用的偿还适用本法的规定。

第97条　废止

第98条　废止

第99条　废止

第100条　州法规定

各州可以通过法规规定:

(1)制定符合本法第16条的规定;

(2)在根据联邦法律,为了将本法第75条第1款第1句的法律效力施加于根据州法规实施的规划确认时,作出必要的决定。

第101条　城市州条款

柏林、不莱梅与汉堡的市政会(Senate)被授权可以不遵守本法第3条的规定,根据其特殊的行政结构,制定关于地域管辖权的规定。

第102条　针对本法第53条的过渡规定

《民法典实施法》第229条之六第1款至第4款的规定适用至2002年1月1日本法第53条生效为止。

第103条　生效

1. 本法于1977年1月1日起生效,除了本条第2款规定的内容。

2. 第33条第1款第2句以及第34条第1款第1句、第4款包含的授权,第34条第5款以及第100条及第101条在公布后翌日生效。

●韩国《行政基本法》制定经验的探索与借鉴*

李龙贤**

摘　要:世界各国都有行政法制制度,但是单独制定统一的行政基本法的却寥寥无几,特别是在亚洲的大陆法系国家中,韩国的《行政基本法》尚属独一无二。行政基本法通过行政总则法促进处于低迷状态理论、实务和制度的发展,力图统一立法模式、提高行政公信力及行政效率,从而确保人民权益保护、促进行政的法治发展。通过韩国行政基本法的立法经验,我们可适当考虑同时进行行政总则法和行政程序法的立法研究工作,在行政总则法和行政程序法协同框架之下,再推动行政组织法以及其他部门行政法领域的立法研究,这才是我国行政法法典化的当务之急。

关键词:行政基本法;行政法法典;行政总则法;行政程序法

引　言

近年来,行政法法典或行政总则法的问题备受学界和实务界的关注。然而在应制定一部什么样的行政法法典(或行政总则法)这个问题上,行政法学界存在不少争议。

首先是"基本法"这个用语的问题。在日语和韩语中,"基本法"这个用语存在细微的区别,日语中的基本法概念是指某个领域的母法,相对于具体领域的专门法具有优越的或者是优先的法律效力位阶,比如说教育

---

* 本文系中国法学会比较法研究会2021年度课题项目"我国行政法法典化路径问题研究:韩国《行政基本法》经验与启示"(CLC21007)、教育部人文社会科学研究规划基金项目"行政诉讼视域下的司法批复研究"(19YJA820025)的阶段性成果。本文写作期间,上海交通大学凯原法学院朱芒教授、中国政法大学诉讼法学研究院高家伟教授以及西北政法大学行政法学院诸位教师给予了多方宝贵意见,特此致谢。

** 西北政法大学行政法学院行政法教研室主任、讲师,日本名古屋大学法学博士。

基本法、核能基本法等。然而韩语中的基本法是指上位阶的普通法律，不是只针对某个特定的行政领域，而是涵盖了整个行政领域。通过语言的辨析可以发现，效力等级上处于高位阶，在适用范围上涉及公共行政的各个专门领域，是行政基本法的要义。就我国的立法语境而言，这里值得注意的第一个术语问题是“基本法”与“总则法”的关系。两者到底是一个概念的不同说法，还是相互具有密切联系的不同法律概念呢？我国法学理论语境的“总则法”或者“通则法”是指普遍地适用于各个公共行政领域的普遍性规定。例如公共行政的基本概念和术语、公共行政的基本原则、行政组织法通则、行政行为法通则、行政监督法通则等，所谓行政总则法（典）应当是这些方面的公共行政通则的系统化编纂。与此类似，韩语中的“基本法”也是适用于公共行政各个领域的普遍性规定，但除此之外还强调在效力位阶上的优先性，这一点在我国的“总则法”或者“通则法”概念之中没有体现出来。可见，“基本法”与“总则法”、“通则法”的概念还是有区别的。如果我国采取了“行政法总则”法典化的立法模式，并且在行政总则法典中明确指出本法典在适用范围上的普遍性和效力位阶上优先性，那么，就与韩语之中的“基本法”概念达成一致。

其次是关于行政法法典化的问题。长期以来，基于行政活动调整对象的广泛性和行政关系的不稳定性以及行政法的不成熟等原因，关于行政法法典化的问题，有学者认为不适宜制定“包罗万象”的“法典”。[①] 但由于深入推进依法行政，加快建设法治政府，如期实现法治政府基本建成的奋斗目标，而且目前行政法过高的立法成本以及分散化和碎片化的立法模式，[②]早已不能满足行政法的一体化建设需求。[③] 再则，各自为政式的法律规范之间的不一致[④]以及法律术语含义的冲突等原因，似乎为行政法法典化提供了一些现实性和实务性依据。但无法否认的是，由于我国特别行政法领域的规范密度很弱，程序性规范十分欠缺，不少领域仍是政

---

① 参见杨建顺：《为什么行政法不能有统一的法典？》，载《检察日报》2020 年 6 月 3 日，第 7 版。

② 参见章志远：《中国特色行政法法典化的模式选择》，载《法学》2018 年第 9 期。

③ 参见薛刚凌：《行政法法典化之基本问题研究——以行政法体系建构为视角》，载《现代法学》2020 年第 6 期。

④ 参见章志远：《中国特色行政法法典化的模式选择》，载《法学》2018 年第 9 期。

策主导法律为辅，倘若近期制定行政法法典，很有可能会因为立法技术与水平等面临巨大的障碍。韩国的《行政基本法》中没有"典"字，说明该法只是一部效力位阶比较高、适用范围广泛的成文法，而绝不是一部法典。韩国的公法学界恐怕不会有任何人认为《行政基本法》是一部行政法典。因为"法典"一词是指调整范围广泛、内容成熟完备、结构清晰稳定、形式日臻完善的成文法，可以说是成文法的最高级表现形式。韩国《行政基本法》只是公共行政领域的一部效力位阶比较高的成文法而已，在成熟性和完备性上、在体量和篇幅上，都远远达不到"法典"的水平。

最后是关于制定行政总则法或者行政程序法的问题。对于制定行政总则法还是行政程序法这一问题，行政法学界也存在较大争议。⑤ 有学者认为行政总则法在世界上没有先例，且难度太大，因而并不现实。⑥ 从20世纪80年代开始的行政程序统一立法绵延不断的洪流中，我国行政法学界更多热衷于探索美国、德国以及日本为代表的行政程序法典的路径并投入大量的精力，但现状依然是行政程序法的法典化停滞不前，除一些行政法规和地方性法规外，行政程序法至今未能顺利出台。与全部法典化或制定一部宏观的行政程序法典⑦不同，近期韩国所制定的《行政基本法》⑧，至少表明制定行政总则法的难度并没有达到完全不可逾越的地步，为我国的

---

⑤ 参见万学忠：《学界首次提出构建中国行政法法典》，载《法制日报》2018年1月19日，第6版。

⑥ 有学者指出，行政总则法在世界上没有先例的观点并不准确，制定行政总则法的难度并没有达到不可能完成的地步。具体内容参见刘绍宇：《论行政法法典化的路径选择——德国经验与我国探索》，载《行政法学研究》2021年第1期。

⑦ 参见刘绍宇：《论行政法法典化的路径选择——德国经验与我国探索》，载《行政法学研究》2021年第1期；章剑生：《中国行政程序法典化的三个基本问题》，载《甘肃社会科学》2006年第5期。

⑧ 关于何为基本法的问题，韩国和日本的理论界和实务界也存在不同的理解。日本的理解是，制定国家制度、政策相关的理念、基本方针的同时也规定应当按照该方针采取措施的法律（无法律明文定义，按照2005年日本国会众议院法制局的理解是在特定行政领域制定基本方针，与德国基本法的地位不同）。根据基本方针，为符合其目的、内容等，制定行政诸措施，并按照个别法执行。此时基本法作为"母法"具有优越的地位，具有指导、引导其他法律和行政的作用。而韩国的理解更倾向于基本法和个别法是指法律适用范围的上位和下位的概念。例如，《地方自治法》第14条第2项明确规定居民投票的法律是个别规定的。这意味着制定以地方自治法为上位时处于下位的是《居民投票法》，由此认为《地方自治法》为基本法时，《居民投票法》便成为个别法。应注意的是韩国的行政基本法，不仅限于针对某个特定的行政领域，而是涵盖了整个行政领域所制定的。

行政法法典化路径研究提供了宝贵的比较法的视角。

一、立法目的及制定过程

(一)立法目的

事实上,韩国制定《行政基本法》的目的不外乎以下两个方面:一方面,是制定总则性法律的时代需求。现代行政法的依法行政原理,所要实现的目标是行政机关的所有行政行为,尽可能符合由人民的代表机关制定的法律。而要实现依法行政原理的基本要求,最理想的方法应该是由议会把行政的内容,预先以法律形式予以明确的具体规定。上述依法行政的原理,着眼于公权力行使的法律依据和界限,以便保护公民权利。韩国的依法行政原理(法治主义)包括,法治行政原则、法律的法规创造力原则、法律的优位原则、法律保留原则等内容。[⑨] 围绕依法行政原理,韩国相继制定《行政节次法》[⑩]《行政规制基本法》《民愿处理相关法》[⑪]等法律。虽然上述法律的制定目的和宗旨有所区别,但是内容上存在不少重叠之处。例如,《民愿处理相关法》中的信访程序,其本质上是一种程序法。伴随社会和民众权利意识的发展,信访的处理主体、处理方式、处理程序以及处理手段等需要不断地更新和提升,此时就不得不考虑与时俱进修改法律,以适应时代需求。然而无休止地呼应时代需求,反复对症下药、与时俱进式的修改模式,反而不利于保障行政活动的依法行政原理,个别法律规范之间的冲突和碎片化的修法(韩国《民愿处理相关法》,从 1997 年制定到 2021 年总共修改 14 次),更会导致法律规范整体缺乏体系化和执行力。[⑫] 在缺乏行政总则法和行政程序法法典状况下,单单依赖于学说和判例的依法行政原理,必然会影响到行政活动的效能及权威,甚者影响相对人权利保障和经济社会的稳定和发展[⑬],因此有必要在行政活动中统合

---

⑨ 김동희(2001), 행정법, 박영사, 33~40면 참조.

⑩ 专指《大韩民国行政节次法》(1998 年 1 月 1 日施行),是韩国行政程序的基本法。为方便我国读者理解,本文表述为韩国《行政程序法》。

⑪ 在韩国,"信访"被称为"民愿",是指个人、法人或者团体向行政机关要求处分等特定行为的事务。

⑫ 김중권/김영수, 21세기 국가모델을 위한 가칭 행정기본법의 제정을 통한 행정법과 행정법제의 개혁, 공법연구(2013)제41집 제3호 참조.

⑬ 정하중,행정기본법제정안에대한소고(小考). 2020. 6 7. https://www. moleg. go. kr > mpblegInfo 참조.

制定一部作为行政总则法的《行政基本法》。

另一方面,是对应全球化过程的法治保障需求。对韩国而言,自20世纪60年代至80年代初,通过政府直接干预市场的政府主导型成长战略,实现了超高速经济增长,为政府规制的正当性提供了依据。然而,20世纪80年代以后,随着经济及社会的规模逐渐变大、产业结构相继提升,加之作为本世纪全球化表象的自由贸易协议(FTA)的签订,导致国际法以及外国行政法严重干预韩国本土的行政法制的状况⑭,甚者,有些自由贸易协议无视韩国行政法的依法行政原理,我行我素,乱象丛生。⑮ 此种乱象下,本国公民的生存权、劳动权、教育权、社会保障权等诸权利将面临严重挑战。为了有效防止妨碍贯彻依法行政原理的上述乱象,有必要制定一部行政活动的总则性法律,对个别法律进行统合和指导。

(二)制定过程

在韩国,行政法令⑯占国家法律的大部分(现有5000余部法律、法令中,4600部法律、法令涉及行政法),对国民生活和企业活动产生重大影响。但是一直以来,公法领域没有基本法作为执行原则和标准,使一线公务员和国民难以理解复杂的行政法律制度,甚者,因为个别法律规范对类似的行政管理制度具有不同的规定,导致立法部门不得不通过整顿数百部法律,才能冲破行政法治工作的瓶颈。为此,韩国政府和国会一致认为有必要制定一部作为行政总则法的《行政基本法》。⑰ 于是在2019年2月12日,时任韩国总统文在寅在青瓦台主持召开国务会议,强调制定《行政基本

⑭ 김중권/김영수,21세기.국가모델을 위한 가칭 행정기본법의 제정을 통한 행정법과 행정법제의 개혁, 공법연구(2013)제41집 제3호 참조.

⑮ 有学者指出,例如,按照美韩之间所签订的自由贸易协议中有关外资投资企业的保护的相关条文,将最终的仲裁权赋予了美国具有绝对影响力的世界银行伞下的国际投资争端解决中心(ICSID),这将有悖韩国国内的劳动法、环境法等相关法律法规。参见趙弘植,지구화와 행정법의 대응,서울대학교 法學(2012)제53권 제3호 참조。

⑯ 根据韩国《行政基本法》第2条的规定,法令是指符合以下内容之一的事项:(1)法律以及总统令、总理令、府令;(2)国会规章、大法院规章、宪法法院规章、中央选举管理委员会规章及监查院规章;(3)受(1)或(2)委任的中央行政机关(根据《政府组织法》以及其他法律而设置的中央行政机关)首长所制定的训令、惯例及告示等行政规章。

⑰ 이강섭,법제처행정기본법 시행령안 입법예고문,2021.6.1,행정기본법 제정,K-law의 시작 http://news. kmib. co. kr/article/view. asp? arcid = 0924183727&code = 11171314&cp = nv 참조.

法》的必要性。在韩国国务院法制处的积极推动之下,《行政基本法》修订案于2020年7月8日提交至韩国国会,2021年2月26日正式通过韩国国会,并于2021年3月23日开始施行。

二、立法模式及基本构思

(一)立法模式

在韩国,行政作用领域主要包括《行政程序法》《行政规制基本法》《行政代执行法》《行政审判法》等法律。从上述各法律的制定内容和执行状况来看,有些部分相当于行政法的总则。基于各部法律单行化碎片化的状况,有必要制定一部《行政基本法》对现有的法律进行统筹。⑱ 也就是说,制定一部《行政基本法》作为行政法的基本框架,使其具有行政总则法的性质。而现有的《行政程序法》《行政规制基本法》《行政代执行法》《行政审判法》等法律应作为特别法,为《行政基本法》提供补充,此时,特别法的规定与一般法的规定不一致的,应适用特别法的规定。

(二)基本构思

在制定《行政基本法》时,韩国行政法学界曾探讨过两种方案:其一,在已有的《行政程序法》⑲中嵌入行政法总则的方案;其二,单独制定《行政基本法》的方案。⑳ 虽然韩国行政法学界以行政实体法和程序法具有密切关联性和不可分性为由,认为应像德国一样,在《行政程序法》中嵌入行政法总则的主张一度成为学界有力说,但"行政法制革新咨询委员会"㉑最终以《行政程序法》在立法技术上无法包容所有的多样化行政活

---

⑱ 김중권/김영수, 21 세기국가모델을 위한 가칭 행정기본법의 제정을 통한 행정법과 행정법제의 개혁, 공법연구（2013）제41집 제3호 참조.

⑲ 韩国现行《行政程序法》仅限于行政作用法中的程序性规定,并不包含行政规划确定程序、公法上的契约、裁量、附款(Nebenbestimmung)、处分的撤销和撤回行为等,因此并不具有德国行政程序法似的法典的性质。김병기/김중권/김종보/김남철, 행정절차제도 개선, 방안 연구 최종보고서 한국산업개발연구원: http://www. kid. re. kr > board > include > download 참조.

⑳ 김병기, 행정절차법개정을통한행정계약법총론의법제화방안,행정법학（2013）제5호; 김중권,행정절차법의개혁을위한행정처분 (행정행위) 규정의정비,행정법학（2013）제5호; 김병기/김중권/김종보/김남철, 행정절차제도 개선방안 연구 최종보고서. 2021. 5. 24, 한국산업개발연구원:http://www. kid. re. kr > board > include > download 참조.

㉑ 作为韩国国务院直属中央行政机关的法制处咨询机构,于2019年9月成立。

动为由,采用了单独制定作为行政总则法的《行政基本法》方案,并通过了国会。[22] 适应多样化行政活动的《行政基本法》,在一定程度上避免行政立法的分散化和碎片化的问题。[23]

在基本构思上,作为行政总则法的韩国《行政基本法》,首次在法律条文中确定了行政的基本原则,并与现行的《行政程序法》等法律进行对接,使之形成有别于其他国家立法[24]的《行政基本法》与《行政程序法》共存之现状。[25] 韩国的《行政基本法》和《行政程序法》的关系具有如下特征:

1. 两部法律的所规范的范围不同。《行政程序法》是以"处分"[26]中的"程序"为主进行规范。然而《行政基本法》不仅包括对"除处分以外的行政作用"(如公法上的契约等)的"实体"和"程序"进行规范,还可以对"处分"的"实体"以及行政立法及解释方针等进行规范。[27]

2. 两部法律的互补作用。《行政基本法》可以弥补《行政程序法》规定之外的部分行政作用(信赖保护原则、公法上的契约等)。此外《行政基本法》与《行政程序法》互补,可以达到强化行政程序的作用(制裁处分的标准、立法程序等)。

3. 两部法律的发展趋势。这也是韩国学术界和理论界普遍关注的焦点,包括以下几个方面的内容:

(1)今后将两部法律统合为行政法法典,还是行政程序法法典。

(2)《行政基本法》中的规范,应是行为规范,是裁判规范,还是两者兼容。

---

[22] 정하중,행정기본법제정안에대한소고(小考). 2020. 6. 7. https://www. moleg. go. kr > mpblegInfo 참조.

[23] 韩国《行政基本法》主要特点及条文解析详情,参见李龙贤:《韩国〈行政基本法〉评述》,载《公法研究》2021 年第 1 期。

[24] 纵观外国行政法制状况,大体上可分为行政程序法法典型国家和行政法法典型国家。行政程序法法典型国家包括美国、日本、德国、西班牙等,而行政法法典型国家包括荷兰和蒙古国。

[25] 김대인, 행정기본법과행정절차법의관계에대한고찰, 법제연구(2020) 제59호 참조.

[26] 韩国《行政基本法》第 2 条规定:"处分"是指行政机关针对具体事实的执法行为,包括行使公权力、拒绝行使公权力以及其他相关的行政作用。

[27] 例如,韩国《行政基本法》第 39 条(改善行政法制)规定:(1)法令被权力机关确定为明显违反宪法或法律等时,由总统令确定,政府应改善相关法令。(2)有必要改善行政领域法制制度及相关法律适用标准等时,政府依据总统令规定,可通过相关机关协议及听取专家意见,采取改善措施,并且可对现行法令进行分析。

(3)两部法律的优先顺位问题,应适用一般法优于特别法,还是适用新法优于旧法。[28]

三、主要创新点

(一)明确法治行政的原则

《行政基本法》将宪法原则和由学说和判例而形成的原则纳入法治行政的原则。《行政基本法》(第 8 ~ 13 条)中所成文化的法治行政的原则主要包括以下几个方面:法治行政原则、平等原则、比例原则、禁止滥用权力原则、信赖保护原则和禁止不当联结原则(Koppelungsverbot)[29]等。在这里特别应注意的是,禁止不当联结原则(第 13 条)作为法治行政的原则之一,是指行政机关在进行行政活动时,不能与没有实质性关系的反对给付[对价(consideration)]相联结,即行政机关的权限行使与所附随的对价之间应有实质关联的原则。禁止不当联结原则适用于公法上的契约、行政处分的附款[30]以及给付行政等领域。禁止不当联结原则是韩国通过长年的学说和判例所形成的原则。学说层面,法律效力说主张,禁止不当联结原则应依据职权法定主义和禁止滥用权力原则。然而更具有通说地位的宪法效力说则主张,禁止不当联结原则应依据法治行政原则、禁止恣意原则以及《大韩民国宪法》第 37 条第 2 款。[31] 判例层面也是积极适用了宪法效力说,例如,韩国大法院判决也积极适用宪法效力说,认为"原告所驾驶的摩托车作为二轮机动车,只有拥有第二种驾照的人才能驾驶,二

[28] 《行政基本法》与《行政程序法》在法律条文上有冲突时,如果适用作为新法的《行政基本法》优于《行政程序法》,可能会导致作为一般法的《行政基本法》与作为特别法的《行政程序法》之间产生隔阂。

[29] 中文详情介绍,参见刘建军:《论禁止不当联结原则的涵义法律地位与理论渊源》,载《山东公安专科学校学报》2004 年第 4 期;安颜增:《论行政法上的不当联结禁止原则》,中国政法大学 2008 年硕士学位论文。

[30] 韩国《行政基本法》中的汉字用语表示应为"付款",然而在韩国和日本的法律用语表述中,"附款"或"付款"两种用语与德语的"Nebenbestimmung"相同,是指法律行为中当事人以意思表示对成立的法律行为的效果加以限制的条款。为了方便我国读者,本文中条文翻译适用"附款"。

[31] 《大韩民国宪法》第 37 条第 2 款:国民的所有自由和权利,在为保障国家安全、维持秩序或为公共福利所需时才可以受到法律的限制,但限制时也不得侵犯自由和权利的本质内容。

轮机动车的驾驶与第一种大型驾照毫无关系。因此被告以酒后驾驶摩托车为由，吊销二轮机动车以外的其他车型的第一种大型驾照的处理是不正当的"。[32]

(二)修改法令等时新旧法适用标准

《行政基本法》第 14 条规定，有关相对人申请的行政处分(授益行政行为)，应适用相对人申请处分时的法令；有关相对人制裁处分的行政行为(负担行政行为)，应适用相对人违反义务时的法令，但变更后的法令相比变更前制裁处分标准较轻时，应适用变更后的法令等。

(三)撤销违法或不当处分以及撤回合法处分

《行政基本法》第 18 条以及第 19 条所规定的，撤销违法或不当处分以及撤回合法处分时的相关内容如下：

1. 行政机关可以追溯撤销全部或部分违法或不当处分，如存在相对人信赖保护的价值时，可向将来撤回违法行为。

2. 即便是依据合法行为所作出的行政处分，然因法律等修改，该行政处分已无存续的必要时，行政机关可向将来撤回全部或部分行政处分。

3. 行政机关撤销赋予相对人权利和利益的处分或撤回依据合法行为的处分时，行政机关应当比较和衡量，撤销、撤回所引发的相对人不利益与撤销、撤回所要达到的公共利益。

(四)自动化处分

人工智能的发展带来了许多便利和挑战，最能体现人工智能对于法律秩序影响的是在行政法之中，行政立法、行政执法、行政司法以及其他的行政活动中，广泛存在人工智能的缩影。在立法过程中，韩国积极参考了《德国联邦行政程序法》第 35 条之 a。[33]

虽然有学者指出，应探讨自动化处分所适用的范围[34]，但值得我们关

㉜ 详情参见韩国大法院判例，대판 1992.9.22, 91누8289号。

㉝ 김중권, 인공지능시대에 완전자동적 행정행위에 관한 소고, 법조（2017）제723호；이재훈,전자동화행정행위에관한연구 –독일연방행정절차법제35조의a를중심으로–,성균관법학(2017), Vol. 29;이재훈,독일 연방행정절차법상 전자동화 행정행위 도입 및 주요 쟁점,행정법학（2017）제16호； 김중권,인공지능시대에 알고리즘에 의한 행위조종과 가상적 행정행위에 관한 소고,공법연구（2019）제48집제3호 참조.

㉞ 정하중(2020),행정법개론 , 法文社, 185면 참조.

注的是,韩国《行政基本法》第 20 条明确规定,伴随人工智能时代,为适应未来行政之需要,行政机关除涉及裁量的行政处分外[35],根据法律规定可作出全自动行政处分。

(五)制裁处分的时效

所谓时效,一般是指一定的事实状态只要持续一段时间,不论该事实状态是否合乎真实的法律关系,尊重已经成为现实的该事实状态,并把它认定为真实法律关系的一项法律制度。韩国现行法律制度中的时效制度,尊重已经成为现实的各种事实状态,其目的在于维护法律制度的稳定。韩国《行政基本法》明确了制裁处分时效。其第 23 条规定,违法行为在终了之日起五年内未被发现的,原则上不再给予滞纳金和行政处分(包括认可、许可等的撤销、撤回以及注销,经营场所查封和扣押)。

(六)认可、许可议题的共同标准

韩国《行政基本法》第 24 ~ 26 条,明确了认可、许可领域的共同标准,主要内容如下:

1. 行使认可、许可议题时,应规定相关认可、许可行政机关的协商期限及协商等所需的共同标准。

2. 联合审批中,主要认可、许可的效力仅限于主要认可、许可相关法律规定。议题中主要认可、许可行为的相关认可、许可行为,因是行政机关直接行使权限的行为,其效力应包括相关法令为依据的管理和监督行为。

3. 相关认可、许可行政厅收到第 24 条第 3 款之协商邀请后,应当自收到协商邀请之日起 20 日以内(第 24 条第 5 款之程序所需的期限除外)提出意见。相关认可、许可行政厅在规定的期限内(根据民愿处理相关法令延长提出意见的期限时,专指其延长期限)未提出协议与否的意见时,视为达成协商。

(七)签订公法上的契约

在现代行政活动多元性和复杂性的背景之下,作为一种更加柔和、富有弹性的行政手段——公法上的契约获得了广泛的运用。韩国《行政基本法》第 27 条规定,为适应行政的多样性和专门性,通过公法上的法律关

---

[35] 仅限于羁束裁量处分。

系形成契约行政,签订公法契约方法以及考虑事项等,以便为公法上的契约提供法律依据。

问题是《行政基本法》第27条并没有规定公法上契约无效事由以及视为无效的起始时间等内容。[36] 其核心争议点在于立法机关是否将公法上的契约正式融入行政处分(行政行为)。对此有学者指出,制定《行政基本法》时,立法机关未明确公法上契约无效事由等做法,可以解释为实质上禁止"代替行政处分的公法上的契约"的立法机关之态度。[37]

(八)受理所需的申告效力

行政受理作为行政行为的一种,长期以来并没有得到韩国学界的充分关注,与之形成鲜明对比的却是行政受理在实践中起到的重要作用。为了完善行政受理行为的程序性规定,韩国《行政基本法》明确了受理行为的申告效力。《行政基本法》第34条规定,需要向行政机关告知一定事项的申告行为,法律规定申告行为需要行政机关受理时,只有在行政机关受理时才能发生法律效力。

特别值得我们关注的是,《行政基本法》第34条明确了申告效力,即"受理需要申告"的原则,由此终结了以往学术界和实务界关于受理行为是否需要申告的争议。[38]

(九)扩大处分的异议申述制度范围

韩国的行政审判制度,最初是基于《诉愿法》的实施而导入,但早期的行政审判制度[39]不仅未能发挥其权利救济机能,反而被认为是行政诉讼的阻碍。对此,韩国宪法中新设了"作为诉讼的前置程序,可以进行行政审

㊱ 有关公法上契约无效的学界争议,정하중,법치행정의원리와공법상계약, 서강법학연구(2009)제6호;参见김병기,개정을통한행정계약법총론의법제화방향,행정법학(2013)제9호:김해룡,행정계약의법리와그활용을위한법제개선연구, 토지공법연구(2020)제2호 참조。

㊲ 김대인,행정기본법과행정절차법의관계에대한고찰,법제연구(2020)제59호 참조.

㊳ 关于受理行为是否需要申告的问题,韩国公法学界也曾有过激烈的争论。김중권,정보제공적신고로서의집회신고의공법적의의에관한소고,안암법학(2014) 제43호:홍강훈,소위자체완성적신고와수리를요하는신고의구분가능성및신고제의행정법 Dogmatik을통한해결론,공법연구(2017) 제4호 참조.

㊴ 行政审判是指,因行政厅的违法行为、不当处分以及公权力作为或不作为,受到权利或利益侵害的国民向行政机关提出的权利救济程序。类似于我国的行政复议制度。

判。行政审判的程序由法律规定,应当准用司法程序”的规定。[40] 依据该宪法规定,韩国制定了《行政审判法》,并通过数次的修订,逐步强化了行政审判程序对司法程序的准用。作为司法程序的强化之一环的异议申述制度的扩大举措,此种举措也体现在《行政基本法》第 36 条,其主要内容如下:

1. 为了扩大个别法所规定的异议申述制度的受案范围,明确申请人对行政机关行政处分申请异议申述时的原则性规定。

2. 行政机关应确定异议申述制度的共同事项,如自受理申请之日起 14 日内通知异议申述结果,申请人应当自收到异议申述结果通知后 90 日内提出行政复议或者提起行政诉讼。

(十)导入行政处分再审查制度

韩国《行政基本法》第 37 条规定,行政处分成立或发生效力经过一定期间后,即使行政处分有瑕疵但不属于无效时,基于行政处分的不可争力就不得再撤销、撤回或变更。然而事后因处分所依据的事实关系或法律关系发生变化,与社会观念或宪法秩序发生冲突时,为保护当事人权利,有必要针对行政处分进行再审查。这表明,韩国的行政处分再审查制度类似于民事和刑事类案件的法院再审制度,是行政厅通过赋予当事人“再审查的机会”来保障当事人权益。[41] 也就是说,即使通过现有行政争讼(行政审判[42]和行政诉讼)制度对制裁处分和行政强制处分无法解决相应问题时,只要所依据处分的事实关系或法律关系之后变更为有利于当事人等符合一定的法定要件时,当事人自知道事由之日起 60 日内可以申请撤销、撤回或变更行政处分,但是自处分之日起五年后就不得申请行政处分再审查。

(十一)改善行政法制

为防止法律规范之间的不一致甚至冲突现象,《行政基本法》第 38 条

---

[40] 参见《大韩民国宪法》第 107 条。

[41] 韩国所导入的行政处分再审查制度,其再审查主体应是行政厅。行政处分再审查制度有别于传统的行政审判或行政诉讼制度,是对行政处分的不可争力所引起的国民权利救济保障。此制度更多参照了《德国联邦行政程序法》(Wiederaufgreifen des Verfahrens)第 51 条。

[42] 行政审判是指,因行政厅的违法行为、不当处分以及公权力作为或不作为,受到权利或利益侵害的国民向行政机关提出的权利救济程序,类似于我国的行政复议制度。

第 2 款规定,法令等内容和规定应与其他法令等相协调,法令等相互之间不应重复或者冲突。作为第 38 条第 2 款规定的保障措施的一环,其第 3 款规定,政府应制定本年度所推进的法令案立法规划,以保障法令的协调性,避免了相互之间的重复或者冲突。

此外,为改善行政立法(包括自由贸易协定以及外国法)与上位法的冲突的现状,《行政基本法》第 38 条第 1 款和第 39 条第 1 款、第 2 款分别规定,行政立法活动不得违反宪法和上位法令,如果法令被权限机关判定为明显违反宪法或法律时,政府应改善法令,必要时通过相关机构协商以及征求专家意见等方式,改善行政法制。

四、余论:对我国行政法法典化路径的启示

20 世纪 30 年代初,日本学者田中二郎为克服当时日本“落后”的行政法制状况,而以法典化为目标,阐述构建行政法的法典主张。田中二郎主张:“当法律法规存在缺陷或根本不存在时,我们会在学说和判例中寻求解决的基准。然而往往由于学说和判例支离破碎的情况较多,因此有必要制定相当于民法典、民事诉讼法典的一般总则的行政法典。”[43]这表明基于当时落后的日本行政法制状况,田中二郎欲打破以往的“理论—实务—制度”三角互补模式,反过来适用行政法法典化促进处于低迷状态的明治宪法下形式法治主义的行政法制度的理论和实务。[44] 田中二郎等的主张,至少对以行政关系的不稳定以及行政法的不成熟为原因否定行政法法典化的主张,给予了崭新的选择路径。

(一)路径之一:内力推动下的统一立法模式

正所谓“新竹高于旧竹枝,全凭老干为扶持”。韩国《行政基本法》的出台,并非从天而降的星外来客,也不是纯天然的舶来品,它离不开韩国本土的理论和实务的奠基和培育。进言之,新的法律制度的创造并非完全取决于外力(outside force)的加强,更深深扎根于其所继承的本土的以往法律制度及实务,即内力(internal force)。在这一点上,内力的各种要

[43] 田中二郎「行政法に於ける法典的立法の傾向—ヴュルテンベルグ行政法典草案を中心として—」『公法と私法』(有斐閣,1955 年)308 頁参照。

[44] 市橋克也「非西欧諸国における法治主義—アジア市場経済移行諸国における法治主義 – 」『公法研究』(2018)第 80 号参照。

素(包括以往的法律制度和实务)引导新的法律制度的过程,构成前提的初始条件。创造新的制度并不是要求整个系统变化,[45]而是需要以往制度与实务在外力(理论)的推动下创造出一种新的法律制度,此时新的法律制度又能紧密熔接以往制度中的法律法规、实务、理论等各个断链,从而形成完整的统一的立法模式(见图1)。

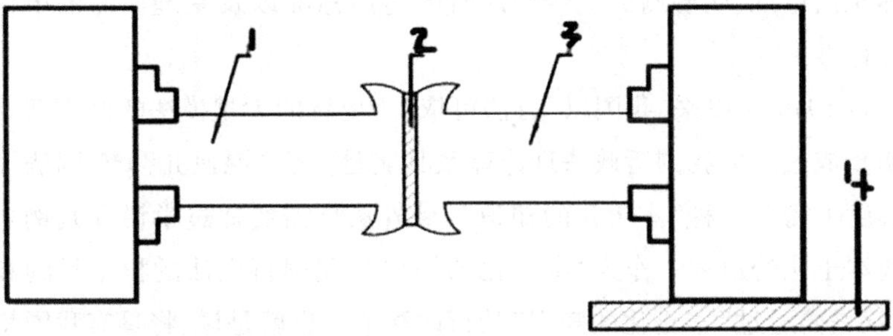

1. 内力 = 以往的法律制度;2. 新的法律制度;3. 内力 = 实务(一般法与个别法的贯穿);4. 外力 = 理论(学说、判例、先进的域外法制经验)。

图 1　内力推动下的断链熔接过程

这一点上创造新的法律制度的因素应包括:(1)将内力进行纯化(purification);(2)新的制度基于内力的各种要素中重构;(3)形成新的制度的初始条件是熔接以往的法律制度、实务、理论。

依据中共中央的《法治中国建设规划(2020—2025 年)》与《全国人大常委会 2021 年度立法工作计划》中明确指引制定“共同行政行为的法律法规,行政程序法”和“行政基本法典”的宏伟蓝图。按照宏伟蓝图,总则法和程序法应是共同并进的关系。中共中央构建法治中国的规划和《民法典》的经验给行政总则法的制定提供了重要导向和启示。但我国行政法的基本原则和框架结构尚未健全,导致现有的行政法律、法规尚未有统一的适用标准。中国行政法的现状是,立法体制属于多层次,其中已经制定了 270 多部法律,80% 都是行政法,还有 700 多部行政法规,12,000 多部地方性法规,政府规章数量更多。[46] 此时有必要在内力和外力的熔接之

㊺　创造新的制度理论部分,アブナー・グライフ・岡崎哲二/神取道宏 = 監訳『比較歴史制度分析』(NTT 出版,2009 年)181 頁 – 182 頁参照。

㊻　参见应松年:《关于行政法总则的期望与构想》,载《行政法学研究》2021 年第 1 期。

下制定行政总则法,进一步贯穿和纯化各部法律法规共性,最终形成完整的统一标准,推进中国特色社会主义法治政府的建设。

(二)路径之二:外力嵌入行政法的基本原则

韩国《行政基本法》将通过长年的学说和判例所形成的原则作为基本原则(例如,第13条的禁止不当联结原则),通过判例和学说提出行政的具体执法标准,明确新旧法令修改时的适用标准以及受理所需的申告效力等标准。

自1979年以来,我国以"有法可依"为要旨的大规模法的制定活动取得初步成效。但我国行政法理论体系其实是一个"混血儿"。[47] 因法律相当程度上需要一种"本土化的知识",域外法理需要通过学说和判例才能完成本土化的过程。作为"本土化的知识",我国行政法的根本目的和任务,就是要通过"本土化的知识"的行政法治。也就是说,将具有我国特色的学说和判例(包括先进的域外法制经验)嵌入立法的基本原则之中,实现对行政权的基本规范,提升行政活动的效能性,以最大限度地保障公民权益为宗旨目标。

(三)路径之三:明确程序性规定

韩国《行政基本法》积极衔接并补充了《行政程序法》,在行政处分、公法上的契约、异议申述制度以及行政处分再审查制度等方面规定了不同行政机关所共同遵守的程序性规定,明确了最低限度的公正行政程序标准。

我国现行行政程序立法采用了区分行政行为类型、逐项立法的进路,由于立法速度缓慢,导致有的行政行为领域无程序法可依。不同类型的行政行为可以遵循不同的规则,但权力的行使都应当遵循一定规则,这是法治的基本要求。我国行政总则法有必要建构统一的、最低限度公正行政程序标准,规定行政权力应当遵循的最起码的公正程序规则。[48]

---

[47] 参见黄卉、章剑生:《判例研究及其方法——基于第七期"判例研读沙龙"的评述性综述》,载《华东政法大学学报》2011年第3期。关于怎样去发现判例的问题,参见朱芒:《行政诉讼中判例的客观作用——以两个案件的判决为例的分析》,载《华东政法大学学报》2009年第1期。

[48] 参见应松年:《中国行政程序法立法展望》,载《中国法学》2010年第2期。

(四)路径之四:确立认可、许可议题制度

韩国《行政基本法》确立了认可、许可议题制度,针对散见于个别法律、法规的认可、许可制度制定了统一的标准,促进认可、许可领域行政执法的体系化。

在我国有关许可的规定分散在各个行政领域和个别法之中。由于行政法和行政制度的自身特点,很难将所有涉及许可的法律规范进行统一的法典化。值得关注的是,韩国《行政基本法》在程序方面对认可、许可议题制度作出了统一的规定,在一定程度上改变和确立了许可议题制度的基本状况。

(五)路径之五:确定部分条款适用特别施行规定

韩国《行政基本法》附则第1条规定:“本法自公布之日起实施。但是第二十二条、第二十九条、第三十八条至第四十条将由本法公布六个月后施行,第二十三条至第二十六条、第三十条至第三十四条、第三十六条及第三十七条将由本法公布二年后施行。”也就是说,虽然《行政基本法》把“公布之日起实施”作为一般原则,然而针对法令的实施需要准备期间或国民产生权利变动的事项(例如,行政制裁、认可、许可、罚款、行政强制、其他行政作用以及行政立法活动等)设有特别施行规定,明确规定自公布6个月后或2年后施行,从而在立法技术上确保了法律和法规等的配套实施所需期间以及公民的基本权利,具体条文框架与施行日见表1。

表1　韩国《行政基本法》条文框架与施行日

章	节	条文	施行日
第一章 总则	第一节 目的及定义等	第1条:目的 第2条:定义 第3条:国家和地方自治团体的责任 第4条:行政的积极推进 第5条:与其他法律的关系	自公布之日起施行
	第二节 期间的计算	第6条:行政期间的计算 第7条:法令等施行日期间计算	自公布之日起施行

续表

章	节	条文	施行日
第二章 行政的 法原则	—	第 8 条：法治行政的原则 第 9 条：平等原则 第 10 条：比例原则 第 11 条：诚实义务及禁止滥用权限原则 第 12 条：信赖保护原则 第 13 条：禁止不当联结原则	自公布之日起施行
第三章 行政作用	第一节 处分	第 14 条：法适用的标准	自公布之日起施行
		第 15 条：处分的效力	自公布之日起施行
		第 16 条：缺格事由	自公布之日起施行
		第 17 条：附款	自公布之日起施行
		第 18 条：撤销违法或不当处分	自公布之日起施行
		第 19 条：撤回合法处分	自公布之日起施行
		第 20 条：自动化处分	自公布之日起施行
		第 21 条：行使裁量的标准	自公布之日起施行
		第 22 条：制裁处分的标准	自公布 6 个月后施行
		第 23 条：制裁处分的时效	自公布 2 年后施行
	第二节 认可、许可议题	第 24 条：认可、许可议题的标准 第 25 条：认可、许可议题的效果 第 26 条：认可、许可议题的事后管理等	自公布 2 年后施行
	第三节 公法上的契约	第 27 条：签订公法上的契约	自公布之日起施行
	第四节 罚款	第 28 条：罚款的基准	自公布之日起施行
		第 29 条：罚款缴纳期限延期及分期缴纳	自公布 6 个月后施行
	第五节 行政强制	第 30 条：行政强制 第 31 条：赋课履行强制金 第 32 条：直接强制 第 33 条：即时强制	自公布 2 年后施行

续表

章	节	条文	施行日
	第六节 其他行政作用	第34条:伴随受理与否的申告效力	自公布2年后施行
		第35条:手续费及使用费	自公布之日起施行
	第七节 处分的异议申述与再审查	第36条:处分的异议申述 第37条:处分的再审查	自公布2年后施行
第四章 行政立法活动等	—	第38条:行政立法活动 第39条:改善行政法制 第40条:法令解释	自公布6个月后施行
附则	—	第1条:施行日 第2条:制裁处分的法令变更等之适用例 第3条:制裁处分时效之适用例 第4条:公法上的契约之适用例 第5条:行政强制措施之适用例 第6条:针对处分的异议申述之适用例 第7条:处分的再审查之适用例	—

目前,我国法律施行的时间一般都单独写一条,放在附则里作最后一条。而没有附则的法律,则把施行日期放在法律的最后一条中规定。包括行政类法律在内的我国绝大多数法律的施行日期采用的是同一部法律全部条文的统一施行日期的做法。然而我国《立法法》第61条只是明确了"法律应当明确规定施行日期"之规定,并没有要求同一部法律的全部条文必须统一施行日期。同一部法律中的个别条文,与具有抽象意义的总则性、原则性的条文不同,会直接涉及公民的人身权和财产权限制事项(例如,行政许可、行政处罚、行政强制等行为)以及需要与其他现行法律制度的衔接与协调(例如,《立法法》《行政复议法》《行政诉讼法》等法律衔接事项),此时分辨和明晰同一部法律条文之间地位轻重缓急的做法,将有利于我国立法技术的发展。为此,关注韩国《行政基本法》在附则中

明确规定个别条文施行日期的立法经验,将有利于我们做好同一部法律个别条文优先实施的准备,使新法顺利进入施行状态,使其充分得到执行、适用和遵守,最终达到保护公民权益的目的。

(六)路径之六:构建行政总则法和行政程序法的协同框架

从世界各国的行政立法制度来看,针对行政行为的规制方式大致分为以下两种模式:第一种是行政程序法模式(例如,德国、西班牙、美国、日本等);第二种是行政法法典模式(例如,荷兰、蒙古国等)。韩国在立法上采用行政程序法和行政总则法共存模式,表现出与其他国家与众不同的特色。

值得我们关注的是,虽然韩国《行政基本法》和《行政程序法》两部法律所规范的范围不同,但是两部法律在信赖保护原则、公法上的契约、制裁处分的标准、立法程序等方面又呈现出互补的倾向。对我国而言,可充分总结以《湖南省行政程序规定》为代表的地方行政程序立法的先进经验,在行政总则法中适当加入"实体"以外的"程序"内容进行规范(基于地方立法经验),构建总则法和程序法的协同框架,反观这也有利于行政程序制度的发展。要尊重基本的法律常识,注意"法典"与"成文法"、"系统化"、"体系化"等概念之间的区别,任何一部成文法都要达到自身体系完整性、一致性的要求,但不能因此就说这部成文法就是一部是法典。只有在篇幅和规模上达到一定程度并且在内容和形式的完备性、成熟性达到了里程碑意义上的历史高度,才能把一部这样的成文法称为"法典"。进言之,我国现在推动的应当是一部行政通则法或者行政总则法,同时努力促使地方行政程序法治建设的成功经验融入行政程序法的立法研究工作,在行政总则法和行政程序法的协同框架之下,再推动行政组织法以及其他部门行政法领域的立法工作,这才是我国行政法法典化的当务之急。

与其说本文的研究是评介韩国所制定的《行政基本法》,毋宁说我们在新时代重新考虑了行政法法典化的模式选择路径问题。对我国而言,韩国《行政基本法》的制定,是一种高质量比较法的研究,也是一种先行立法模式的演练。

●《北京市重大行政决策程序规定(建议稿)》及其说明*

许传玺**

北京市重大行政决策程序规定(建议稿)

第一章　总　　则

第一条　为了健全科学、民主、依法决策机制,完善重大行政决策程序,提高决策质量和效率,明确决策责任,大力建设法治中国首善之区,根据相关法律法规,结合本市实际,制定本规定。

第二条　本规定所称的重大行政决策是指市、区人民政府依照法定职权,对涉及全市、各区经济发展全局,涉及社会面广,涉及重大公共利益或者公民、法人或者其他组织切身利益的下列事项作出的决定:

(一)制定经济和社会发展重大政策措施,编制国民经济和社会发展规划、年度计划;

(二)编制各类总体规划、重要的区域规划和专项规划;

(三)编制财政预决算、重大财政资金安排;

(四)决定轨道交通、棚户区改造、大型赛事场馆建设、垃圾处理设施选址等重大公共建设项目;

---

* 本项目的参与人还包括成协中(中国政法大学法学院教授)、张力(中国政法大学法学院副教授)、陶品竹(北京市社会科学院副研究员)、陈刻勤(中国政法大学法学院博士生)。项目组成员分工共同完成了相关法律条款的草拟和起草说明的撰写,特此致谢!

** 北京市人大常委、法制委员会副主任委员,北京政法职业学院院长、研究员。

（五）制定开发利用、保护重要自然资源和文化名人故居等文化资源的重大公共政策和措施；

（六）制定环境保护、劳动就业、社会保障、教育、医疗卫生、住宅建设、安全生产、交通、城市管理等方面的重大公共政策或措施；

（七）制定需要长期实施的重大交通管理措施；

（八）确定和调整重要的行政事业性收费以及政府定价的重要商品、服务价格；

（九）决定对全市、各区经济社会发展有重大影响、涉及重大公共利益或者社会公众切身利益的其他重大事项。

法律、行政法规对本条第一款规定事项的决策程序另有规定的，依照其规定。货币和财政政策等宏观调控决策、政府立法决策以及突发事件应急处置决策不适用本规定。

第三条 重大行政决策应当坚持科学、民主、依法、高效决策的原则，遵守公众参与、专家论证、风险评估、合法性审查、集体讨论决定等程序规定。

第四条 重大行政决策必须坚持和加强党的全面领导，全面贯彻党的路线方针政策和决策部署，发挥党的领导核心作用，把党的领导贯彻到重大行政决策全过程。

第五条 决策机关可以根据本规定第二条的规定，结合职责权限和本地实际，确定重大行政决策事项的细化、量化标准，经同级党委同意后向社会公布。

决策机关应当根据本规定第二条规定的决策事项范围和前款规定的决策事项标准，结合职责权限和本地实际，确定决策事项目录，经同级党委同意后向社会公布。目录应包括项目名称、承办单位、完成时间等内容。

决策机关可以根据实际情况，对重大行政决策事项的认定标准和列入目录的决策事项适时进行调整并予以公布。

第六条 市、区人民政府办公厅负责年度决策事项目录的征集、会议安排等，并组织决策后评估。

市、区人民政府的组成部门、直属机构、办事机构、派出机关、派出机构、法律法规授权的组织及有关单位（以下简称决策承办单位），负责组织重大行政决策的草案拟定、公众参与、专家论证和风险评估。

司法行政部门负责本行政区域重大行政决策工作的组织协调、指导和监督，并负责重大行政决策合法性审查工作。

发展改革、财政、规划等部门按照各自职责，配合做好重大行政决策相关工作。

第七条 重大行政决策接受本级人民代表大会及其常务委员会、政协和社会公众的监督。

上级行政机关应当加强对下级行政机关重大行政决策的监督。审计机关按照规定对重大行政决策进行监督。

第八条 重大行政决策的制定和实施应当作为考核评价决策机关及其领导人员的重要内容，纳入法治政府建设督察范围，并列入法治政府建设考评指标体系。

第九条 市人民政府应当确定全市统一的重大行政决策事项发布平台。决策承办单位应当指定专人负责决策信息的填报，对重大行政决策事项的启动、公众参与、专家论证、风险评估、合法性审查、集体讨论决定和决定公布等重大行政决策程序，以及决策执行和调整情况进行记录。

公民、法人或者其他组织可以通过重大行政决策统一发布平台向行政机关提出决策建议书、提交对决策草案的意见；认为重大行政决策及其实施存在问题的，可以通过统一发布平台向决策机关或者决策执行单位提出意见和建议。

第二章 决策启动

第十条 对列入决策事项目录的决策事项，决策机关应当适时启动决策程序。

有关方面要求或者建议新增决策事项的，由相关单位按照下列规定进行研究论证后，报请决策机关决定是否启动决策程序：

（一）上级人民政府提出要求或者决策机关领导人员提出建议的，由决策机关的办公厅（室）交有关单位研究论证；

（二）决策机关所属部门或者下一级人民政府提出建议的，由提出建议的单位按照有关规定研究论证；

（三）人大代表、政协委员等通过建议、提案等方式提出建议的，由建议、提案承办单位研究论证；

（四）公民、法人或者其他组织提出书面建议的，由收到建议的单位或者建议内容涉及的单位研究论证。

第十一条 决策承办单位拟订决策草案，可以自行起草，也可以委托有关专家或者专业机构起草。决策草案应当包括决策目标、决策依据、工作任务、方法步骤、执行和配合机关等内容，并附决策草案起草说明。

对决策事项存在较大分歧的，决策承办单位可以提出两个以上方案，择优选用并作出说明。

第十二条 决策承办单位根据需要对决策事项投入的人力、财力、物力及资源消耗、环境影响等成本和经济、社会、环境效益进行分析预测，形成分析预测报告。

第十三条 决策事项涉及相关部门和区政府等单位的职责，或者与其关系紧密的，决策承办单位应当与其充分协商，达成一致意见；不能取得一致意见的，应当与提出意见的单位协商，必要时可以提请市政府分管领导协调；经协调仍不能达成一致意见的，应当向决策机关说明争议的主要问题，有关单位的意见，决策承办单位的意见、理由和依据。

第三章 公众参与

第十四条 制定重大行政决策应当广泛听取公众的意见。听取意见可以采取座谈会、听证会、实地走访、书面征求意见、向社会公开征求意见、问卷调查、民意调查等多种方式。决策承办单位综合决策内容、决策事项的社会关注程度、存在争议的大小、是否便于公众参与决策等因素确定听取意见的具体方式。

根据《重大行政决策程序暂行条例》和其他法律、法规的规定应当举行听证会的，采用听证会的方式听取公众意见。

第十五条 决策事项涉及特定群体利益的，决策承办单位应当与相关人民团体、社会组织以及群众代表进行沟通协商，充分听取相关群体的意见建议。决策事项对企业切身利益或者权利义务有重大影响的，还应当充分听取有代表性的企业和相关协会、商会以及人大代表、政协委员的意见。

第十六条 决策机关应当建立完善公众参与平台，及时发布重大行政决策相关信息、征求意见及其反馈情况,充分利用政府门户网站、社交媒体、移动互联网等信息网络,拓展公众参与渠道,增强公众参与效果。

第十七条 决策承办单位召开座谈会听取意见的,应当邀请利益相关方、行政管理部门、专家学者以及群众代表等就重点问题座谈研讨。决策承办单位应当于召开座谈会2日前将座谈会的议题和相关背景资料送达与会人员。

决策承办单位应当制作会议记录,如实记录各发言人的主要观点和理由。

第十八条 决策事项需向社会公开征求意见的,决策承办单位应当通过政府网站、政务新媒体以及报刊、广播、电视等便于社会公众知晓和参与的途径,公布决策草案及其说明等材料,明确提出意见的方式和期限。公开征求意见的期限一般不少于30日;因情况紧急等原因需要缩短期限的,公开征求意见时应当予以说明。

对社会公众普遍关心或者专业性、技术性较强的问题,决策承办单位可以通过专家访谈等方式进行解释说明。

决策承办单位应当做好社会公众意见收集、记录,将公开征求意见情况报告决策机关,并向社会公开反馈意见采纳情况。

第十九条 出现下列情形之一的,决策承办单位应当召开听证会:

(一)决策事项直接涉及公民、法人、其他组织切身利益的;

(二)采用其他方式听取公众意见后,公众意见存在较大分歧的;

(三)法律、法规规定的应当举行听证会的事项;

(四)决策承办单位认为有必要举行听证会的其他情形。

第二十条 决策承办单位采用向社会征求公众意见、听证会方式听取公众意见的,应当公告以下事项:

(一)重大行政决策草案全文或者公众获得全文的途径;

(二)关于作出重大行政决策的目的和草案合法性、必要性、可行性的说明;

(三)拟定决策草案时形成的评估报告、专家论证意见等;

(四)重大行政决策草案涉及的主要问题及需要公众重点关注的问题;

(五)公众提交意见的方式、途径、起止时间;

（六）接收公众意见的部门、人员和联系方式。

第二十一条 与决策事项有利害关系的公民、法人或者其他组织，可以申请参加听证会。

决策承办单位应当合理确定听证参加人，利害关系人代表一般不少于参加听证总人数的二分之一。申请参加听证会人数较多的，决策承办单位应当提前公布听证参加人遴选办法，公平公开组织遴选，保证相关各方都有代表参加听证会。

听证参加人的基本情况应当提前向社会公布。听证会材料应当于召开听证会7日前送达听证参加人。

第二十二条 听证会应当按照下列程序公开进行：

（一）听证记录人查明听证参加人到场情况，宣布听证会纪律。

（二）听证主持人宣布听证会开始，介绍听证主持人、听证记录人，宣布听证会内容，并宣布听证事项和每位听证参加人发言的时间。

（三）决策承办单位介绍决策草案、依据和有关情况。

（四）听证参加人陈述意见，进行询问、质证和辩论，必要时可以由决策承办单位或者有关专家进行解释说明。

（五）听证参加人应当围绕听证事项陈述自己的观点，听证参加人的发言与听证事项无关的，主持人有权终止其发言。听证参加人的发言不得超过规定的时间，可以采用书面形式向行政机关提交意见。

（六）听证参加人确认听证会记录并签字。

第二十三条 决策承办单位或者组织听证会的其他单位应当在听证会结束后7个工作日内形成听证报告，作为决策机关决策的重要依据。

听证报告应当包括召开听证会的基本情况、听证参加人的主要意见、意见采纳情况和理由等内容。

第二十四条 对有关文化教育、医疗卫生、公用事业、生态环境保护、资源开发利用和保护等重大民生决策事项，决策承办单位可以采取民意调查的方式，了解社会公众对决策事项的意见，并形成民意调查报告。民意调查报告应当载明调查事项、调查范围、调查方式、调查所得的各类意见和意见数据分析等内容。

决策承办单位采取民意调查方式听取意见的，可以自行或者委托无利害关系的第三方进行。第三方组织民意调查的，应当遵守有关保密规定。

第二十五条 决策承办单位应当全面、客观地听取各方面的意见,对提出的合理意见应当予以采纳;对条件不成熟或因其他原因未能吸纳的意见,视情况以适当方式说明理由或者作出解释。

第二十六条 决策承办单位应当对社会各方面提出的意见进行归纳整理、研究论证,充分采纳合理意见,完善决策草案。

第四章 专家论证

第二十七条 北京市人民政府、各区人民政府应当建立重大行政决策咨询论证专家库。

第二十八条 入库专家应当符合以下要求:

(一)具备职业道德性,能够勤勉、忠诚、公正地提出咨询论证意见和建议;

(二)具备专业权威性,在专业领域具有影响力和知名度,实践经验丰富;

(三)具备参与积极性,愿意提前接受安排,认真审阅相关材料,积极参与论证活动。

入库专家的遴选,应当综合考虑、择优确定,不得选用有学术道德问题、失信、违纪违法等不良记录的人员。

第二十九条 专家库建立单位应当规范专家库的运行管理制度,健全专家遴选、诚信考核和退出机制。

第三十条 对于专业性、技术性较强的决策事项,决策承办单位应当组织相关专家、专业机构论证其必要性、可行性、科学性等。

专家论证可以采取论证会、书面咨询、委托咨询论证等方式。召开专家论证会的,决策承办单位负责人应当出席听取意见。

参加论证的专家应具有专业性、代表性和中立性。决策承办单位应当从专家库中选择相关领域5名以上专家或者专业机构参与论证,并注重选择持不同意见的专家、专业机构,不得选择与重大行政决策事项有直接利害关系的专家、专业机构。

第三十一条 专家、专业机构应当独立开展论证工作,依法履行保密义务。决策承办单位应当为专家、专业机构论证提供信息、经费等方面的必要保障,在决策作出前,依法对专家、专业机构的人员、论证意见予以保密,支持其独立开展工作。

第三十二条 决策承办单位组织重大行政决策专家论证,应当按照以下程序进行:

(一)确定论证事项;

(二)制定论证方案;

(三)选定论证专家;

(四)提供论证资料;

(五)专家在指定合理时间内进行相关研究;

(六)组织开展论证。

第三十三条 专家论证程序结束后,专家、专业机构应当出具签名或者盖章的书面论证意见,并对该论证意见负责。

第三十四条 决策承办单位应当对专家论证意见归纳整理,充分采纳意见,完善决策方案,并向提出论证意见的专家、专业机构反馈论证意见的研究处理情况和理由。

第五章 风险评估

第三十五条 重大行政决策涉及重大利益调整,其实施可能对社会稳定、公共安全等造成不利影响的,决策承办单位或者负责风险评估工作的其他单位应当组织评估决策方案的风险可控性,或者委托专业机构、社会组织等第三方进行。

按照有关规定已对风险进行评价、评估的,不作重复评估。

第三十六条 决策承办单位应当就下列风险类型进行分析、预测和评估,并提出风险防范措施和处置预案:

(一)社会稳定风险,包括可能造成的社会矛盾纠纷、群体性事件、危害公共安全等影响;

(二)环境风险,包括可能造成的重大环境污染、生态破坏或者次生自然灾害等影响;

(三)经济风险,包括可能造成的公共财政资金流失、政府债务危机、金融风险隐患等影响;

(四)其他可能危及国家安全和公共安全的风险。

第三十七条 风险评估应当按照下列程序进行：

（一）制定评估工作方案，明确评估目的、评估对象与内容、评估标准、评估步骤与方法等；

（二）开展调查研究，采取公示，舆情跟踪，抽样检查，实地走访和召开座谈会、听证会等方式，听取利益相关方和社会公众的意见；

（三）全面分析论证，组织有关部门和专家对收集的相关资料进行综合分析研究，运用定性分析和定量分析等方法，对决策实施的风险进行科学预测，确定风险的可控性；

（四）形成风险评估报告，根据分析论证情况，明确风险点，按照高风险、中风险、低风险等级进行划分。

决策承办单位可以采用书面形式向相关部门征求意见，相关部门应当自收到征求意见函之日起7个工作日内回复书面意见。

第三十八条 风险评估报告应当包括下列内容：

（一）评估事项和评估过程；

（二）各方意见及其采纳情况；

（三）决策可能引发的各类风险和风险等级；

（四）对策建议、风险防范和化解措施以及应急处置预案或者其他替代方案；

（五）其他与风险相关的事项。

第三十九条 风险评估报告应当作为重大行政决策的重要依据。决策机关根据风险评估结果确定的风险等级，按照以下原则作出决策：

（一）对于高风险的，作出不实施的决策，调整决策方案或者采取防范和化解风险的措施，确保风险可控后再行决策；

（二）对于中风险的，调整决策方案或者采取防范和化解风险的措施，确保风险可控后再行决策；

（三）对于低风险且风险可控的，作出实施的决策。

第六章 合法性审查

第四十条 决策承办单位起草决策方案草案时，应当由本单位法制机构对决策方案进行合法性审查。

决策方案提交决策机关集体讨论前，应当由决策机关的法制机构进行合法性审查。不得以征求意见等方式代替合法性审查。

决策方案未经合法性审查或者经审查不合法的,不得提交决策机关讨论。对国家尚无明确规定的探索性改革决策事项,可以明示法律风险,提交决策机关讨论。

第四十一条 决策承办单位应当向决策机关的法制机构提交下列材料:

(一)决策方案及说明;

(二)有关法律、法规、规章、规范性文件和政策依据;

(三)公众参与采纳情况、专家咨询论证意见、风险评估报告等相关材料,经听证的还应当提交听证报告;

(四)本单位法制机构的审查意见;

(五)进行合法性审查所需要的其他资料。

提供的材料不符合要求的,审查部门可以退回或者要求补充。

第四十二条 合法性审查应当包括下列内容:

(一)决策事项是否符合决策机关的法定权限;

(二)决策方案的形成是否已履行相关法定程序;

(三)决策内容是否符合法律、法规、规章及国家、北京市政策规定;

(四)决策内容是否存在没有法律、法规依据,减损公民、法人和其他组织合法权益或者增加其义务的情形;

(五)决策内容是否存在没有法律、法规依据,增加本单位权力或者缩减本单位法定职责的情形;

(六)其他需要审查的事项。

第四十三条 合法性审查以书面审查方式为主,对影响面广、社会关注度高、牵涉疑难法律问题的决策事项可以采取座谈会、听证会等方式。

决策机关的法制机构在审查过程中,应当组织政府法律顾问、公职律师进行合法性论证或者提出法律意见,并可以视审查情况,要求决策承办单位就有关问题作出说明、补充提交相关材料或者要求有关单位协助审查。

第四十四条 对合法性审查中发现的问题,决策机关的法制机构按照下列规定处理:

(一)超越决策机关法定权限或者主要内容不合法的,建议不提交决策机关讨论；

（二）应当履行而未履行公众参与、专家论证、风险评估等程序的，建议退回决策承办单位补正程序；

（三）决策方案、风险防范化解措施等存在合法性瑕疵的，建议进行相应修改。

第四十五条 决策机关的法制机构应当及时出具决策方案合法与否以及合法或违法具体情形的书面审查意见，并对合法性审查意见负责。

第四十六条 决策承办单位应当根据合法性审查意见对决策方案进行必要的调整或者补充。合法性审查意见与决策承办单位意见存在重大分歧、未完全采纳审查意见的，决策承办单位应当向决策机关的法制机构书面说明理由。

第七章 集体讨论决定和决定公布

第四十七条 决策草案由决策机关常务会议或者全体会议经充分讨论后审议决定。

第四十八条 决策承办单位提交决策机关讨论决策草案，应当报送下列材料：

（一）决策草案及相关支撑和证明材料，决策草案涉及市场主体经济活动的，应当包含公平竞争审查的有关情况；

（二）履行公众参与程序的，同时报送社会公众提出的主要意见的研究采纳情况；

（三）履行专家论证程序的，同时报送专家论证意见的研究采纳情况；

（四）履行风险评估程序的，同时报送风险评估报告等有关材料；

（五）合法性审查意见；

（六）需要报送的其他材料。

以上材料由决策承办单位提交至决策机关办公厅（室）。决策机关办公厅（室）收到前款材料之后按规定程序提请行政首长安排决策机关常务会议或者全体会议审议；认为暂不能提交审议的，应当退回决策承办单位并说明理由。

第四十九条 决策机关行政首长在集体讨论的基础上作出决定。

讨论决策草案时，会议组成人员应当充分发表意见，行政首长最后发表意见。行政首长不得在会议组成人员未充分发表意见的情况下,对拟决策事项发表意见。行政首长拟作出的决定与会议组成人员多数人的意见不一致的,应当在会上说明理由。

集体讨论决定情况应当如实记录,不同意见应当如实载明。

第五十条 重大行政决策出台前应当按照规定及时向同级党委请示报告。

第五十一条 决策机关应当通过本级人民政府公报和政府网站以及在本行政区域内发行的报纸等途径及时公布重大行政决策。对社会公众普遍关心或者专业性、技术性较强的重大行政决策,决策机关或者决策承办单位应当说明公众参与意见、专家论证意见的采纳情况,通过新闻发布会、接受访谈等方式进行宣传解读。依法不予公开的除外。

第八章 决策执行和调整

第五十二条 决策机关应当明确负责重大行政决策执行工作的单位(以下简称决策执行单位),并对决策执行情况进行督促检查。决策执行单位应当依法全面、及时、正确执行重大行政决策,并向决策机关报告决策执行情况。

决策机关办公厅(室)在决策机关领导下,对重大行政决策进行工作任务责任分解,明确具体的决策执行单位和工作要求,开展决策执行的检查、督办、考核等工作,并及时向决策机关报告督查情况。

第五十三条 决策执行单位发现重大行政决策存在问题、客观情况发生重大变化,或者决策执行中发生不可抗力等严重影响决策目标实现的,应当及时向决策机关报告,并提出停止执行、中止执行或者变更决策的建议。

公民、法人或者其他组织认为重大行政决策及其实施存在问题的,可以通过信件、电话、电子邮件等方式向决策机关或者决策执行单位提出意见建议。对于该类意见建议,决策机关或者决策执行单位应当及时研究处理。

第五十四条 依法作出的重大行政决策,未经法定程序不得随意变更或者停止执行。执行中出现第五十三条规定的情形,情况紧急的,决策机关行政首长可以先决定中止执行,待中止执行的情况消除后再恢复执行。需要作出重大调整的,应当依照本规定履行相关法定程序。

依法对重大行政决策作出变更、中止执行或者停止执行的,决策机关和决策执行单位应当采取措施尽量避免或者减少不利影响。

第五十五条 决策机关应当跟踪决策执行情况。有下列情形之一的,决策机关可以组织决策后评估:

(一)重大行政决策实施后明显未达到预期效果;

(二)公民、法人或者其他组织提出较多意见;

(三)决策机关认为有必要的。

确需作出停止执行或者变更决定的,决策机关应当组织开展决策后评估。

开展决策后评估,可以委托专业机构、社会组织等第三方进行,决策作出前承担主要论证评估工作的单位除外。

第五十六条 决策后评估主要包括以下内容:

(一)决策执行的基本情况;

(二)决策执行效果与预期目标是否一致;

(三)公民、法人或者其他组织对重大行政决策及其执行的满意度;

(四)决策执行是否符合经济社会发展目标及主要任务;

(五)决策执行过程中存在的主要问题;

(六)决策调整建议;

(七)其他需要评估或说明的内容。

第五十七条 决策后评估应当形成评估报告。评估报告的主要内容包括:

(一)评估工作开展情况;

(二)第五十六条规定的决策后评估的主要内容;

(三)拟调整决策的法律依据及调整方案;

(四)其他需要说明的情况。

评估报告应当作为调整重大行政决策的重要依据。

第五十八条 决策机关应当对决策执行情况进行监督,并组织考核。决策机关办公厅(室)依照有关规定具体组织实施决策执行的监督与考核工作,并将监督与考核结果及时报告决策机关。

第五十九条 决策机关应当建立重大行政决策过程记录和材料归档

制度,由有关单位将履行决策程序形成的记录、材料等及时完整归档。

第九章 法律责任

第六十条 决策机关、决策承办单位、决策执行机关及其工作人员违反本规定的,按照有关法律法规依法追究法律责任。

公民、法人或者其他组织在参与重大行政决策程序过程中,发生违法行为的,按照有关法律法规依法追究法律责任。

第六十一条 确因改革创新探索发生的违反本规定的行为,可以依法减免其相关法律责任。

第十章 附 则

第六十二条 市和区人民政府部门、乡镇人民政府重大行政决策的作出和调整程序,参照本规定执行。

第六十三条 本规定自 年 月 日起施行。

关于《北京市重大行政决策程序规定(建议稿)》的说明

一、立法必要性和可行性

(一)制定《北京市重大行政决策程序规定》的必要性

第一,制定《北京市重大行政决策程序规定》,是完成北京市"十四五"规划"大力建设法治中国首善之区"主要任务的题中之义。《中共北京市委关于制定北京市国民经济和社会发展第十四个五年规划和二〇三五年远景目标的建议》指出,"十四五"时期是北京落实首都城市战略定位、建设国际一流的和谐宜居之都的关键时期;"十四五"规划的主要任务之一是"大力建设法治中国首善之区",其重大举措包括"加强法治政府建设,严格落实重大行政决策法定程序,提高行政执法效能,把政府工作全面纳入法治轨道"。按照上述建议的要求,北京市应当大力加强重大行政决策程序立法,依据国家层面关于重大行政决策程序的规定,结合本地实际和现实需求,建立健全相关制度体系,充分发挥立法的引领和推动作用。

第二,目前北京市关于重大行政决策程序的规范性文件仅有2018年出台的《北京市人民政府工作规则》(以下简称《工作规则》)。在其第四章“坚持依法行政”和第五章“实行科学民主决策”中,《工作规则》分别规定了重大行政决策的合法性审查制度和政府法律顾问制度,并对公众参与、专家论证、风险评估、作出重大行政决策前向市委请示报告等提出了要求,但因其过于原则、简略,行政机关在具体执行时缺少明确、具体的指引,难以形成对重大行政决策的程序性约束。总的来看,《工作规则》既与国务院于2019年4月颁布的《重大行政决策程序暂行条例》(以下简称《暂行条例》)存在脱节,又难以满足北京市对重大行政决策程序的现实需要。因此很有必要加快北京市在该领域的立法,以切实加强对重大行政决策程序的制度性保障。

第三,制定《北京市重大行政决策程序规定》,是贯彻落实国务院《暂行条例》的明确要求。《暂行条例》第四十三条第一款规定:“省、自治区、直辖市人民政府根据本条例制定本行政区域重大行政决策程序的具体制度。”《立法法》第九十三条规定:地方政府规章可以为执行法律、行政法规、地方性法规的规定需要制定规章的事项作出规定。《暂行条例》建立了重大行政决策活动的基本程序制度,比较概括、简略,其立法思路是中央立法建立基本制度框架,地方立法因地制宜细化具体内容。因此,在《暂行条例》颁布后,北京市需要根据本市的实际情况和需求,制定关于重大行政决策程序的具体制度。目前,已有16个省级人民政府(包括上海、天津和重庆3个直辖市)制定了专门的重大行政决策程序规定,凸显出北京市加快该领域立法的必要性和紧迫性。

(二)制定《北京市重大行政决策程序规定》的可行性

第一,北京市高度重视对国务院《暂行条例》的贯彻落实。北京市政府已经把《暂行条例》的贯彻落实情况纳入其法治政府建设的工作重点和考核指标,同时开展了区政府重大行政决策案例评审活动,充分发挥考评导向作用,促进各区、各单位提升依法决策水平。为更好地落实《暂行条例》,北京市政府办公厅组织有关人员赴上海市调研,起草了《关于贯彻落实〈暂行条例〉、进一步完善市政府决策程序的建议》,就地方立法事宜等进行专题研究。这些制度实践和专题调研为制定《北京市重大行政决策程序规定》奠定了坚实的基础。

第二,北京市在重大行政决策程序立法方面已经进行了积极探索。

如前所述,北京市政府《工作规则》在其第四章和第五章中已经对行政决策的规则、程序等作了概括性规定;并在第二章和第九章中规定:市政府工作中的重大事项,必须经市政府全体会议或者市政府常务会议讨论决定,并对会议召开程序、方式等作了具体规定。国务院《暂行条例》出台后,海淀区、通州区、房山区等相继制定了实施细则。为提高重大行政决策的透明度和参与度,北京市和北京市昌平区等相继出台了《北京市深化政务公开扩大公众参与工作办法》《北京市昌平区人民政府关于完善科学民主依法决策机制增强行政决策透明度和公众参与度的意见(试行)》等,力求为重大行政决策活动的规范运行提供制度保障。

第三,其他省市较为成熟的地方立法经验和学界的前期研究可为制定《北京市重大行政决策程序规定》提供借鉴。目前,全国共有 38 个省级和市级政府制定了专门的重大行政决策程序规定,其中有 17 部是在国务院《暂行条例》颁布后,结合本地实际和改革创新成果制定的。其对国务院《暂行条例》相关条文的细化与调整,对北京市重大行政决策程序立法具有较强的借鉴意义。此外,学界的前期相关研究(特别是关于北京市重大行政决策现状与问题的研究)可为北京市重大行政决策程序立法提供智力支撑,增强立法的科学性、系统性和有效性。

二、立法思路和主要内容

(一)立法思路

《北京市重大行政决策程序规定(建议稿)》(以下简称《规定(建议稿)》)的制定主要遵循以下思路:一是坚持国家法制统一。《规定(建议稿)》立足于落实上位法和国家有关规定,更加有效地衔接国务院《暂行条例》及其贯彻实施。二是坚持问题导向。针对实践中存在的具体问题,作出相应的制度设计。三是坚持细化完善。对于上位法(如《暂行条例》)规定较为原则、简略的,《规定(建议稿)》结合其立法原意对有关内容作进一步细化;对上位法表述足够具体的,不再简单重复。四是坚持制度创新。在不违反上位法的前提下,立足本市实际,对经过本市实践证明行之有效的经验和做法予以固化完善。

(二)主要内容

《规定(建议稿)》分为 10 章,共 63 条,分别为总则、决策启动、公众参与、专家论证、风险评估、合法性审查、集体讨论决定和决定公布、决策执行和调整、法律责任、附则。具体内容如下：

1. 关于决策事项的范围、标准和目录

为明确界定决策事项的范围,《规定(建议稿)》采取了“概括+正面列举”的模式,通过正面列举的事项对《暂行条例》确定的决策事项范围作进一步的具体化、全面化(第二条)。由于不同级别政府、不同领域主管部门的行政决策的影响面和侧重点各有不同,对重大行政决策的认定也会有所差异,为了限制决策机关认定重大行政决策事项的裁量权,《规定(建议稿)》要求决策机关根据实际制定并调整决策事项标准(第五条)。建立重大行政决策事项目录管理制度是规范重大行政决策程序的起点和重要抓手,《规定(建议稿)》要求决策机关根据实际制定并适时调整决策事项目录(第五条)。

2. 关于决策启动

为加强对决策启动的程序约束,《规定(建议稿)》明确了“列入决策事项目录的决策事项”和“有关方面要求或者建议新增决策事项”的启动程序(第十条);确立了决策草案的拟定主体、决策草案的内容、决策事项存在分歧的解决途径(第十一条)。为避免成本效益分析流于形式,《规定(建议稿)》为决策承办单位设定了根据分析预测撰写报告的义务,并明确了分析预测报告应包含的内容(第十二条)。为避免行政决策因部门争议久拖不决,《规定(建议稿)》进一步细化了决策事项不能取得一致意见时的协商协调机制(第十三条)。

3. 关于公众参与

《规定(建议稿)》明确了决策承办单位确定听取公众意见方式所要考虑的因素,重申了以听证会形式听取公众意见的严格规定(第十四条);加强了对市场主体参与重大行政决策的制度保障,要求决策事项对企业切身利益或者权利义务有重大影响的,应当充分听取有代表性的企业和相关协会、商会以及人大代表、政协委员的意见(第十五条);规定了召开座谈会、向社会公开征求意见、召开听证会、民意调查等公众参与的形式(第十七条至第二十四条)。为切实发挥公众参与的效力,避免公众参与“走过场”,《规定(建议稿)》还明确规定了决策承办单位对公众参与意见的处理(第二十五条);要求决策承办单位应当根据公众意见对决策草案进行完善(第二十六条)。

4. 关于专家论证

为加强专家队伍建设,确保专家库和入库专家的权威性、可靠性,《规定(建议稿)》规定了北京市及各区人民政府建立专家库的职责(第二十七条);明确了对入库专家在道德、专业、参与等方面的要求(第二十八条);确立了专家库的动态运行管理机制(第二十九条)。为保证论证结果的科学性、专业性、独立性,《规定(建议稿)》规定了专家论证的决策事项范围、论证方式和选择制度(第三十条);对专家论证的独立性提出了明确要求(第三十一条);细化了专家论证的具体程序(第三十二条)。为加强专家论证意见的效力,避免其流于形式,《规定(建议稿)》明确了专家对论证意见的主体责任(第三十三条),以及决策承办单位对意见的归纳整理和反馈机制(第三十四条)。

5. 关于风险评估

为有效防范决策风险,《规定(建议稿)》明确了风险评估的情形和风险评估的主体,并基于高效原则强调"按照有关规定已对风险进行评价、评估的,不作重复评估"(第三十五条);规定了风险的类型划分,详细列举了社会稳定风险、环境风险和经济风险的具体表现形式(第三十六条)。为提高风险评估的民主性、中立性和科学性,《规定(建议稿)》进一步细化了风险评估的程序(第三十七条)。为有效发挥风险评估报告的功能,《规定(建议稿)》规定了风险评估报告的具体内容(第三十八条),明确了风险评估报告对重大决策的约束力(第三十九条)。

6. 关于合法性审查

《规定(建议稿)》明确规定合法性审查是将决策方案提交决策机关讨论的必要前置程序(第四十条)。为确保合法性审查活动顺利开展,《规定(建议稿)》规定了合法性审查所依据的材料(第四十一条),合法性审查的职权标准、程序标准、内容标准、依据标准等(第四十二条),合法性审查的多种方式,包括书面审查、召开座谈会或听证会、政府法律顾问和公职律师协助审查等(第四十三条),以及对在合法性审查中发现问题的处理(第四十四条)。为增强合法性审查意见的效力,《规定(建议稿)》明确了合法性审查意见是决策方案后续修改和决策审议的重要法律依据(第四十六条)。

7. 关于集体讨论决定和决定公布

《规定(建议稿)》进一步细化了集体讨论决定的材料要件,增加了材料的接收部门和对材料接收后的处理(第四十八条)。为明确集体讨论基础上的重大行政决策行政首长负责制,避免行政首长对拟决定的重大行政决策事项作出倾向性引导,《规定(建议稿)》增加了"决策机关行政首长在集体讨论的基础上作出决定"和"行政首长不得在会议组成人员未充分发表意见的情况下,对拟决策事项发表意见"的规定(第四十九条)。为确保公众对重大行政决策的知晓和理解,《规定(建议稿)》明确了对意见采纳情况作出说明义务的主体和对重大行政决策作出宣传解读的主体(第五十一条)。

8. 关于决策执行和调整

为保证决策执行顺畅、及时发现决策偏差、增强决策纠错能力,《规定(建议稿)》对《暂行条例》的相关规定作了以下完善和补充:一是规定决策机关办公厅(室)确定决策执行单位和决策执行任务中的具体工作要求及工作责任(第五十二条)。二是在决策执行机关履行问题报告义务的基础上增加"提出处理建议"的义务,对收到公众意见建议的机关增加"对公众意见建议研究处理"的义务(第五十三条)。三是为避免决策变更、中止执行或停止执行带来的不利影响,明确决策机关和决策执行单位采取措施尽量避免或者减少不利影响的义务(第五十四条),并将决策后评估作为停止执行或者变更决定的前置条件(第五十五条)。四是弥补了制度空白,增加了决策后评估的评估内容(第五十六条)、评估报告的内容及效力(第五十七条),以及决策执行的监督及考核(第五十八条)。

9. 关于法律责任

《规定(建议稿)》没有采用专章列举的方式,依次规定各个责任主体的法律责任,而是采用责任追究与处理的转引条款的方式进行统一规定(第六十条)。同时为了鼓励创新探索、推动改革发展,根据中央相关精神,规定了适当的改革创新容错机制(第六十一条)。

●发展中国家法治政府建设的阶段性*

俞　祺**

摘　要:我国推进以法治政府建设为重要内容的营商环境建设,一个关键目标在于以此保障我国经济的长期稳定发展。但不同学者的经验研究对到底是法治促进了经济发展,还是经济发展生成了法治,却给出了相反的结论。传统理论主要聚焦于发达国家的成熟法治状态,未从发展中国家的实际出发。事实上,从世界范围观察,经济发展的不同阶段对制度环境的需求并不相同。在经济高速发展时期,基于形势快速变化、产业不断升级、形成规模效应等方面的考虑,政府需要在一定程度上干预微观经济,制度也应具有足够的包容性。而在经济发展迈向成熟期时,则应降低制度的灵活性,并使政府从微观经济干预中退出。不同历史条件下,经济主体对营商制度环境需求有所差异,法治政府应存在授权模式和控权模式的区别,以适应不同的发展阶段。

关键词:法治政府;经济干预;营商环境;产业政策

作为依法治国方略核心组成部分的法治政府建设,与营商环境改善及经济发展之间存在密切的联系。从理论上说,现代法治的主要内容是对公权力的制约,只有将行政权力关在"笼子"里,市场机制才能起到决定性的作用。中央提出"法治是最好的营商环境",因为法治能规

* 本文系教育部人文社科重点研究基地"十三五"重大项目"中国特色依宪治国和法治政府建设研究"阶段性成果。

** 北京大学法学院助理教授、法学博士。

范政府和市场的边界,尊重市场经济规律,在法治框架内调整各类市场主体的利益关系。① 目前,许多地方政府已经开始将法治政府建设作为本地营商环境改善的主要途径和抓手。

建立法治化的营商环境被认为有利于经济的长期稳定发展。改革开放以来,我国决策层反复强调了法对于国家发展的重要意义。邓小平同志曾谈到:“搞四个现代化一定要有两手,只有一手是不行的。”②此为著名的“两手抓”论断,即“一手抓建设、一手抓法制”。中共十五大报告在论述依法治国的重要意义时也指出:“依法治国是发展社会主义市场经济的客观需要。”十八届四中全会决定进一步强调:“依法治国,是坚持和发展中国特色社会主义的本质要求和重要保障,是实现国家治理体系和治理能力现代化的必然要求。”

上述判断或政策选择所依赖的重要前提是,认定法治或法治政府建设必然有助于经济发展。但这个前提是否确定无疑?事实上,目前的学术界对法治和经济发展之间的联系并非观点一致。分歧存在于这种联系的因果链条究竟是向哪个方向展开的。到底是法治促进了经济发展,还是经济发展促进了法治?如果说法治促进了经济发展,它是如何促进的?用其他的方案可以吗?如果说经济发展促进了法治,那这一过程是如何产生的,为什么法治又是必要的?有部分经验证据表明,法治可能并非发展的动力,而是发展的结果;反而在某些情形下,严格法治模式可能还会给经济增长带来负面影响。本文第一部分将对相关的讨论做简要的梳理。从中可获得的启示是,不同经济发展阶段的制度需求并不相同,适应于成熟经济体的法治模式并不一定是经济发展初期阶段的最优模式。传统理论着重于发达社会的制度,对发展中国家的制度关注有限。所以,本文第二部分对不同经济发展阶段的特点进行分析,并指出其制度需求的不同,其中最主要是对政府功能需求的差异。这也意味着营商环境的建设并不能以某个单一的标准加以衡量。在此基础上,第三部分将探讨适应于不同发展阶段的法治政府模式,并归纳模式选择的原则和配套制度。

① 参见陆娅楠、吴秋余、刘志强、林丽鹂:《法治是最好的营商环境》,载《人民日报》2019年5月5日,第1版。

② 《邓小平文选》(第3卷),人民出版社1993年版,第154页。

一、法治与经济绩效之关系的不同观点

到底是法治促进了经济发展,还是经济发展促进了法治是一个存在争议的话题。其中,传统制度经济学家认为良好的正式制度是经济发展的前提条件,所以没有成熟的法治就没有长期稳定的经济发展。本文将此类观点称为"法治促进论"。但有学者在研究东亚国家发展模式之后,认为除西方的传统模式之外,还存在另外的替代方案可以实现相类似的功能。本文将这类观点称为"替代方案论"。

(一)法治促进论

被广泛接受的制度经济学理论认为,促进经济发展的直接原因是使资源获得有效的配置并激发出经济主体的活力。资源的有效配置依赖市场机制,而要使市场机制(价格机制)能够充分发挥作用,则政府需要很好地保护产权并确保合同的实施。其内在逻辑推导过程如下:③

第一步,政府受到法律约束,故不能随意收费、处罚或实施强制,不能随意取消已经颁发的行政许可,经济政策也不可以朝令夕改。这被称为法治的限制政府功能,其主要意义在于防止公权力主体任意剥夺或影响经济主体的财产权。与此同时,政府确保合同可以得到顺利执行,使契约的实现有确定性。这除了为民事合同提供国家强制力保障,还应包括对违反市场秩序行为的打击和对不正当竞争行为和垄断行为的抑制。此类行为被归入法治的秩序维护功能,其主要意义在于防止私主体之间的财产权侵害,并维持交易活动的安全。

第二步,基于政府的上述行为,经济主体能够感受到自身财产权的安全,以及交易过程的安全性。在稳定的社会环境预期下,个人与企业就会放心地投资或交易,使资源得到最有效的配置。特别重要的是,感到安全的企业将会愿意进行较为长期的投资(不仅包括固定资产投资,更包括人力资本投资和技术研发投资等),所谓有恒产者有恒心,这对经济可持续

---

③ 参见[美]道格拉斯·C.诺斯:《制度、制度变迁与经济绩效》,杭行译,格致出版社、上海三联书店、上海人民出版社2014年版,第70、81页;钱颖一:《市场与法治》,载《经济社会体制比较》2000年第3期;Daron Acemoglu, Simon Johnson & James Robinson, *Institutions as the Fundamental Cause of Long-Run Growth*, in Philippe and Stephen Durlauf eds., Handbook of Economic Growth, North Pole, 2005, p. 388 – 394。

发展是至关重要的。由于经济主体的积极性得到充分发挥,他们将可以创造出更多的价值,不仅使其自身受益,而且也能使政府获得更多的税收。而若法治的限制政府功能和秩序维护功能未能充分发挥,则产权和交易安全缺乏保障。此时,经济主体倾向于做短期且固定资本投入较少的投资,企业的规模将无法做大,且人才培养与科技研发将始终处在较低水平上。

上述理论符合一般认知逻辑,因而在法律与经济交叉领域常被作为基本的解释依据。例如,数据显示,普通法国家相比大陆法国家而言有更好的经济表现,研究者的解释是,普通法相比大陆法而言对股东和债权人提供了更好的保护。[④] 再如,对中国古代的技术进步为何没有导致工业革命的一种解释是,当时的统治者并没有动力去留住富有知识的企业家,亦无兴趣培育吸引资本的制度。另一种解释是政府不能提供有效的公共服务,不能保证运输的安全,没有解决商业纠纷的司法系统,契约无法得到保证。[⑤] 以上观点无疑富有启发,但在对当今世界的阐释上仍然存在盲区。

(二)对促进论的质疑:替代方案论

尽管制度经济学对于法治促进经济发展的理论基础有令人信服的论证,但是实践中的情况似乎比这一理论更加复杂。几乎所有的东亚国家或地区的法治情况,在经济高速发展时期都与西方的法治理想型不一致。安守廉(William Alford)指出,日本、韩国等的经济高速增长过程中,法治所起到的作用相比欧洲、美国来说要小得多;而当某种形式的正式合法性被引入时,他们的经济增速显著下降了。[⑥] 有学者在对大量的影响因素进行统计分析后发现,经济发展与对行政权力的控制、征收风险、政府效能等因素有关,而与司法制度、多元性、比例代表制等无关。但进一步的研

---

④ See Kenneth W. Dam, *The Law-Growth Nexus: The Rule of Law and Economic Development*, Brookings Institution Press, 2006, p. 32. 当然对上述观点也有大量质疑,至少采用大陆法传统的日本、韩国的发展均十分迅速。

⑤ 参见[德]柯武刚、[德]史漫飞:《制度经济学》,韩朝华译,商务印书馆2000年版,第21~22页。

⑥ See P. Alford, William, *The More Law, the More⋯? Measuring Legal Reform in the People's Republic of China*, Center for Research on Economic Development and Policy Reform, Working Paper No. 59, 2000, p. 31–32.

究发现，即便有关的因素，因果关系可能也应该倒过来，并不是这些因素导致了经济发展，而是经济发展导致了它们。⑦ 这印证了李普塞特（Seymour Martin Lipset）的理论，即较高的制度水平需要依赖较高的财富积累、工业化、城市化和教育，而贫穷只能带来极端化和不稳定。⑧

结合正反两个方面的讨论，从逻辑上我们可以认为，法治也许对经济发展确实有积极作用，但并非仅有法治才能促进发展，其他替代性制度也可能起到类似的功能。按照弗朗西斯·福山（Francis Fukuyama）的观点，没有法治的问题并不大，只要有"足够好"的产权和合同执行，一样可以带来经济增长。⑨ 根据现有文献，这种替代性的制度安排可能包括两种类型：一是在竞争环境下，执政者会主动选择保护企业家产权；二是社会中既存的非正式制度也可能起到保护产权或者促进交易的作用。

首先，许多后发国家在脱离贫困的过程中并没有太多限制政府的法治手段，但看似不受制约的政府权力却选择了保护经济主体的产权。⑩ 要使政府做到这一点，需要存在政府间为经济发展而相互竞争的社会背景；这种竞争可能是国家间的政府竞争，也可能是一个国家内各个地方政府之间的竞争。这在客观上使企业家的产权得到了一定的保护。⑪

其次，在法治不健全的情况下，许多非正式的制度会起到替代性的作用。例如，传统理论认为，一个国家的经济发展必须有一个运行良好的金融体系存在，而这一金融体系的发展又依赖于该国对投资者保护的法律体系且这些法律能有效地得到执行。这一命题的直接推断是：如果一个国家不存在这样的法律体系，金融发展就谈不上，也就没有经济增长，这显然与实际情况不吻合。在金融发展较落后、法治水平低下和产权保护缺乏的条件下，政治关系可能成为法律制度的替代手段，以缓解落后的制度对

---

⑦ See Glaeser et al., *Do Institutions Cause Growth?*, 9 Journal of Economic Growth 271, 285 (2004).

⑧ 参见［美］西摩·马丁·李普塞特：《政治人——政治的社会基础》，张绍宗译，上海人民出版社1997年版，第31～40页。

⑨ 参见［美］弗朗西斯·福山：《政治秩序的起源》，毛俊杰译，广西师范大学出版社2012年版，第244页。

⑩ See Glaeser et al., *Do Institutions Cause Growth?*, 9 Journal of Economic Growth 271 (2004).

⑪ 参见周黎安：《中国地方官员的晋升锦标赛模式研究》，载《经济研究》2007年第7期。

企业发展的阻碍作用,帮助企业获得银行的信贷支持,促进企业发展。[12]

在非正式制度发挥作用的环境中,若一味强化某方面正式法律制度的执行,可能会带来意想不到的负面效果。比如,如果消防法规及执法部门过多强调消防安全,而忽略可能给经营带来的负面影响,生意可能就会受到影响,正式的法律制度与社会实践之间若不协调,则可能造成规定与执行上的双重扭曲。看似良好的法律制度若不能充分适应当前社会的发展现状,则难以逃脱被非正式制度架空的命运。

(三)小结

简单地说,传统的法治促进论认为经济发展的前提条件是有效保护经济主体的产权,而保护产权的方法必须依靠法治。质疑者并不否认产权对于经济发展的重要意义,但认为西方的传统法治模式可能并非保护产权的唯一途径,其他政策选择与非正式制度同样可以起到类似的功能。

另外,不论是法治促进论还是质疑的观点均立基于有效的产权保护是经济发展的前提这一观点,强调发挥市场的主动性,政府在其中的作用主要是制度环境和设施的供给,并非经济发展的动力。不过,在某些东亚地区的发展过程中,政府时常以经济发展的直接推动者的身份出现。这种推动作用有时是以破坏制度的稳定性与扭曲市场价格信号的方式实现的,与通过产权保护和市场机制促进经济发展的思路似乎背道而驰。那么这种政府直接参与的模式能否与现代法治政府理念兼容?这是一种阶段性的现象还是一种长期现象?

以上两个方面的问题事实上都涉及对时间维度的考量。可以隐约感觉到的是,在经济发展的不同阶段,法治政府的制度需求可能并不相同。传统理论用静态的眼光看待经济成熟阶段的制度模式或经济增长初期的制度模式并将它们绝对化,无疑是有问题的。对什么是好的法治政府这个问题来说,可能需要引入动态的视角,具体分析经济发展不同阶段中的制度需求。长期以来,我国法学界所主张效法的对象是发达国家目前的法律制度。但就动态视角而言,发达国家在高速发展时期的制度可能对我国才有更大的借鉴价值。

---

⑫ 参见余明桂、潘红波:《政治关系、制度环境与民营企业银行贷款》,载《管理世界》2008 年第 8 期。

二、经济发展不同阶段的制度需求差异

若从世界范围来看,法治似乎并不是经济增长的充分条件,同样也不是一个必要条件。也就是说,追求经济发展这一目标时可能并不需要法治,或者法治是经济发展后的一个结果。但这个判断的得出主要是基于某个特定的时间断面,而非整体的历史图景。东亚地区的例子只说明法治的作用在经济起飞阶段可能并不显眼,却没有证明法治在经济发展到一定阶段后仍然是不重要的。事实上,"亚洲四小龙"在完成了经济起飞和转型后,也纷纷转入了法治模式。这种制度变迁的背后应当存在社会需求上的差异。

(一)制度建设的阶段性

制度对于发展具有重要意义,但对发展中国家来说,重要的并不是在发展终点上的成熟制度,而是在发展过程中应当采取什么样的制度。越来越多的资料显示,后发国家的制度选择应不同于先发国家。良好的制度不是一次性实施某项正统制度,而需要配合当地的条件,在无数次微小的修正中形成。[13]

制度建设的阶段性现象在立法进程中也有体现。比如,各个发达国家或地区颁布行政程序法的时间均不在他们的高速增长期,而是在经济转型已经基本完成的时期(见表1)。

表1　5个发达国家颁布行政程序法的时间及对应人均GDP

国家	行政程序法颁布时间/年	当年人均GDP/美元	折算后人均GDP/美元(以2018年美元价值为基准)
美国	1946	1611	20,189
德国	1976	6315	27,042
意大利	1990	20,757	38,699
日本	1993	34,901	58,839
韩国	1996	12,587	19,542

各国人均GDP数据为各国国家统计机构公布的当年人均名义GDP;美元通货膨胀率数据来源于inflationdata.com网站,具体参见https://inflationdata.com/inflation/Inflation_Rate/HistoricalInflation.aspx。

⑬ See Dani Rodrik, *What Do We Learn from Country Narratives*?, in Search of Prosperity Analytic Narratives on Economic Growth, Princeton University Press, 2003, p. 12 – 15.

如表1所示，本文收集了5个主要目标国家的行政程序法颁布时间和在立法时的人均GDP数据（以美元计）。这5个国家包括美国、德国、意大利、日本、韩国。另有一些经济先发国家至今尚未制定行政程序法，而还有一些制定了行政程序法的国家并非我国法治建设的参照对象，故未列入表1。行政程序法的颁布代表了立法对政府权力的系统化控制，意味着控制行政权的法律制度的成熟化，也是行政法发展的一个重要里程碑。因此，行政程序法颁布的时间在某种意义上可以被视为一国全面系统强化对行政权控制的时间。那么，这个时间大致处于各国经济发展的何种阶段？

目前，衡量地区经济发展水平的最重要指标是人均GDP，该指标与人均预期寿命、人均汽车保有量等一系列经济社会指标之间均存在密切联系。考虑到名义GDP受通货膨胀因素影响，为方便比较，本文作者以2018年美元价值为基准对各项数据进行换算，得出一组新的比较值。从中可以发现，若以2018年美元价值作为衡量标准，上述5个国家中人均GDP最低的韩国当时也已达到19,542美元，而5个经济体的平均数值为32,862美元。在世界银行、国际货币基金组织认定的31个发达国家[14]中，2018年人均GDP最低的是斯洛伐克共和国，为19,642美元，正好与韩国在1996年立法时的折算GDP数值相近（2018年中国的人均GDP在9400美元左右）。这说明各个主要经济体在制定行政程序法时，事实上已经处于发达国家水平。此时，它们的产业结构升级已经基本完成，增长已放缓，经济社会进入了一个成熟稳定的阶段。

这里的问题是为何在成为发达经济体之前这些国家或地区没有制定行政程序法。特别是在美国于1946年制定首部行政程序法后，各国事实上已有参照；但即便是联邦德国也直到30年后才正式颁布其行政程序法，日本、韩国更是拖延到了20世纪末。如果说严格控制政府权力对于经济增长十分重要，那么为何各个经济体的立法机关对控制行政权力的基本法——行政程序法并不十分积极？有学者在研究了日本、韩国的行

⑭ 美国、英国、德国、法国、西班牙、意大利、瑞士、荷兰、比利时、卢森堡、奥地利、挪威、冰岛、丹麦、芬兰、瑞典、爱尔兰、葡萄牙、希腊、斯洛文尼亚、捷克、斯洛伐克、马耳他、塞浦路斯、澳大利亚、新西兰、日本、韩国、新加坡、以色列、加拿大。

政程序法制定历史后，认为日本的立法行为事实上受到了来自美国的压力，以及经济泡沫破灭后社会舆论的压力；韩国则一方面受到日本的影响，另一方面也需要回应国内的利益集团参与行政程序的要求。在此之前，日本与韩国赋予其政府干预经济的巨大权力，同时对他们施加了较少的程序控制和司法控制。这体现了日韩对精英治国理念的认同。[15] 德国制定行政程序法与行政效能考虑紧密相关，1963 年的《模范行政程序法草案》和 1973 年的《联邦行政程序法政府版草案》都将"效率模式"作为重要内容。但德国学术界和实务界对于行政程序法是促进还是制约行政效能存在争议。有观点认为若强行要求行政活动符合某种固定的程序，势必影响行政效能的实现；而另有观点则主张行政程序法有助于简化行政程序，降低行政成本。[16]

尽管这些国家在经济高速增长期没有及早制定行政程序法的原因仍然需要更多探讨，但是立法进程的拖延说明对这项制度的强烈需求可能产生于经济发展趋向于成熟的阶段。本部分接下来将分析不同经济发展阶段中制度需求的差异。

（二）快速发展期对制度的需求

从经济发展的实践观察，快速发展期的制度应当具有以下两个方面的特点。

1. 制度环境应具有足够的包容性

首先，在快速发展期，经济形势在不断发生变化，政府的产业调整行为也需要因时而动。但若此类政府行为受到相关法律的严格限制，而法律修改又相对滞后，则政府推动产业升级的政策措施可能会无法实施。举例说，我国环境影响评价的标准随着国家或地方环保要求的变化会出现很大的不同，在淘汰落后产能的过程中，很多地方政府就大幅改变了环评通过条件，甚至直接暂停环评。这些条件或标准实际上是行政许可的

---

⑮ See Tom Ginsburg, *Dismantling the "Developmental State"? Administrative Procedure Reform in Japan and Korea*, 49 The American Journal of Comparative Law 585 (2001); Hamyoung Jeong, *The Role of Administrative Law in Economic Development and Democracy in Korea*, in Introduction to Korean Law, Springer, 2013, p. 87 – 91.

⑯ 参见严益州：《德国〈联邦行政程序法〉的源起、论争与形成》，载《环球法律评论》2018 年第 6 期。

具体条件。按照《行政许可法》的规定,只有法规、规章可以对行政许可的具体条件作出规定,其他规范性文件无此权限。[17] 但若每次条件的改变都需要通过规章以上的正式法源文件才能实现,则很难满足快速发展期的要求。现实中的行政机关往往以规范性文件或具体行政决定的形式,直接变更许可条件,并未严格遵照《行政许可法》的要求。

在另一些领域中,我国法律直接为实践预留了巨大的空间,最典型的莫过于《土地管理法》。众所周知,土地是经济建设中最重要的资本品之一;若获取土地成本过高或周期过长,经济发展的速度将受到制约。因此,在我国1986年和1998年的《土地管理法》中,征收土地的标准被模糊化处理。该法仅在总则部分指出"国家为了公共利益的需要,可以依法对集体所有的土地实行征用",但具体征用的规定对什么是"公共利益"则语焉不详。同时,法律对于征收程序的规定主要强调了上级机关的批准环节,而对征求被征收人意见的环节缺乏重视,被征收人在征收决定作出过程中的意见在法律上并不具有约束力。[18] 这一情况直到2019年修改的《土地管理法》中才得到改善。[19] 从中可见,我国在经济高速发展阶段采用了具有相当灵活性的土地制度。

其次,在经济发展初期,存在大量的非正式制度,无法在短时间内被正式制度完全替代。此时,正式法律制度应当给非正式制度的运作留出一定的空间,避免出现制度转换过程中的社会失序。从制度理论上说,现代法治所发挥的产权保护功能和资源配置功能在一个范围有限的小社会中基本可以通过非正式制度实现。[20] 这被称为基于声誉机制的重复博弈

---

⑰ 参见《行政许可法》第16、17条。

⑱ 1998年的《土地管理法》第48条规定:"征地补偿安置方案确定后,有关地方人民政府应当公告,并听取被征地的农村集体经济组织和农民的意见。"但该意见具有何种效力则没有规定。

⑲ 2019年修正的《土地管理法》第45条详细列举了作为征收条件的"公共利益"的情形。第47条第3款则规定:"多数被征地的农村集体经济组织成员认为征地补偿安置方案不符合法律、法规规定的,县级以上地方人民政府应当组织召开听证会,并根据法律、法规的规定和听证会情况修改方案。"

⑳ 参见[美]道格拉斯·C.诺斯:《制度、制度变迁与经济绩效》,杭行译,格致出版社、上海三联书店、上海人民出版社2014年版,第44~53页。

和建立在社会资本基础上的关联博弈,其背景为熟人社会。[21] 通常,在经济发展初期成立的企业规模较小,主要以本地市场为主。这就为通过熟人关系网完成原材料供给、销售、融资等行为提供了基础,甚至大多数商业纠纷也可以通过关系网化解,无需诉诸正式的司法机关。同时,在这个小环境中,人品与道德十分重要,一旦某人被认为不可靠,未来的商业机会就会受到巨大的影响。当基于熟人关系网运作的非正式制度效果良好时,正式制度的介入应当十分谨慎。如中小企业融资问题,实际上,在有限的范围内,一定程度的非正式金融有助于资源的合理配置,并且声誉机制和小社会中相对对称的信息有助于避免风险。当不存在明显的金融风险时,政府不一定通过强化正式制度执行的方式,彻底消除这类行为的存在空间,那样反而可能对经济发展造成更大的损害。

最后,当市场主体规模不是特别大的时候,行政机关的市场监管行为不宜过于繁复、死板。复杂的法律规定会导致服从成本高升,这对小企业来说是极大的挑战,因为这会大幅增加他们的"服从成本"。服从成本通常是一种固定成本,包括维持有效的法务部门和政府关系部门,或者基于监管要求调整自己的设备购置方向、准备相关申报材料等。对大企业而言,这些成本在其总成本中占比可能相对有限,然而对小企业来说,这项成本的占比就会十分可观。[22] 当服从成本过高时,处于初创期的小企业将难以负担这类成本,从而抑制经济主体的活力。有实证研究显示,清洁生产标准的实施提高了规模较大企业的利润率,降低了规模较小企业的利润率。[23] 所以,对处于成长期的产业而言,法律规制的密度不宜过大,应当具有一定的灵活掌握空间。

2. 制度应允许政府在一定程度上干预微观经济活动

尽管经济学领域对政府是否应当干预微观经济争论不休,但从实践观察,在经济起飞过程中,市场主体相对弱小,预测能力和协调能力都很

---

[21] 参见张德荣:《"中等收入陷阱"发生机理与中国经济增长的阶段性动力》,载《经济研究》2013年第9期。

[22] 参见[德]柯武刚、[德]史漫飞:《制度经济学》,韩朝华译,商务印书馆2000年版,第379页。

[23] 参见龙小宁、万威:《环境规制、企业利润率与合规成本规模异质性》,载《中国工业经济》2017年第6期。

有限,需要外部第三方进行辅助。一般来说,这个第三方主要就是政府。㉔此时企业需要的可能并不完全是手脚被严格法律程序捆绑的政府,而是作为"帮助之手"的政府。具体而言,这种帮助作用体现在如下三个方面:

第一,后发国家或地区新兴产业刚刚建立时,不具有规模效应,无法与先发国家或地区的优势产业同台竞争,需要政府进行早期扶持。从历史上看,18世纪英国赶超荷兰、19世纪美国和德国赶超英国、20世纪日本赶超美国,都是在一定阶段采取了保护国内幼稚产业的政策和其他贸易保护措施,促进幼稚产业尽快成长,迅速挤入国际水平分工。㉕原因在于,初期的企业在资金筹措方面能力有限,在市场机制下难以获得足够的资源。同时,在企业规模较小时即面临激烈竞争,不利于未来发展壮大以及规模效应的形成。因此,需要通过行政许可对市场竞争的强度进行一定的限制,或通过财政补贴降低企业在初创期的成本。日本战后的产业政策即主要以规模效应作为理论依据。日本的政策制定者认为:"产业组织内客观存在着工厂与企业在规模扩张上的矛盾,当它们产生矛盾时,政府必须利用产业政策首先保证工厂达到规模效益,促进产业迅速成长和提升产品国际竞争力,哪怕出现垄断抑制了竞争也应暂时容忍。当出现了外国企业垄断国内外市场时,政府也应该通过产业扶持政策帮助本国产业,负担起本国扩大产业规模的费用。在那些规模起点很高的基础设施产业,单凭市场聚集力量是无法达到规模经济效益的,必须由政府出面迅速组建国有企业进行直接投资。"㉖

我国政府促进企业规模效应的政策主要体现为行政许可层面的控制,包括制定有利于在位大型企业的行业发展规划,制定有利于大型企业发展和限制中小企业发展的项目审批或核准条件,制定有利于在位大型企业的准入条件或严格限制新企业进入;在项目审批和核准过程中照顾大企业的利益、优先核准大型企业集团的投资项目,对中小企业的项目进

㉔ 参见林毅夫:《新结构经济学——重构发展经济学的框架》,载《经济学(季刊)》2011年第1期。

㉕ 参见陈韶华:《战后日本产业政策研究》,武汉大学2011年博士学位论文,第15页。

㉖ 陈韶华:《战后日本产业政策研究》,武汉大学2011年博士学位论文,第24页。

行限制。在钢铁产业和汽车工业的产业政策中，限制竞争的特征尤为突出。[27] 这些措施从表面上看，与《行政许可法》的立法精神似乎并不一致。我国《行政许可法》第13条规定，市场竞争机制可以有效调节的可以不设定行政许可；显然，立法机关意图限制政府通过行政许可过多限制市场的选择。但在现实中，政府若不通过行政手段加以干预，可能就很难生长出成规模的企业，也就难以形成相对于国外成熟企业的竞争优势。

另外，后发地区需要通过承接先发地区一部分产业的转移来改善自己的产业结构，这有时也需要政府通过财政补贴、税收优惠等措施进行一定的扶助；不然可能很难有足够多的企业愿意转移过来，也就难以在本地形成产业层面的规模效应。以我国纺织行业为例，大量企业不愿意向西部迁移的原因在于东部地区已经形成了较为完整的产业链，同时各项配套设置已经较为完善。即便西部地区要素价格相对较低，但较高的交易成本也容易使企业望而却步。[28] 所以，在初期通过补贴形式降低成本，吸引产业集群转移有其必要性；与此同时，政府需要大力完善本地基础设施的建设，并不断努力降低交易成本。

第二，产业发展过程中，过剩产能往往存在退出障碍问题，政府如果不加以干预，仅依靠市场力量进行产业结构转换会非常困难。[29] 这一点从近年来广东省佛山市顺德区的村级工业园改造中可见一斑。根据媒体报道，顺德区205个村(居)拥有382个村级工业园，平均每个村(居)都有1~2个村级工业园区，占地面积近13.5万亩，占已投产工业用地的70%，产出却仅占全区工业总产值的27%；村级工业园年均纳税18亿元，占全区税收总额仅4.3%，占全区制造业税收比重也在10%以内。当地政府认为，制约顺德发展的空间问题、安全生产隐患问题、环境污染问题主要集中在村级工业园，因此花大力气推进村级工业园的改造。[30] 在改造过程

[27] 参见江飞涛、李晓萍：《直接干预市场与限制竞争：中国产业政策的取向与根本缺陷》，载《中国工业经济》2010年第9期。

[28] 参见李奔奔、李嘉伟：《我国纺织产业梯度转移滞缓的原因及对策分析》，载《山东纺织经济》2008年第2期。

[29] 参见史忠良主编：《产业经济学》，经济管理出版社1998年版，第388页。

[30] 参见王雪薇：《三年至少300亿！广东顺德力推村级工业园升级改造》，载央广网，http://www.cnr.cn/gd/gdkx/20180417/t20180417_524201745.shtml。

中，政府动用了强大的组织协调能力。社区“两委”多次组织召开企业动迁会议，一部分临近租期的租户率先同意搬迁，而对租期较长的租户，则按照合同条款补偿半年租金及搬迁费，最终全部租户均同意提前搬迁。采取货币化补偿方式解决原有企业搬迁问题后，再统一由政府以征（收）方式收储土地。[31] 这种清退落后产能的方法处于法律的模糊地带。根据《土地管理法》第 58 条，收回国有土地使用权应符合法律列举的公共利益需要，但此处的产业升级并非法律理论上典型的公共利益。然而，政府的强行推动的确十分有效地促进了 GDP 和财政收入的增长，因而得到了上级政府的高度肯定，甚至获得了中央媒体的报道。

《国务院关于进一步加强淘汰落后产能工作的通知》（国发〔2010〕7号）中对落后产能清理的方法即做了归纳，主要为三种。第一种是严格市场准入，包括严格环评、土地和安全生产审批，严禁向落后产能和产能严重过剩行业建设项目提供土地，支持优势企业通过兼并、收购、重组落后产能企业等。第二种是强化经济和法律手段，包括加强环境保护监督性监测、减排核查和执法检查，加强对企业执行产品质量标准、能耗限额标准和安全生产规定的监督检查，提高落后产能企业和项目使用能源、资源、环境、土地的成本等。第三种是加大执法处罚力度，包括对未按规定淘汰落后产能、被地方政府责令关闭或撤销的企业，限期办理工商注销登记，或者依法吊销工商营业执照，以及必要时，政府相关部门可要求电力供应企业依法对落后产能企业停止供电等。以上部分行为缺乏法律依据，同时可能有违公平原则，但在市场机制不完善的情况下，它们对于落后产能的淘汰确实是较为有效的手段。若以法律形式完全予以禁止，则可能不利于产业的较快转型。

第三，政府基于自身的信息优势，可以引导发展方向。各国的产业发展遵循一定的规律，也有较为成熟的经验，后发国家或地区完全可以进行借鉴。例如，当年日本在进行产业选择时，主要遵循了经济学家筱原三代平提出的“筱原二基准”（收入弹性原则和生产率上升

---

[31] 参见蒋晓敏、尹辅华、欧阳少伟：《顺德村级工业园：探索出 6 种改造模式》，载南方网，http://economy.southcn.com/e/2019-01/03/content_184695600.htm。

率原则[32]),将机械、石油化学、钢铁、有色金属、合成纤维、汽车和电子工业等作为重点发展和优先发展的主导产业部门。[33] 然而,对收入弹性原则和生产率上升率原则的把握有赖于对市场信息的全面了解和对产业发展规律的深刻认识。通常来说,小规模的企业对信息的收集把握能力相对较弱,也难以花费大量的成本对行业进行研究判断,或购买咨询报告。此时,政府出面聘请专家进行分析研判,可以更好地发挥信息的价值。同时,政府可以根据本地区的要素禀赋,确定产业发展方向,有计划地打造产业链,形成规模效应。

总而言之,在快速发展期,经济社会条件多变,制度环境不仅自身应具有相应的包容性和灵活度,而且也需要给予政府以一定的空间,使其拥有在初期促进发展的必要的手段。

(三)迈向成熟期的制度需求变化

后发国家或地区早期的经济增长与劳动力、资本投资关系密切,但发展到一定阶段后,这些因素的作用应当会不断减弱。在早期,众多农业人口缺乏必要的生产设备,劳动力供给充裕。机器设备等资本的引入可以在短时间内吸纳劳动力并大幅度提高其劳动生产率,从而造成快速发展的态势。因此,在这个时期,资本积累是制约经济发展的主要因素。然而在劳动力被吸收殆尽之后,新的资本投入能带来的生产率提高就不如先前,最终会变得微乎其微。[34] 这就是资本投入的边际收益递减现象。应对资本边际收益递减的最主要方法是研发新的技术或者提高劳动力的素质,从而提高资本的利用率。[35] 但是善于学习、潜心研发并能不断产生新

---

[32] 所谓"收入弹性原则"就是要分析各种产业及其产品在世界市场上的收入弹性,把收入弹性高的产业列为重点发展的对象,提高它在产业结构中的比重。所谓"生产率上升率原则"就是要分析各产业的技术水平及其劳动生产率,因为各产业之间技术水平发展会出现差异,表现为越是技术进步快的部门,劳动生产率提高就越迅速,产品成本下降也快,有可能获得更多的利润和附加值,因此,应该优先发展那些生产率上升可能性比较大的部门,使这些部门在产业结构中占较高的比重,就能使国民收入增长速度加快。

[33] 参见陈韶华:《战后日本产业政策研究》,武汉大学2011年博士学位论文,第55页。

[34] 参见[美]曼昆:《经济学原理:宏观经济学分册》(第5版),梁小民等译,北京大学出版社2009年版,第57页;蔡昉:《中国经济面临的转折及其对发展和改革的挑战》,载《中国社会科学》2007年第3期。

[35] 参见[德]柯武刚、[德]史漫飞:《制度经济学》,韩朝华译,商务印书馆2000年版,第18页。

技术的经济主体需要一定的制度环境才能产生,这就凸显出制度与以往不同的重要性。总的来说,在不同的发展阶段经济增长的动力因素是不同的,低收入阶段和中低收入阶段经济增长的动力因素包括固定资本投资、人力资本和对外开放,中高收入阶段和高收入阶段国家经济增长的动力因素为制度和技术进步。[36]

所以,生产要素供应情况的变化势必会导致制度需求的转移。为产生内生的长期发展动力,首先必须通过制度激励经济主体大力投入科技研发。另外,即便仍需要通过投资驱动经济,当劳动力和土地的优势慢慢失去以后,政府进一步吸引投资的手段也需要进行相应调整。既然生产要素等"大头"方面无法进一步降低成本,各地就会考虑在以往的"小头"部分设法降低企业成本。例如,进一步抑制腐败、提高政府的运作效率、创造公平竞争的环境等。要实现上述这些目标,仅靠政府承诺或运动式治理,恐怕难以令企业家信服。唯有通过正式制度将其彻底固定下来并贯彻实施后,良好的营商环境才可能慢慢吸引投资者到来。因此,经济迈向成熟期的制度将在前文所述的两个方面发生变化。

1. 降低制度的灵活性

首先,当经济经过高速成长阶段后,基本的转型过程已经完成,经济形势不会在短时间内再发生十分剧烈的变化,各方面的实体条件大致已经趋于稳定。此时,制度稳定性的价值开始超越灵活性,因为只有稳定的制度预期才有利于经济主体进行长期的安排,也更加能够体现公平。做大后的企业家对于制度环境的稳定都有十分强烈的诉求。当经济已经度过需要频繁调整制度约束条件的时期后,就应当以较高层级的立法将有关政策选择固定下来,避免损害经济主体的长期判断。

其次,随着生产和交易规模扩大,非正式制度须让位于正式制度。在经济发展初期,交易的规模和范围都相对较小,通过人情社会完成商业往来虽然吃力,但仍然可能。但当交易量进一步扩大以及交易范围不断扩展时,非正式规则将无力建立有效秩序,正式规则必须出现。因为在大规模、跨地域的陌生人交易中,不再存在原先的重复博弈场景,声誉机制也

---

[36] 参见张德荣:《"中等收入陷阱"发生机理与中国经济增长的阶段性动力》,载《经济研究》2013 年第 9 期。

就很难发挥作用。此时,若没有公平公正的法律来确保合同的执行,那么一锤子买卖将充斥市场,交易将无法维系。所以,对于发展趋向稳定和深入的社会来说,选择以正式制度替代非正式制度是符合理性的。只有有效建立起适应于陌生人社会的制度,才能在大规模的商业交往中有效控制交易成本。荷兰和英国早期资本市场的上利率较高,后来大幅下降,正是因为商人习惯法中的契约实施机制增加了产权的安全性,再后来,这些制度转变成了正式的法律条文。[37] 所以,迈向成熟市场经济状态的社会一定不会是乡规民约调整的社会,而是在现代法律制度统治下的社会。

并且,尽管非正式制度对法治存在一定的替代作用,但它们仍然会导致一定程度的社会效率损失,并非最优的制度。这些非正式制度基本上体现了促进分配的功能(如配置金融资源),但通常不具有刺激生产和创新的功能。例如,虽然企业家可能通过自己的社会关系获得贷款、办下许可证,但是他们必须投入巨大的精力和金钱来维系这些"社会关系"。若企业家的有限精力被集中投入"拉关系"之类的寻租活动,他就缺乏精力关注真正有利于经济长期发展的科技创新。同时,通过社会关系进行资源分配不仅不公平,而且可能并不符合资源优化配置的要求。要在长期中促进创新,必须减少通过关系网获取资源的方式,使资源分配具有更大的公平性。

最后,在经过了一段较快发展的时期后,第三产业的比重显著提高,社会的关注也从生产供应转到了消费需求和社会福利方面。[38] 此时,良好的经济与社会环境对吸引高端人才、促进产业的可持续发展将有十分重要的意义。同时,早期的制造业企业也已成长壮大,理应承担更多的社会责任。因此在这个阶段,市场监管类法规和相关的执法活动应当趋于严密,使得经济与社会协调发展。

2. 制度应限制政府对微观经济活动的干预

允许政府在经济起飞阶段通过产业政策对微观经济主体进行干预,是由于大多数企业在那时规模较小、力量较弱,直接推向市场可能会导致

---

[37] 参见[美]道格拉斯·C. 诺斯:《制度、制度变迁与经济绩效》,杭行译,格致出版社、上海三联书店、上海人民出版社 2014 年版,第 52 页。

[38] 参见[美]罗斯托:《经济成长的阶段》,国际关系研究所编译室译,商务印书馆 1962 年版,第 17 页。

这些初创企业纷纷破产。这个阶段的企业就好比刚出生不久的婴儿，如果被直接推入社会之中，可能会难以生存，所以需要父母在其成长早期进行抚育。但是当这个婴儿长大成人后，他会有自己的判断和意愿，父母就不应再做过多的干预。同样地，在企业成长起来之后，他们的判断能力有了很大的提高。并且，企业的每一个选择都与其未来的生存息息相关，他们一定会以最严谨的态度对市场情况进行评估。

另外，当经济转型已经基本完成，先发国家具有共性的经验将会越来越少，在没有可参照路标的情况下，进行未来趋势判断会变得越来越困难。在不太复杂的场合，权威和组织通过计划建立起来的秩序可能比较有效，但对于开放且复杂的系统来说，指令计划可能因为太多的意外因素而失败。[39] 对于开放且复杂的系统来说，集中所有信息进行决策几乎不可能，最好的做法是将决定权交给各个分散的市场主体，由他们各自做出最有利于自身的决策。

因此政府在这种情况下只需要提供一些外围的服务，而不应再直接干预微观经济主体的活动。具体而言，至少包括以下三个方面：第一，避免扭曲市场价格信号的补贴，消除限制竞争的行政许可；第二，不通过行政命令方式迫使落后产能退出，转而采用市场化手段；第三，谨慎采用产业引导措施，不替代企业家进行趋势判断，至多只进行信息收集工作。

（四）小结

综上所述，笼统地说法治有利于发展无疑是不准确的。促进发展的制度环境与发展阶段之间存在密切的联系，唯有适合当前发展阶段的制度模式才是最优的制度模式。在快速增长期，制度环境应当具有足够的包容性与灵活度，以适应快速变化的现实和非正式制度下的实践；同时，需要赋予政府在一定程度上干预微观经济的裁量权，促进产业的顺利转型升级。然而，当经济发展迈向成熟稳定时，则应当提升制度的稳定性，限制政府干预经济的裁量权，以促使内生经济发展动力的形成。

我国不同地方的法治建设进度的差异已经充分反映出了不同发展阶段制度需求的不同。根据中国政法大学法治政府研究院 2014 年至 2017

---

[39] ［德］柯武刚、［德］史漫飞：《制度经济学》，韩朝华译，商务印书馆 2000 年版，第 176 页。

年的地方法治政府评估报告,我国东中西部城市之间的法治政府建设水平存在较大差距,东部整体上好于中西部,珠三角和长三角城市群整体上的法治政府建设水平高于其他城市群。另外,数据显示,法治政府建设的水平与地区的经济发展之间存在较强的正相关关系。其原因被总结为:"市场经济高度发达,社会的整体法治意识更高,尤其是权利意识更强。由于社会对政府依法行政的要求更高,自然促进政府法治水平的提升。"[40]

三、法治政府的授权模式和控权模式

从上文的叙述中可以发现,在经济发展的制度环境中,界定政府权力的制度最为重要。正确的制度应当根据经济发展形势,合理界定政府权力的边界,使其在该出现的时候出现,不该出现的时候隐退,这正是法治政府建设要追求的目标。我们已经认识到,为了发展的目的,在经济快速发展期,政府的权力需要大一些,应当给予其更多授权,可以称之为授权型法治政府;而当经济发展迈向成熟阶段时,政府的权力需要小一些,应当对其添加更多的限制,可称为控权型法治政府。那么授权型法治政府和控权型法治政府区别何在?

我国行政法学界早期存在关于管理论与控权论、绿灯理论与红灯理论的争议。其中管理论与绿灯理论更多强调功能主义,即实现国家行政管理目标,促进经济发展和公共服务的改善;而控权论或红灯理论则更多强调严格限制政府权力,保护公民权利。[41] 此外,还有综合两者的平衡论。[42] 这些行政法基础理论的讨论在某种程度上可作为授权模式与控权模式区分的基础,但其大多在抽象层面上展开,对于在具体的法律实践中,理论的适用情境与范围缺乏进一步的说明。此时,需结合社会科学理论对行政法理论上的不同模式进行深化。钱颖一在论述政府的经济功能时,将其分为三类:第一类是无争议的,即所有经济学家公认的内容,包括

---

[40] 王敬波:《我国法治政府建设地区差异的定量分析》,载《法学研究》2017 年第 5 期。

[41] 参见姜明安:《行政的"疆域"与行政法的功能》,载《求是学刊》2002 年第 2 期;毛玮:《行政法红灯和绿灯模式之比较》,载《法治论丛(上海政法学院学报)》2009 年第 4 期。

[42] 参见罗豪才、沈岿:《平衡论:对现代行政法的一种本质思考——再谈现代行政法的理论基础》,载《中外法学》1996 年第 4 期。

定义产权、保护产权、执行合同,也就是通常所说的"守夜人"作用。第二类是较少争议的,即大多数经济学家认可的内容,包括反垄断法和一些与人体健康安全和环境保护、金融市场、金融机构、公司治理结构有关的规制等。第三类是很有争议的内容,如政府对价格(房租、工资、股价、汇率等)的管制,对贸易的限制,有倾斜的产业政策,等等。授权型政府和控权型政府最直接的区别在于第三类职能,但在前两类职能中也存在方式与程度的差别。

(一)授权模式

制度僵化必然成为发展的绊脚石,中国的改革过程总是在破除旧有的体制,超越原有的法律框架。为了弥合文本与实践的鸿沟,有学者提出了"良性违宪"的概念。[43] 事实上,在快速发展的时代中,法律制度不宜作过于细致的规定,而应充分授权政府根据实际情况进行调整。政府官员必须拥有一定的经济决策权力,能够支配一定的经济资源,拥有较大的行动空间,才能真正对地方经济发展负有行政责任。此时,激励官员推动经济增长与发展才有意义。[44] 本文认为,授权模式下的法治政府应当具有以下两个方面的特点。

其一,适当赋予政府干预微观经济的手段。如前所述,在经济快速发展期,政府可能需要频繁调整行政许可条件,引导产业发展方向,抑制市场竞争强度,清退落后产能,对小微企业进行扶助等。根据传统公法理论,上述行为涉及对公民权利义务的影响,应当具有立法机关的规则作为依据,行政机关不得自行实施。但经济起飞阶段的各项条件变化迅速,相应的制度需求变化也相应较快。通过法律形式确定的政策很有可能在一段时间之后不再适合新的社会状况,所以,有必要采用更加灵活的制度模式。

一方面,为实现这种灵活性,相关管制性法律制度可在部分规定上保持开放。如前文所述,我国《土地管理法》中长期未对作为土地征收关键条件的"公共利益"概念进行说明。即便在2019年修正时,第45条中也

---

[43] 参见郝铁川:《论良性违宪》,载《法学研究》1996年第4期。

[44] 参见周黎安:《中国地方官员的晋升锦标赛模式研究》,载《经济研究》2007年第7期。

仍然留下了“经省级以上人民政府批准由县级以上地方人民政府组织实施的成片开发建设需要用地的”这一具有较大解释空间的条款。这虽然在某种程度上可能不利于为行政权的行使提供清晰的指引,但是却为产业发展预留了制度空间。

另一方面,也可以考虑将规定权直接授予行政机关。比如,允许行政机关通过规章以下的产业政策类规范性文件设定财政补贴或规定行政许可条件。目前我国法律对财政补贴行为的设定没有限制,但行政许可的设定权受到《行政许可法》的严密规制,只有规章以上的法源文件才能规定行政许可的具体条件。不过各个上位法律法规对行政许可的规定时常并不明确,这就导致大量行政许可的实体条件事实上由一般规范性文件规定或在实践中由行政机关灵活掌握。尤其在投资项目审批、环境影响评价、安全评价、土地出让审批等方面,行政机关的裁量空间巨大。例如,2011年,山东省环保厅为严厉打击涉铅等重金属污染行业的环境违法行为,决定从严审批新建铅酸电池拆解、再生铅类、铅酸电池生产等涉铅行业建设项目的环评,而下属各县(市、区)环保部门则直接停止了相关项目的环评工作。[45] 当时的环保部要求全国各地环保部门根据“四个不批、三个严格”[46]标准实施环评,也在实质上大幅改变了环评通过的条件。工业用地出让方面的条件设置同样灵活性较大,如《天津市工业用地招标拍卖挂牌出让试行办法》(津政办发〔2007〕60号)规定:由投资主管部门负责组织国土资源、规划、环保等部门,对国家和市、区县人民政府批准、核准、备案并纳入招商引资项目库的项目提出用地条件;工业主管部门负责组织上述部门对未纳入项目库的市重大新建项目和技术改造项目提出用地条件。用地条件主要包括建设项目类型、节约用地控制指标、规划条件、

---

[45] 参见刘宝森:《山东从严审批新建涉铅行业项目》,载《中国铅锌锡锑》2011年第5期。

[46] “四个不批”即对于国家明令淘汰、禁止建设、不符合国家产业政策的项目,一律不批;对于环境污染严重,产品质量低劣,高能耗、高物耗且污染物不能达标排放的项目,一律不批;对于环境质量不能满足环境功能区要求、没有总量指标的项目,一律不批;对于位于自然保护区核心区、缓冲区内的项目,一律不批。“三个严格”即严格限制建设涉及饮用水源保护区、自然保护区、风景名胜区、重要生态功能区等环境敏感区的项目;严格控制高能耗、高物耗项目建设,杜绝已被淘汰的项目以技术改造、投资拉动等名义恢复生产;严格按照总量控制要求,把污染物排放总量指标作为区域、行业和企业发展的前提条件,使以新带老、上大压小等污染减排措施得到有效落实。

环保要求及生产工艺、产品种类、科技含量等。

在法律上赋予产业政策类规范性文件行政许可条件的规定权，就意味着政府可以通过本地产业政策对市场竞争强度进行限制，也可以通过准入门槛决定本地未来的产业发展方向，抑制落后产能的增长。这较为符合目前我国政府权力的实际状况，也有利于将目前处在灰色地带的规范性文件规定许可条件的行为纳入法治轨道。否则，维系原有的较为严格的法治框架，同时默认各地政府在法外自由寻找空间，反而不利于法治政府的形成。但不可否认的是，对政府的赋权将严重冲击传统行政法上法律保留原则的领地。根据 19 世纪西方国家行政现状提出的法律保留原则如何适应 21 世纪的行政现实，是当代行政法学需要回答的重要问题之一。

其二，授权模式下，对政府行为的合法性应当主要以目的和原则来判断，不宜过多用复杂的行政程序或实体行为规范来衡量。复杂的程序和行为规范会产生“目标替代”，使得基层官员仅关注于程序或形式上免责，而不重视最终的行政效果。另外，因为此时的市场机制尚不健全，仿照成熟市场经济国家制度建立的规则在不成熟的社会中可能会成为具文。此时若强化法律执行过程，条文规定的不合理问题可能就会显露出来，阻碍经济的发展。这也是“良性违法”等观点始终存在一定市场的原因。同时，在快速发展期，正式法律不可能完全替代非正式制度；正式法律条文的解释和执行也都有赖于非正式制度体系的支持。试图完全以理性计划替代当地社会风俗或习惯的行动大多会走向失败。

因此，授权模式下不宜进行过多的具体行为模式约束，而可以采用一种相对笼统的法治约束。就像诺内特和塞尔兹尼克在描述“回应性法”时所说：“特殊的规则、政策和程序逐渐被当作是工具性的和可牺牲的。它们虽然可能作为长期积累下来的经验受到尊重，但却不再表明法律秩序的承诺。取而代之的是，重点转至那些包含了政策前提并告知我们真正要干的事的更为普遍的目的。”㊼而要使这种普遍的目的获得肯定性权威（有实际的约束效果），就要将它转化为具体的目标和任务，从而在结果上

㊼ [美]诺内特、[美]塞尔兹尼克：《转变中的法律与社会》，张志铭译，中国政法大学出版社 1994 年版，第 87 页。

可以被衡量。这样一来，基层机关也不会以具体行为规定狭窄地解释自己所负的责任。[48] 据此，采用授权模式的经济体所制定的行政程序规则和市场监管类规则应当具有相对更高的弹性，更多地强调行为的效果而非行为的构成要件。

与此相适应，授权模式下的司法审查也应具有两个方面的特点：一是应承认政府在经济发展决策方面的权威性，适当降低司法审查强度；二是在合法性审查中更多地纳入目的考量的因素。比如，政府在清退落后产能的过程中，涉及土地或房屋征收问题。根据《土地管理法》，该征收行为应基于"公共利益"。若该行为被诉至法院，法院在审查公共利益要件时，应当从经济转型升级的整体角度出发，审查判断政府的产业政策选择是否具有可被尊重的权威性。事实上，我国法院的司法审判实践已经充分体现出了授权模式的特点。根据笔者对行政领域裁判文书的不完全归纳，中国法院对涉及政府重大决策的事项，特别是影响经济发展大局的事项一般均采取高度司法尊让的态度。当涉及不确定法律概念的解释时，法院很少会用自己的理解替代行政机关的解释。如在上海迪比特实业有限公司与上海市闵行区规划和土地管理局的一个土地纠纷案件[49]中，法院就在判决中复述了行政机关对公共利益的判断，并予以认可，回避了对当事人主张的深入讨论。

当然，授权模式并不意味着对政府行为失去法律控制，而仅意味着对政府的法律控制应当更加符合当时的经济社会条件。在授权模式之下，应当有与之相适应的权力制约机制：首先，虽然允许政府的产业政策类规范性文件规定行政许可的条件，但这一类产业政策的通过并不能像一般规范性文件那样随意，至少应当通过本级政府重大行政决策程序作出，或者基于本级人民代表大会的授权作出。其次，在淘汰落后产能时，必须依法给予适当补偿。因为新产能可以带来更大的经济收益，远超于旧产能，理应支付包括搬迁企业未来预期收益在内的足额补偿。再次，进行产业引导时，政府可以通过行政许可条件或行政指导的方式引导经济主体从

---

[48] 参见[美]诺内特、[美]塞尔兹尼克：《转变中的法律与社会》，张志铭译，中国政法大学出版社 1994 年版，第 93 页。

[49] 上海市第一中级人民法院行政判决书，(2016)沪 01 行终 226 号。

事某项产业活动,但不可通过行政命令的方式直接强制经济主体参与某类活动。实践证明,以政府判断彻底替代市场主体的判断往往会存在巨大的风险。[50] 最后,授权模式下的弹性监管不可突破中央立法确定的基本底线,如环境污染的国家标准等。

(二)控权模式

当市场和交易规模扩大,有目标的产业转型已经大致完成时,法治政府就应当从授权模式逐渐转化为控权模式。控权模式为目前公法学理论所主张的主流模式,本文不必过多赘言。其与授权模式的区别存在两个方面:

其一,政府应从微观经济干预中退出。经济增长在最终意义上取决于市场主体的活力与创造性,政府只起到辅助性作用,只是在发展早期,产业整体较为弱小时,需要政府进行一定的直接支持。当产业发展日趋成熟时,相关的微观经济干预手段均应逐步撤除。在控权模式下,政府不应再通过一般规范性文件的形式发布产业政策,所有的产业政策都应通过立法的形式确定。这也就意味着政府不得再经常性地变更行政许可的具体条件,同时不能随意决定对某些企业进行相对不公平的财政补贴。

其二,针对政府行为应当制定比较严密的程序规范和实体行为规范。与政府退出微观经济干预相配合,成熟经济体需要出台比较全面的行政权力约束规范。这可能是指包含政府行为各个方面的行政程序法,也可能是各个领域中较为细致的单行立法。并且,由于行政机关不再具有通过产业政策促进经济发展的一般权限,司法对行政的审查强度也应当有所增强。

四、结语:建设有区别的发展制度环境

在构建符合中国发展条件的营商环境时,不可被经济成熟国家制定的标准"牵着鼻子走"。从世界范围观察,唯一实现让后发国家赶上先发国家的模式是"政府介入模式"。西方大国在早期工业化历程中,不乏积极采用"政府介入"者,不过在之后的发展阶段中,他们便陆续转变了发展策略。正如发展型国家理论的奠基人、德国经济学家李斯特所言,他们经

---

[50] 参见李克军:《县委书记们的主政谋略》,广东人民出版社2014年版,第57页。

常是"先用了梯子,再踢掉梯子"。[51] 当前,各地营商环境建设有同质化趋势,似乎均以西方成熟国家的营商环境标准为基础,尤其强调撤除政府对微观经济的干预。但是,完全排除政府干预微观经济这一主张并不一定适用于所有的经济体。比如,世界银行的营商环境评价标准中十分重视企业办理施工许可证以及获得信贷的难易程度,越容易则营商环境越好。[52] 不过从前文论述中可以发现,政府对许可和信贷进行调控,有意增加部分企业的获得许可或信贷的难度,是实现产业出清及产业升级的必要手段。因此,在部分情况下,经济发展仍然需要政府的积极作为,需要其对市场进行微观层面的支持或引导。

促进经济发展是一项复杂而精细的工作。政府管制必须在该出现的时候出现,在不该出现的时候隐退;应当具有更强的"回应性",充分适应本地区的实际情况,并能够解决经济主体当前遇到的问题。这对法律规则的制定和实施过程提出了很高的要求,特别是在发展变迁速度较快的社会中。具体来说,使规则具有回应性至少要做到两个方面:一是正确反映社会现实,二是及时跟进社会现实的变化。前者要求规则制定机关尽可能多地了解不断变化的社会现状,后者则要求其尽可能快地作出决定,这两者之间显然存在紧张关系。我国复杂的国情和巨大的地方差异又加剧了这种紧张。目前,不同地域在经济发展阶段上各不相同,中央政府很难使用统一的政策进行管制。要创造良好的营商环境,各地所应采取的举措并不能完全相同。

事实上,要使中央立法机关全知全能几乎不可能,即便真的做到,也会大大增加立法时间,并降低立法供给,导致法律制度的回应性下降。因此,不应以大一统的中央立法机关来掌握绝大部分立法权,而应当使立法主体多样化,适当纳入地方立法机关、行政机关和司法机关制定的规则,也要适当纳入非正式的规则。一个发展中大国必须同时发挥中央与地方两个积极性、国家与社会两个积极性,才能创造适应于不同发展阶段的制度环境。

---

[51] 参见耿曙、陈玮:《发展型国家:理论渊源与研究进展》,载《中国政治学》2019年第2辑。

[52] 参见宋林霖、何成祥:《优化营商环境视阈下放管服改革的逻辑与推进路径——基于世界银行营商环境指标体系的分析》,载《中国行政管理》2018年第4期。

●发展法学的道路探索

——基于美国法律与发展运动的比较思考

于楚涵*

摘　要:在法治轨道上推进国家发展,需要构建并完善发展法学。对此,可以借鉴美国法律与发展运动的得失经验。尽管该运动着眼于“发展模式的制度维度”,不同于发展法学所遵循的“发展模式的理论维度”面向,但因二者具有相似的研究对象及研究目标,且两重维度之间存在紧密关联,运动在更加悠久的研究历史中所积累的宝贵经验与教训仍旧具有重要的参考价值。在此意义上,以法律与发展运动为参照,研究发展法学的时代背景、问题意识以及理论建构,能够为发展法学提供在实践探索及学术讨论中不断修正自身理论、进一步开展法律内部及外部的跨学科交流、关注国内与国际双重维度的发展等经验教训,从而推动其成长为一门保持开放、兼容并包、内外兼修的现代学科。

关键词:法律与发展;发展法学;发展模式

发展是人类社会永恒的主题。① 针对如何促进发展,实现现代化这一重要命题,不同领域的学者尝试结合专业知识给出答案,推动了发展经济学、发展政治学、发展社会学等新兴学科的诞生。在此进程中,法律人也意识到法律与发展的密切关联:一方面,保障包含发展权在内的公民基本人权、促进经济社会发展是各国宪法的重要关切,将发展纳入法学框架是落实宪法愿景的关键举措;另一方面,政府是驱动发展的主要引擎,政府

* 北京大学法学院博士研究生。

① 参见习近平:《习近平致“纪念〈发展权利宣言〉通过30周年国际研讨会”的贺信》,载《人权》2017年第1期。

规制是发展无法回避的话题，法律与发展的结合由此具备了天然的必要性与正当性。

围绕法律与发展间关系展开的系统化探索可以追溯到兴起于20世纪60年代的美国法律与发展运动(Law and Development Movement)。运动早期试图从法治角度出发解读美国发展道路，为广大第三世界国家提供普遍性的发展模式，但因缺乏独立法学理论的指导，加之过度信奉"法律移植"的有效性，其在70年代逐渐走向衰落。到了90年代，苏联解体、经济全球化的时代背景将运动再次激活，尽管对于普遍性发展模式的怀疑与否定在相关研究中尤为突出，却仍未转化出有关法律与发展的系统性理论，运动时至今日仍在不温不火地进行之中。

在中国语境下，自改革开放以来，我国创建了一套超越传统发展理论范畴的"中国模式"，激发并释放了市场的巨大活力，推动了国家的飞速发展。在改革初期，由于我国法治体系尚不健全，这一独具特色的"中国模式"具有"改革先于法治"的鲜明特征。随着全面依法治国的展开，在法治轨道上完善"中国模式"具有现实性与必然性。此外，"中国模式"的强大动力也使一些发展中国家对其持积极的肯定态度，希望从中借鉴经验以促进自身发展。[②] 国内国外的双重需求为发展法学的构建与完善提供了良好契机，建立解读改革、法律与发展良性互动关系的理论依据是当下值得关注的重大理论问题。

毫无疑问，法律与发展运动同发展法学具有一定的共通性。从研究对象上看，二者皆从法律与发展的关系出发，探寻无法为传统理论所包容的新型发展模式之建构；从研究目标上看，二者都旨在解读本国发展模式，并关注到了自身模式的"正外部性"，希望借此为其他国家发展提供优质范本。

值得注意的是，既然法律与发展运动已然否定了发展模式的普遍性，为何发展法学依旧选择回应发展中国家渴望借鉴中国模式的现实需要？究其原因，在于发展模式的不可复制与可资借鉴属于不同的逻辑位阶，即发展模式具有特殊与一般的双重维度。前者着眼于表象，止步于一国的

---

② 参见吴海江：《"中国模式"的实质、普适性及未来挑战》，载《思想理论教育》2010年第5期。

具体制度；后者聚焦于实质，旨在探索制度背后的抽象性理论。法律与发展运动强调发展模式的制度维度，以法律移植、制度促进发展的有效性作为研究的重要内容；发展法学则将目光转向发展模式的理论维度，以期揭示中国模式背后法律与发展间关系的基本原理。

事实上，发展模式的双重维度并无优劣之分，都是理解法律与发展关系的重要内容。具体制度是提炼抽象原理的基石，理论又能为制度的完善提供指引。是以，即便法律与发展运动尚未结出系统性的理论硕果，其更为深厚的研究历史与传统也有助于为我国发展法学的未来提供启示与借鉴。

由此，本文首先从美国法律与发展运动出发，研究这场制度维度的学术运动关注的基本问题，梳理学者、法律实务人员在不同时期提供的多元解决方案。其次探讨在理论维度展开的中国发展法学所需回应的现实问题以及学者提供的研究思路与理论框架。最后结合美国法律与发展运动的得失经验，提出完善发展法学的可能思路。

一、发展模式的制度维度：美国法律与发展运动

美国法律与发展运动的核心在于从法律视角出发解读发展问题，并试图借此探索新兴第三世界国家的未来发展道路。根据运动产生与演进的时间，可将其划分为两个阶段：第一阶段开始于 20 世纪 60 年代中期，在 70 年代中期陷入公开危机并走向衰亡；③第二阶段始自 20 世纪 90 年代，至今仍在进行之中。④

尽管运动在不同阶段特征各异，对待发展模式之普适性的态度也有所区别，却都将目光聚焦于具体制度对于促进发展的功效之中，尚未刺破制度表象，触及原理的建构深度。这种着眼于“发展模式的制度维度”的思维方式对法律与发展运动产生了深远影响。本部分便从运动关注的重点问题出发，进而分别介绍其在两个发展阶段的具体进程、特征及主要思想。

---

③ See Amy L. Chua, *Markets, Democracy, and Ethnicity: Toward a New Paradigm for Law and Development*, Yale Law Journal, Vol. 108:1, p. 11 - 13(1998).

④ 参见李桂林：《法律与发展运动的新发展》，载《上海政法学院学报》2006 年第 5 期。

(一)发展、法律与第三世界国家

20世纪50年代,在法律与发展运动尚未拉开序幕之前,一场具有空前规模的发展研究(development studies)已在美国学界兴起。该研究以相对贫困的第三世界发展中国家的发展问题为研究对象,⑤吸引了来自经济学、政治学、社会学、历史学等领域的众多学者。

发展研究之所以大量涌现,是因为二战后独特的国际局势向其提出了现实需要。首先,战后帝国主义殖民体系彻底瓦解,亚非拉的民族独立与解放运动促进了一批新兴第三世界国家的诞生。由于历史原因,这些新兴国家都存在大量政治、经济及社会问题,引起了全世界的广泛关注。其次,殖民体系的崩溃并未使西方国家放弃控制这些新兴国家的念头,它们希望通过支持这些国家的"发展"保持并扩大自身影响力,继续获取经济利益。

促进新兴第三世界国家的发展实际上就是为其探索一条实现现代化的道路。包括美国在内的西方资本主义国家的现代化进程基本属于"内源的现代化",其原动力即现代生产力来源于西方的历史与传统,工业化投资主要来自本国内部的资本原始积累,经济生活则通过殖民体系下不断扩张的市场实现自我调节,政府职能在于保障经济的自由进展。⑥然而,这样一条道路依赖于两次工业革命提供的契机及广大殖民地市场,显然无法为新兴国家所复制。这便要求各领域学者基于自身专业知识,提供超越传统发展理论范畴的答案。

特殊的历史背景以及不同于西方发展模式的需求共同促进了发展研究的兴起,但因受到霸权主义的影响,加上对于美国制度的强烈自信,研究者多将目光局限于美国发展道路,往往具有天然的制度移植倾向,这也深刻地影响了后来的法律与发展运动。在运动的最初十年,法学领域并未对这场声势浩大的讨论作出过多回应,美国法学者在20世纪60年代

⑤ 参见姚建宗:《法律与发展研究导论:以经济与政治发展为中心的考察》,吉林大学出版社1998年版,第19页。

⑥ 参见罗荣渠:《现代化新论:世界与中国的现代化进程》,商务印书馆2009年版,第132页。

初才开始系统考虑法律与发展问题。[7] 这一现象可以从发展研究本身及美国法学教育两个角度出发进行解释：一方面，发展研究没有将法律看作社会的一个主要方面，从事发展研究的社会科学家并未将法律视作一个重要变量，而是将其当作一个当然的前提；另一方面，美国的法学教育职业性较强，法律与发展工作很少与实务法律人具有明显的相关性，当时的大学也缺少对其他社会中的法律进行系统性社会研究的能力。[8]

这一局面在20世纪60年代发生了转变。在此阶段，如基金会等行动机构(action agencies)产生了吸引法学专家参与发展援助工作的兴趣，实施了一系列旨在改革(第三世界国家)法学教育的援助项目，一些学者由此开始逐渐接触第三世界国家的法律问题。法律人与发展机构之间的初步联系引起了人们对于研究法律在发展中的角色的关注。帮助设计和安排法律发展援助项目的学者也意识到当前并没有明确的知识体系可以准确定位法律制度与第三世界国家社会、政治及经济变革间的关系。[9] 由此，发展研究正式延伸到法学领域，法律与发展研究运动开始走向学术舞台的中央。

(二)在批判中前进：法律与发展运动的第一阶段

法律与发展运动的第一阶段始自20世纪60年代中期，终于70年代中期。在短短十年间，学者先后从现代化理论、依附理论、世界体系理论等发展理论出发探讨了法律在第三世界国家发展中的重要意义，形成了多元丰富的学术观点。由于受到同时代批判法律研究运动的影响，这一阶段的法律与发展运动具有在批判中前进的特征。不过，学者的批判仅限于“发展模式的制度维度”的内部调整，并未实现由制度到理论的跨越。

总体而言，运动的第一阶段可以进一步细化为兴起与繁荣时期(20世纪60年代中期至60年代末)、批判与反思时期(20世纪60年代末至70年代中期)以及衰落与危机时期(20世纪70年代中期以来)。

---

⑦ 参见[美]戴维·杜鲁贝克：《论当代美国的法律与发展运动(上)》，王力威译，载《比较法研究》1990年第2期。

⑧ 参见姚建宗：《法律与发展研究导论：以经济与政治发展为中心的考察》，吉林大学出版社1998年版，第74~76页。

⑨ See David M. Trubek & Marc Galanter, *Scholars in Self-Estrangement: Some Reflections on the Crisis in Law and Development Studies in the United States*, Wisconsin Law Review, Vol. 1974:4, p. 1066 - 1067(1974).

1. 兴起与繁荣时期

这一时期的法律与发展运动主要受到现代化理论的影响。现代化理论以埃米尔·杜尔凯姆与马克斯·韦伯关于社会发展的理论为基础，吸取了二人关于传统与现代之分的观点，认为传统社会是不发达的，现代社会是发达的，不发达是发达的前夕，第三世界国家的不发达是因为受到传统主义价值观的影响，其必须走上先进国家走过的道路才能实现发达与现代化。[⑩]

据此，置身于法律与发展运动中的学者将法律区分为传统法律与现代法律，认为传统法律由村庄、部落等社会群体自行定义，其由历史和传统塑造而成，依托于社会及传统的权威，不具有统一适用性。现代法律则由专门机构制定，普遍并统一适用于所有地区和社会阶层，具有很强的理性色彩，服务于一定的目的，并由国家权力保障实施。[⑪] 就法律与发展的关系而言，学者们认为现代法律必然与现代社会相伴而生，只有现代法律才能真正促进现代社会的发展。传统社会若要向现代社会发展，必然不能依靠传统法律，需要进行法律制度的改良，实现法律的现代化。[⑫]

受到具有明显进化论倾向的现代化理论的影响，法律与发展运动便要试图寻找将现代法律移植到第三世界国家的有效办法。美国学者主张在第三世界国家进行法律教育“改革”，欧洲背景的学者则主张将《法国民法典》等先进法典直接输入第三世界国家。[⑬]

然而，并非所有学者都支持法律移植的做法，也有部分学者在承认传统与现代法律二分法的基础上，提出第三世界学者不应向美国、欧洲寻求法律楷模，而是要学会留心自己的社会，找出其中存在的阻碍发展目标落实的法律障碍。新兴国家需要向西方借鉴的只是一种“现代的”法律意识，即要理解法律是自觉的社会改革的实用工具。这种观点显然具有很

---

⑩ 参见［英］安德鲁·韦伯斯特：《发展社会学》，陈一筠译，华夏出版社1987年版，第22~39页。

⑪ See David M. Trubek, *Toward a Social Theory of Law: An Essay on the Study of Law and Development*, Yale Law Journal, Vol. 82:1, p. 4-6(1972).

⑫ 参见姚建宗：《法律与发展研究导论：以经济与政治发展为中心的考察》，吉林大学出版社1998年版，第115页。

⑬ 参见［美］戴维·杜鲁贝克：《论当代美国的法律与发展运动（上）》，王力威译，载《比较法研究》1990年第2期。

强的工具论色彩。⑭

2. 批判与反思时期

到了20世纪60年代末期，一些学者意识到现代化理论具有过强的“西方中心主义”色彩，强调法律移植的做法也忽视了第三世界国家本身的特殊性。故而结合依附理论、世界体系理论等批判并反思法律与发展的联系。

依附理论及世界体系理论都旨在否定现代化理论将第三世界国家的落后归因于自身资本主义体制建设的迟滞与不完善的观点。⑮ 两种理论都关注到了西方资本主义国家的发达与第三世界国家的落后之间的因果关系，认为前者的发达源于对后者“经济剩余”的剥夺，也正是这一进程导致了后者的欠发达状态。⑯

基于此，西方资本主义国家的发达和第三世界国家的落后只是一个在历史上同时进行的普遍进程的两个方面。那么，一方面，第三世界国家与发达国家的内在特征和在世界体系内所处的地位具有根本差异，发达国家的发展模式无法直接适用于与其社会历史背景截然不同的第三世界国家；⑰另一方面，既然发达国家的“现代”与第三世界国家的“传统”互为因果，便无法断言这种“现代”是完全优于“传统”的社会发展的高级阶段。此外，“水门事件”以及越南战争暴露出的非民主、霸权色彩也引发了人们对于美国“现代”社会的怀疑。

在两种理论的指引下，这一时期的法律与发展运动强烈批判了“传统”法律与“现代”法律的划分方法，认为法律制度由法律的实体规则、法律组织机构和法律文化三部分组成，现代化理论仅仅关注到了前两者的重要意义，实际上法律文化才是法律制度的核心与关键。无论是被现代

⑭ 参见[美]戴维·杜鲁贝克：《论当代美国的法律与发展运动(上)》，王力威译，载《比较法研究》1990年第2期。

⑮ 参见[法]萨米尔·阿明、[巴西]特奥托尼亚·多斯桑托斯：《贡德·弗兰克与依附理论、世界体系论》，丁海摘译，载《国外理论动态》2005年第8期。

⑯ 参见陶海洋：《依附理论的发展及其主要观点》，载《社会主义研究》2007年第5期；赵自勇：《资本主义与现代世界——沃勒斯坦的世界体系理论透视》，载《史学理论研究》1996年第4期。

⑰ See Francis G. Snyder, *Law and Development in the Light of Dependency Theory*, Law & Society Review, Vol. 14:3, p. 748(1980).

化论者判定为“现代”还是“传统”的法律制度都可能促进或阻碍发展，只有充分考虑本国政治、经济、社会、文化和法律传统的法律制度才具有促进发展的现实可能性。[18]

依附理论与世界体系理论虽然比现代化理论更具合理性与解释力，却也并非绝对完美。在理论基础上，两种理论都过于强调新兴国家落后的外部原因，但是这些国家内部与外部的宗教、民族、族裔等问题并非发达国家剥削的结果，需要结合内部因素进行解读；就现实情况而言，发达国家的投资也激发了第三世界国家的经济增长活力，这超越了两种理论提出的依附只能带来落后的观点。[19]

值得注意的是，虽然该时期的研究提出了反对法律移植、关注新兴国家本土实际等观点，似乎暗含突破制度维度之意味，但是这种尝试从根本上看却“有形而无实”——全盘否定依附的观点实际上暴露出一种片面对待西方法律制度的非理性心态，这是忽视制度背后发展原理的必然结果。总之，依附理论与世界体系理论兼有先进性与局限性，使得二者指导下的运动虽有进步，却无法实现突破性的飞跃。

3. 衰落与危机时期

在法律与发展运动蓬勃兴盛的十年中，尽管学者就法律与发展间关系进行了诸多探索，但这场运动始终停留于制度维度，并未形成自成一派的独立理论。法律与发展运动是临时且务实的，其所提出的观点不外乎普遍且单纯地相信法律的重要性、强调西方模式与第三世界国家发展间的相关性以及现代法律文化的价值，具有流于制度表象的倾向。就参与者而言，每个人都将自身研究视作一项紧迫的工作，而非理论化的伟大使命。[20] 因此，到了20世纪70年代中期，当人们提出的旨在促进第三世界国家发展的法律措施宣告破产时，这场运动也将面临危机。

在第一阶段，法律与发展运动的重要支柱在于文化改革和移植战略、

---

⑱ 参见姚建宗：《法律与发展研究导论：以经济与政治发展为中心的考察》，吉林大学出版社1998年版，第124～125页。

⑲ See Brian Z. Tamanaha, *The Lessons of Law-and-Development Studies*, American Journal of International Law, Vol. 89:2, p. 478(1995).

⑳ See David M. Trubek, *The "Rule of Law" in Development Assistance: Past, Present, and Future*, in David M. Trubek & A. Santos eds., The New Law and Economic Development: A Critical Appraisal, Cambridge University Press, 2006, p. 78.

基于简单化理论假设的特殊改革方法以及对经济发展能够促进民主、人权的信念。然而,这些支柱在70年代中期都被现实击垮。

首先,现代化理论提出的包括输出成文法典及法律教育改革方案的法律移植项目,既遭到了依附理论与世界体系理论的批判,也被实践证明是不可行的。移植到发展中国家的成文法经常被实践忽视,甚至从未"生效"。法学院也极为抗拒改革,难以接受西方法学教育理念。其次,现代化理论想当然地认为所有国家都经历了由传统到现代的发展进程,将西方国家的所谓"现代"法律视为所有法律制度的终点,认为只有现代法律才能促进发展。最后,法律与发展运动具有较强的工具主义色彩,认为法律领域的改革在促进经济发展的同时,也具有激活民主与人权的溢出效应,但是实践中这一期望并未发生。[21]

总之,法律与发展运动产生于行动机构向第三世界国家提供法律援助项目的需要,具有较强的实践性、功利性。若其提供的解决方案毫无用处,务实的行动机构便会撤出资金,终止合作。此时,既无经费来源,又缺乏独立理论支撑的法律与发展运动便会被学界淘汰,并在70年代中期后走向终结。

4. 小结

法律与发展运动的第一阶段短暂而热烈。在自20世纪60年代中期到70年代中期的短短十年间,有关法律与发展间关系的研究在实践中修正,在批判中前进,为推动第三世界国家发展提供了法律层面的多元思路。不过,这一阶段的探索多自宏观层面出发,拘泥于寻找普遍的具体发展方案,忽视了第三世界国家的特殊性,这也导致了受到运动指导的发展方案普遍缺乏实践性与可操作性。

然而,方案的缺陷只是运动失败的表面原因。根本原因在于法律与发展运动的第一阶段将目光局限于"发展模式的制度维度",未曾深究法律制度背后的原理与逻辑,建构起足以为法律与发展研究提供统一指导

㉑ See David M. Trubek, *The "Rule of Law" in Development Assistance: Past, Present, and Future*, in David M. Trubek & A. Santos eds., The New Law and Economic Development: A Critical Appraisal, Cambridge University Press, 2006, p. 78 – 81.

的基本理论框架。[22] 有关法律与发展间关系的探讨均高度依赖于发展社会学提出的发展理论,当这些理论遭受攻击时,以之为基石的法律与发展运动必定失去根基,面临倾覆的危险。

(三)面向多元发展:法律与发展运动的第二阶段

在20世纪90年代,随着经济全球化趋势的日益深入,法律与发展运动重新引起了人们的关注,包括世界银行、国际货币基金组织在内的国际机构大为强调法治的重要性,将大量资金投入法律与发展项目之中。[23] 此外,道格拉斯·诺斯的新制度经济学理论也揭示了法律制度对于经济增长的重要意义,促进了法律与发展的再次结合。[24] 在十余年的沉寂与蛰伏后,法律与发展运动开启了第二阶段。

尽管第二阶段的运动属于第一阶段的延续,但是西方学者将其更名为"法治"(the Rule of Law),揭示法律已从发展的边缘走向核心地带。[25] 在20世纪90年代,对于普遍性法治模式、法律移植的信奉依旧广泛存在,意味着彼时"发展模式的制度维度"仍然处于真理性地位;进入21世纪,越来越多的学者意识到不存在普遍的发展道路,否认法律移植的做法,转而从各部门法具体制度出发探索促进新兴国家法治发展的道路。同二十世纪六七十年代的批判与反思时期相似,相关研究仅属于制度维度的内部修补,并未上升到理论高度。

考虑运动参与者的观点曾在20世纪90年代末期发生了转变,有必要将法律与发展运动的第二阶段划分为形成时期与成长时期进行专门论述。

1. 形成时期:20世纪90年代

20世纪90年代,国际经济、政治局势发生重大变化。国际贸易迅速增长、工业化向第三世界国家的扩散、亚洲出口导向型经济的成功以及跨国公司全球战略的实施,显著提高了世界经济的一体化程度。人们由此意识到建立具有弱政府干预、商品和资本跨国自由流动特征的完全开放

---

[22] 参见姚建宗:《美国法律与发展研究运动述评》,法律出版社2006年版,第138~139页。

[23] 参见李桂林:《法律与发展运动的新发展》,载《上海政法学院学报》2006年第5期。

[24] 参见李桂林:《法律与发展运动的新发展》,载《上海政法学院学报》2006年第5期。

[25] See David M. Trubek, *The "Rule of Law" in Development Assistance: Past, Present, and Future*, in David M. Trubek & A. Santos eds., The New Law and Economic Development: A Critical Appraisal, Cambridge University Press, 2006, p. 81.

的全球经济的重要价值。对全球化的重视促进了新的发展范式的产生——从国家干预到市场主导(from state to market),从国内经济到出口导向型增长(from internal to export led growth),从官方资本流动到私人外国投资(from official capital flows to private foreign investment)。[26] 这一发展范式高度关注自由、开放的市场经济,也对法律改革提出了新的要求。

此外,二十世纪七八十年代的人权运动也深刻影响了法律与发展运动的第二阶段。在运动的第一阶段,参与者认为当法律促进发展之后,人权与民主便会自动产生,这种观点显然已被现实否定。这使人们意识到人权保护不应仅是一种理念,而应成为一种有组织的运动和制度化力量。为此,国际社会在明确人权准则、建立人权保护行动机制等方面做出巨大努力。然而,如果没有国内法的相应保障,仅依靠国际人权保护机制无法充分解决问题,[27]这为法律与发展的再度相遇提供了契机。

这一时期的法律与发展运动受到全球化背景下的市场经济与人权运动的共同作用。二者均将法治作为实现自身目标的重要基石,主要向法律提出了以下四点要求:第一,信仰"形式主义"法治,认为法律本身自成体系,要求法官在裁决时无需额外考虑意识形态、政治或政策导向的平衡;第二,高度关注司法领域,认为健全的司法制度是执行实体法的关键,强调司法效率的重要性;第三,将合同与财产视为市场经济的核心要素,认为应当建立有效的合同法及物权法;第四,认为存在一种对任何国家都有意义的法治模式,坚信法律移植的可能性。[28]

事实上,第一阶段的诸多错误在这一时期重蹈覆辙,如移植的局限

---

[26] See David M. Trubek, *The "Rule of Law" in Development Assistance: Past, Present, and Future*, in David M. Trubek & A. Santos eds., The New Law and Economic Development: A Critical Appraisal, Cambridge University Press, 2006, p. 81 – 82.

[27] See David M. Trubek, *The "Rule of Law" in Development Assistance: Past, Present, and Future*, in David M. Trubek & A. Santos eds., The New Law and Economic Development: A Critical Appraisal, Cambridge University Press, 2006, p. 84.

[28] See David M. Trubek, *The "Rule of Law" in Development Assistance: Past, Present, and Future*, in David M. Trubek & A. Santos eds., The New Law and Economic Development: A Critical Appraisal, Cambridge University Press, 2006, p. 85 – 86; Kenneth W. Dam, *The Law-Growth Nexus: The Rule of Law and Economic Development*, Brookings Institution Press, 2006, p. 93 – 122.

性、对西方司法机制与法治模式的信赖等。这再度印证了法律与发展运动对于制度维度的坚守。

2. 成长时期:21 世纪以来

随着对发展本身、法律与发展间关系认识的深入,以及众多学者精英的加入,人们逐渐意识到上一时期广受关注的新发展范式以及为其服务的法律改革的弊端,对二者进行了一系列调整与修正。

在发展政策层面,人们意识到自由市场秩序同样需要积极规划与引导,不应对国家监管干预抱有强烈偏见,应当允许国家出于纠正市场失灵的需要进行规制。同时,其也批判了仅强调出口导向型增长、认为存在适用于一切经济体的发展道路的观点。与发展政策的变动相对应,为发展服务的法律也应进行相应的调整。对国家干预的强调要求各种形式的监管法和行政法提供思路。此外,既然不存在一条具有普适性的发展道路,那么法律移植的做法就是不可取的。就广大第三世界国家而言,由于其与发达国家存在不同的历史传统,一些非正式机制可能比起"形式主义"法治更加有效,因此也不应过分强调其在第三世界的普遍推行。世界银行等发展机构也就法律促进发展的方式、内容、意义等提出了一些观点,包括:明确承认法律移植的失败;认为法律改革需要较长时间,不能操之过急;支持涉及劳工权利、妇女权利和环境保护的法治项目;拒绝"一刀切"的改革方法,强调需要在与所有"利益相关者"协商的基础上进行特定背景的法律项目开发;关注司法的重要作用等。[29]

这一时期的法律与发展运动虽然从多元角度出发提出了法律促进发展的众多观点,但是这些观点仍未形成完整体系,只是各部门法学基于对发展的关注,从自身领域出发探索法律与发展相关性的具有碎片化、局部化的思想。[30] 尽管如此,21 世纪以来的法律与发展运动仍然可以抽象出三个重要观点:第一,发展没有既定的脚本,是带有"实验主义"色彩的过程;第二,不存在唯一的法律与发展进路;第三,法律也是发展的一部分,

---

㉙ See David M. Trubek, *The "Rule of Law" in Development Assistance: Past, Present, and Future*, in David M. Trubek & A. Santos eds., The New Law and Economic Development: A Critical Appraisal, Cambridge University Press, 2006, p. 89 - 92.

㉚ See David M. Trubek, *Law and Development: Forty Years after Scholars in Self-Estrangement*, University of Toronto Law Journal, Vol. 66:3, p. 322, 324 - 325(2016).

不仅是发展的手段,更是发展的目标。[31]

总体而言,较之以往,运动在该时期已经取得了较大进步。同第一阶段的批判与反思时期相似,二者皆认为不存在普遍的发展道路,否定法律移植的可行性。不过,该时期的运动显然走得更远——其不再依赖于社会学领域的发展理论,选择回归法律本身,试图从部门法出发探究各类法律制度与发展的实际关联,并在研究中融入对新兴国家本土特征的考察。尽管该时期的相关研究因着眼于部门法具体制度而未能超越"发展模式的制度维度"范畴,但是这种从法律自身出发的尝试已经体现出与过往缺陷分道扬镳的明确转向,这无疑是一种积极的跨越。

3. 小结

法律与发展运动第二阶段的相关研究仍旧围绕"发展模式的制度维度"展开。在20世纪90年代,参与者也曾落入"西方中心主义""法律移植"的陷阱,但是这一错误趋势最终得到了及时且充分的矫正。总体而言,运动的第二阶段虽然不及第一阶段轰动、震撼,但提出的有关法律与发展关系的多元观点却显然更为客观、理性,在方案的制定上也从宏观转向微观,致力于结合第三世界国家的本土特色提供具体答案。

不过,这种过分注重微观部门法制度的做法也导致了法律与发展运动的碎片化倾向,一种专属于法律与发展领域的系统性理论框架依旧遥遥无期。但至少,人们已经开始尝试从法学本身而非依赖其他学科的理论厘清法律与发展的基本关系,这些努力使运动得以延续。然而,如若希望这场运动最终转化出诸如发展社会学、发展经济学等的现代学科,由"发展模式的制度维度"转向"发展模式的理论维度",实现法律与发展关系的体系化建构无疑是必要的。

二、发展模式的理论维度:中国发展法学的兴起

同美国法律与发展运动相似,我国学者也就法律与发展间关系进行了一系列探索,以促进中国发展在法治轨道上进行,推动了发展法学这一重要学科的形成。作为一门诞生于21世纪的新兴学科,发展法学既肩负

---

[31] See David M. Trubek, *Law and Development: Forty Years after Scholars in Self-Estrangement*, University of Toronto Law Journal, Vol. 66:3, p. 318 – 320(2016).

着探寻法治的中国道路、解读法律与中国发展模式间关系的伟大使命,也承担着回应新兴国家经验借鉴需求的重要责任。

尽管法律与发展运动同发展法学皆以法律与发展间关系作为研究对象,具有解读本国发展模式、助力新兴国家发展的内外双重目标,却走上了不同的研究道路——前者是一场制度维度的学术运动,始终着眼于具体法律制度的探索;后者是一场理论维度的学术运动,从一开始便树立了理论建构的志向。究其原因,在于二者产生的时代背景具有根本差异,这影响了内外目标的优先性,进而导致了研究路径的根本分歧。

法律与发展运动诞生于美苏冷战及亚非拉民族解放运动的国际环境,出于将广大第三世界国家拉入资本主义阵营的考虑,为这些国家提供现代化发展模式的外部目标成为研究的首要目的,解读美国模式的内部目标只是辅助外部目标实现之手段。

发展法学则与之不同。自改革开放以来,尽管我国同样创造了经济腾飞的"发展奇迹",但在改革初期,我国选择了"摸着石头过河"的道路,发展时常在法律制度不足甚至空白的背景下进行。进入21世纪,随着科学发展观、新发展理念的提出与成熟,加上我国法律制度的日臻完善,有必要重思法律与发展的关系,探寻在法治轨道上推进发展的新途径。这充分说明发展法学的核心关切在于研究我国自身发展模式的内部目标,外部目标作为我国大国担当的体现,具有一定的间接性。肩负为我国发展提供理论指引的历史使命,发展法学选择"发展模式的理论维度"具有必然性。

我国学者清楚地认识到理论建构之于发展法学的重要性,始终着眼于法律与发展基本原理的探索,随着研究的深入展开,目前发展法学的理论框架已初步确立。本部分将从时代背景、问题意识、答案探索三部分展开,对发展法学进行详细论述。

(一)时代背景:从科学发展观到新发展理念

进入21世纪,我国社会发展进入新的阶段。就国内而言,党的十六大报告确立了全面建设小康社会的奋斗目标,明确了该目标"是中国特色社会主义经济、政治、文化全面发展的目标,是与加快推进现代化相统一的目标……为完成党在新世纪新阶段的这个奋斗目标,发展要有新思路,改革要有新突破，开放要有新局面，各项工作要有新举措”。[32] 就国际而言，2001 年我国正式加入世界贸易组织，标志着我国对外开放及参与全球化进入了新阶段。面对纷繁复杂的国际经济形势，我们必须在全球视野下谋划未来的发展，确立新的发展模式，以应对在扩大开放过程中可能面对的各种风险与挑战。[33]

在新的发展阶段，面对国际国内层面提出的发展新需要，2003 年 10 月党的十六届三中全会明确提出，要“坚持以人为本，树立全面、协调、可持续的发展观”。2007 年 10 月，中共十七大报告对科学发展观进行了全面、系统的概括，指出：“科学发展观，第一要义是发展，核心是以人为本，基本要求是全面协调可持续，根本方法是统筹兼顾。”在这次大会上，科学发展观被写入党章。2012 年 11 月，中共十八大将科学发展观确定为党必须长期坚持的指导思想。[34]

2014 年，习近平总书记在河南考察时，提出了“新常态”的概念，并指出：“我国发展仍处于重要战略机遇期，我们要增强信心，从当前我国经济发展的阶段性特征出发，适应新常态，保持战略上的平常心态。”[35]这揭示了我国经济发展的环境和条件已经或者将要发生重大转变。经济增长将同过去 30 多年的高速度基本告别，与传统的不平衡、不协调、不可持续的粗放增长模式基本告别。为适应经济发展的新常态，党进行了深刻的理论反思，进行了发展理念的创新，于 2015 年 10 月在中共十八届五中全会第二次全体会议上提出了“创新、协调、绿色、开放、共享”的新发展理念。[36]

社会存在决定社会意识，社会意识对社会存在具有能动的反作用。无论是科学发展观还是新发展理念，均来源于我国社会经济发展阶段转

---

[32] 《十六大报告辅导读本》，人民出版社 2002 年版，第 16 ~ 18 页。

[33] 参见蒋秧生：《论科学发展观提出的时代背景》，载《经济与社会发展》2006 年第 5 期。

[34] 参见《科学发展观》，载光明网，https://epaper. gmw. cn/gmrb/html/2019 – 11/12/nw. D110000gmrb_20191112_2 – 10. htm。

[35] 《习近平在河南考察时强调：深化改革发挥优势创新思路统筹兼顾确保经济持续健康发展社会和谐稳定》，载中国共产党新闻网，http://cpc. people. com. cn/n/2014/0511/c64094 – 25001070. html。

[36] 参见王文雅：《论五大发展理念提出的背景、理论基础与现实意义》，载《中共成都市委党校学报》2017 年第 1 期。

型的特定背景，也将服务于特定时期国家发展的需要。发展观往往直接影响制度建设，并由此影响人类的经济和社会实践。[37] 科学发展观的确立向国家法律制度提出了新要求，当法律对发展作出回应时，以法律为研究内容的法学也需采取行动，由此便推动了发展法学的诞生。

随着党和国家对于发展认识的深入，科学发展观得到不断完善，伴随经济发展新常态的到来，又提出了具有战略性、引领性、纲领性的新发展理念。在我国经济由高速增长转向高质量发展的历史新阶段，发展模式的转变、发展观念的创新在为发展法学注入新活力的同时，也向其提出了提供更为完善的理论框架的新要求。

总之，从科学发展观到新发展理念，变化中的现实世界不断向法律与发展间关系的厘清提出新要求，说明既存法律制度缺乏面向未来发展之张力，需要在理论的指导下加以完善，由此推动了发展法学的诞生与成长。这再次印证了发展法学着眼于理论维度之正当性，其背后所包含的"现实—理论—制度"逻辑链条也不断推动着发展法学的进步——通过对时代发展需要的回应，发展法学实现了学科创设及理论体系的建构，进而为我国法律制度的改进提供指引。在未来，伴随国家发展事业的深入，发展法学的完善与成长还将继续进行。

(二)问题意识：法律与中国发展模式的互动

发展法学顺应国家发展需要诞生，具有服务国家发展全局的重要使命。作为超越传统部门法划分标准的新兴学科，其所要处理的问题不再局限于微观层面的权益配置和定分止争，而是面向宏观层面的发展，即需要研究并解释法律与中国发展模式间的关系，探索国家在法治轨道上实现发展的道路。

在改革开放初期，我国存在法制体系并不健全的特征，但是促进经济发展的需求迫在眉睫，"先立法，再发展"的模式必然与当时中国的现实情况不相符合。对此，邓小平同志创造性地提出了"摸着石头过河"的改革方案，指出："现在的问题是法律很不完备，很多法律还没有制定出来……现在立法的工作量很大，人力很不够，因此法律条文开始可以粗一点，逐

---

[37] 参见张守文：《"发展法学"与法学的发展——兼论经济法理论中的发展观》，载《法学杂志》2005 年第 3 期。

步完善。有的法规地方可以先试搞,然后经过总结提高,制定全国通行的法律。修改补充法律,成熟一条就修改补充一条,不要等待'成套设备'。总之,有比没有好,快搞比慢搞好。"[38]在此背景下,就法律与发展的关系而言,我国实际上存在法律与发展同时进行,甚至滞后于发展的情况。

尽管在缺乏强有力的法律制度保障的背景下,我国依旧实现了经济的快速增长。但是这条道路并不具有可持续性,强大的市场会产生对强有力的法律制度的需求。[39] 根据哈佛大学经济学教授丹尼·罗德里克(Dani Rodrik)在其 *In Search of Prosperity* 一书中提出的重要观点:"经济增长的初期并不需要深入和广泛的体制改革……但在不利环境下保持高速增长则需要更加强大的体制机制。"[40]在 21 世纪初,我国已不再处于经济增长的初始阶段。虽然自改革开放以来我国取得了巨大的发展成就,但正如党的十六大报告所强调的那样:"我国正处于并将长期处于社会主义初级阶段,现在达到的小康还是低水平的、不全面的、发展很不平衡的小康。"[41]在发展的新阶段,面对国内层面的困难以及国际层面的风险,为保持经济的持续增长,我国显然需要构建完善的法律保障体系。

在明确发展需要在法治轨道上进行后,发展法学便登上了历史舞台,肩负起在中国语境下解读法律与发展关系的使命。改革开放后,中国在探索现代化过程中形成了独具特色的方案,是马克思主义基本原理同中国实际、时代特征相结合形成的中国发展模式。[42] 在中国语境下为完善我国法律体系,这要求发展法学必须超越传统研究范畴,创立一套能够解释并支持中国未来发展的法学理论。

在这套法学理论中,法律与中国发展模式要形成良性互动。一方面,发展法学要从法律角度出发为解决中国发展问题、探寻中国发展道路提

---

[38] 邓小平:《邓小平文选》(第 2 卷),人民出版社 1994 年版,第 146 ~ 147 页。

[39] See John C. Coffee Jr. ,*The Rise of Dispersed Ownership*: *The Roles of Law and the State in the Separation of Ownership and Control*, Yale Law Journal, Vol. 111:1, p. 80(2001).

[40] Dani Rodrik, *Introduction*: *What Do We Learn From Country Narratives*? in Dani Rodrik ed. , In Search of Prosperity: Analytic Narratives on Economic Growth, Princeton University Press, 2003, p. 15 – 16.

[41] 《十六大报告辅导读本》,人民出版社 2002 年版,第 16 页。

[42] 参见王宗礼:《新中国成立 70 年来现代化中国道路及其理论超越》,载《中国特色社会主义研究》2019 年第 4 期。

供思路;另一方面,发展法学也要结合中国发展实际情况推动中国特色社会主义法律体系的完善。促进这一良性互动关系形成的关键,是基于“发展模式的理论维度”,构建一套具备科学性、系统性、包容性的发展法学理论体系。

(三)答案探索:发展法学的理论建构

发展法学的概念在 2005 年被首次提出并实现了学科构建的初步探索。[43] 此后,学者们陆续对法律与发展间关系、发展权、发展理念、经济法的发展理论等问题进行了深入研究,丰富了发展法学的理论内涵。[44] 在此基础上,发展法学的基本理论框架在 2021 年得以明确。[45]

根据发展法学所关注的法律与中国发展模式的互动关系,可以考虑从“发展与法”和“法与发展”两个层面出发整合并理解发展法学的理论体系。

就“发展与法”而言,发展法学来源于中国发展现实,因此应从发展实践出发,从中抽取重要元素,提炼发展理论。据此,可以将“新发展阶段—新发展格局—新发展理念—新发展法治”这一时代背景和逻辑主线作为观测对象,从中提取发展法学的基本范畴,搭建发展法学的基本框架。

发展法学的基本框架主要包括本体论、发生论、价值论、规范论、运行论和范畴论。本体论需要明确发展法学的概念、特征、地位和体系等问题;发生论要解释发展法学产生和发展的时代背景,并同既有研究相关联;价值论需要确立发展法学的价值、宗旨和基本原则,尤其需要阐释“发展理念”,分析法治对于保障和促进发展的“内在价值”,以及其中贯穿的公平与效率、自由与秩序、安全与发展等“外在价值”;规范论要从主体理论、行为理论、“权义结构”理论、责任理论出发研究发展主体、发展权利、

---

[43] 参见张守文:《“发展法学”与法学的发展——兼论经济法理论中的发展观》,载《法学杂志》2005 年第 3 期。

[44] 参见杨在平:《中国法学的转型思路——通过对发展与法律关系的追问》,载《理论探索》2011 年第 5 期;汪习根、王康敏:《论区域发展权与法理念的更新》,载《政治与法律》2009 年第 11 期;张守文:《经济发展权的经济法思考》,载《现代法学》2012 年第 2 期;张守文:《经济法学的发展理论初探》,载《财经法学》2016 年第 4 期。

[45] 对于发展法学基本理论框架的探讨,可以参见张守文:《发展法学:经济法维度的解析》,中国人民大学出版社 2021 年版;张守文:《发展法学的基本框架初探》,载微信公众号“法治与发展研究院”2020 年 12 月 20 日,https://mp. weixin. qq. com/s/Yab2B7CjJCcoxp10XBze4g。

发展义务、发展责任等问题;运行论涉及发展法学的适用范围和程序问题,要解释立法、执法、司法对于发展的影响,以及法治体系本身的"发展导向";范畴论则要提炼各类发展范畴,包括发展问题、发展道路、发展目标、发展能力等。㊻

就"法与发展"而言,发展法学强调运用法律解决发展问题,实现发展目标。因此,在发展法学的理论框架中还应包含发展问题的分析框架。该框架主要包括"发展问题—发展手段—发展目标"三个方面。其中,发展问题既可以从横向的社会与经济层面展开,也可以进行纵向历史分析;发展手段需要综合考虑发展主体的发展权、发展能力等,选择最为适宜的治理措施;发展目标从价值层面引领发展问题的解决,指导发展手段的具体选择。这需要结合具体发展问题,分析问题本身存在的"内在价值",也要兼顾公平与效率、自由与秩序、安全与发展等"外在价值",确保发展问题在兼顾个体营利性与社会公益性的基础上得到合理解决。㊼

总之,发展法学应当且已然基于"发展模式的理论维度"展开。伴随中国发展模式、发展理念的日臻完善,发展法学的基本框架、基本范畴、分析框架已初具规模,初步完成了理论体系的建构。虽然这一框架内部的许多细节性问题还有待学者结合各自领域进行完善,但其至少已在宏观层面搭建了一个有助于统筹着眼于发展的部门法理论的基本结构,这将促进发展法学向系统性、理论性、专业性的新兴现代学科迈进。

三、比较与反思:法律与发展运动对发展法学的启示

(一)借鉴法律与发展运动的可行性

法律与发展运动同发展法学兼具共性与差异。一方面,二者都以法律与发展的关系作为研究对象,具有解读本国发展模式并为第三世界国家发展提供有益经验的内外双重目标,为学术借鉴奠定了基础。另一方面,二者在研究思路上存在根本分歧,法律与发展运动是制度维度的学术

㊻ 参见张守文:《发展法学的基本框架初探》,载微信公众号"法治与发展研究院"2020年12月20日,https://mp.weixin.qq.com/s/Yab2B7CjJCcoxp10XBze4g;张守文:《经济法学》,北京大学出版社2014年版,第8~89页。

㊼ 参见张守文:《公共卫生治理现代化:发展法学的视角》,载《中外法学》2020年第3期。

运动,更加关注法律具体制度同发展间的关联;发展法学则是理论维度的学术运动,强调制度背后的发展原理。

对于法学研究而言,发展模式的双重维度皆有独特的学术价值,并无优劣之分。但就一场学术运动而言,若整个学术界都将研究的最终目标限定于“发展模式的制度维度”,便只能得出缺乏系统性、理论性的碎片化成果,难以实现创造性突破。如此,这种在发展模式上的不同选择似乎加大了经验参考的难度。然而,发展模式的双重维度之间也存在密切关联——理论维度的原理并非凭空捏造,需要依托于制度维度的法律规范探析。因此,着眼于理论建构的发展法学并不排斥微观制度层面的思考,不同于法律与发展运动止步于制度与法律间关系的做法,发展法学仅将具体制度视作切入点,围绕其展开的一切研究都带有发掘原理之目的。

总之,两场运动在研究对象与研究目标层面的共性是发展法学借鉴法律与发展运动之前提,二者在研究思路上的差异本身又存在紧密关联,更增加了借鉴的合理性。基于此,具有更为悠久学术历史与丰富研究经验的法律与发展运动显然可以为发展法学提供宝贵经验,为其成长为一门系统化、理论化的现代学科提供助力。

(二)发展法学的完善进路

1. 保持开放的发展法学

美国法律与发展运动第一阶段走向终结的根本原因在于学者并未从法学本身出发建构属于该领域的系统理论。发展法学自诞生之初便意识到搭建理论框架的重要性,[48]立足于“发展模式的理论维度”,有效避免了陷入同法律与发展运动相似的困境,为学科未来成长奠定了良好基础。然而,作为一门关注法律与中国发展模式互动关系的新兴学科,发展法学的命运同中国发展实践紧密相关,当现实世界发生变化时,其也应当及时作出回应,这也是其“现实—理论—制度”逻辑的关键环节。由此,发展法学应当保持一定程度的开放性、灵活性,在实践中不断修正自身理论。这是法律与发展运动为发展法学提供的第一则重要经验。

法律与发展运动深受批判法律研究运动影响,包括楚贝克(David M.

---

[48] 参见张守文:《“发展法学”与法学的发展——兼论经济法理论中的发展观》,载《法学杂志》2005 年第 3 期。

Trubek)、肯尼迪(David W. Kennedy)等在内的学者都同为两场运动的重要参与者。作为一场反潮流的学术研究运动,批判法律研究运动提出了法律推理的非确定性、法律反映统治者的意志、法律是阶级统治的偶然产物等重要观点。[49] 在这些具有法律现实主义思想的影响下,法律与发展运动第一阶段提出的"西方中心主义"、法律移植等观点必然遭受尖锐批判。也正是这些批判推动了学者在现代化理论之外找寻更具解释力的发展理论推进研究,赋予了法律与发展运动在批判中前进的色彩。此外,学者在第一阶段提供的发展模式的失败也引起了人们的反思,使得运动在第二阶段逐步克服曾经犯下的错误,获得再次蓬勃发展的机会。

结合法律与发展运动的经验,尽管发展法学已初步完成理论体系的建构,但这可能仅仅适用于其产生的特定时代。作为以发展为目标,旨在面向未来的学科,发展法学必须向实践及学术保持一定的开放性,既要根据当前发展状况修正自身理论,也要结合学界批判进行深刻反思。

事实上,发展法学理论框架下的范畴论便部分承担了保持开放的职能。范畴论旨在从实践中提炼各种基本范畴,不断丰富发展法学的理论体系。除此之外,本体论、价值论、规范论等也都具有调整的可能性。例如,随着发展实践的深入,人们将重新界定发展法学与其他学科的关系,赋予发展法学新的价值目标,甚至还会将一些新兴主体纳入规范论的视野之中。因此,发展法学需要保持自身体系的开放性,在实践探索及学术讨论中实现完善与修正。

2. 兼容并包的发展法学

发展法学超越了过往依据部门法理论进行学科划分的范式,是跨越部门法学科的新兴学科。也正因此,学者才特别指出各类法律制度与发展均存在直接或间接的关系,发展法学便建立在以促进和保障发展为直接目标的法律制度基础上。[50] 然而,在目前的发展法学研究中,学者多从经济法、社会法等具有现代性的部门法角度出发进行研究,尚未从其他可能与发展相关的部门法领域提炼法律与发展的基本原理。但在美国法律

---

[49] 参见朱景文:《对西方法律传统的挑战:美国批判法律研究运动》,广西师范大学出版社 2004 年版,第 9～11 页。

[50] 参见张守文:《发展法学的基本框架初探》,载微信公众号"法治与发展研究院"2020 年 12 月 20 日,https://mp.weixin.qq.com/s/Yab2B7CjJCcoxp10XBze4g。

与发展运动中,相关研究却充满了理论交融的色彩,学者不仅从诸多部门法角度出发为法律与发展运动提供学术贡献,也同其他社会科学领域展开了丰富的跨学科交流。据此,未来发展法学也应进一步发挥其超越部门法界限的兼容并包属性,从更为广阔的制度与学术空间中提取发展原理,这需要从法律内部、外部两个层面出发进行努力。

在法律内部,发展法学应当努力实现传统法与现代法,实体法与程序法的兼收并蓄,逐步拓宽研究切入点范畴。此处的传统法并非现代化理论下基于"西方中心主义"的传统与现代之分,而是根据部门法自身在精神追求、背景依赖、制度建构层面存在的现代性特征进行的划分。[51] 一般而言,现代法指经济法、社会法、环境法等具有法律现实主义色彩的部门法。就发展法学而言,现代法高度关注发展问题,当然可以纳入其范畴。[52]而一些传统部门法虽然未在条文中明示促进发展的目标,却也具有间接影响经济社会发展的可能性,应当纳入研究范畴,结合发展法学理论框架探析制度原理。如在法律与发展运动的第二阶段,美国学者特别强调合同法对于促进市场经济发展的重要性。随着经济社会的发展,具有长期性色彩的关系型契约得到广泛应用,向更为可靠的合同法机制提出了要求。[53] 此外,对于市场失灵的规制不仅关乎经济法规范,由于行政主体的加入,还需要行政法等公法作出相应的回应。[54]

此外,就实体法和程序法而言,发展法学不仅要关注立法层面的实体法规则,还应注意规范法律具体执行的程序规则。也正因此,法律与发展运动的第二阶段极为强调司法的重要意义,有学者甚至指出:"如若一个国家缺乏有效的执法体制,任何实体法的改进都不会给这个国家带来法治。"[55]可见,在推动法律促进国家发展的过程中,有必要重视实体法规则

---

[51] 参见张守文:《经济法学》,北京大学出版社2014年版,第15~17页。

[52] 参见张守文:《"发展法学"与法学的发展——兼论经济法理论中的发展观》,载《法学杂志》2005年第3期。

[53] See Kenneth W. Dam, *Contracts and Property*, in The Law-Growth Nexus: The Rule of Law and Economic Development, Brookings Institution Press, 2006, p. 126 – 127.

[54] See David M. Trubek, *The "Rule of Law" in Development Assistance: Past, Present, and Future*, in David M. Trubek & A. Santos eds., The New Law and Economic Development: A Critical Appraisal, Cambridge University Press, 2006, p. 91.

[55] 张守文:《发展法学的基本框架初探》,载微信公众号"法治与发展研究院"2020年12月20日,https://mp.weixin.qq.com/s/Yab2B7CjJCcoxp10XBze4g。

的运行问题。实际上学者们也意识到了这一问题的重要性,在发展法学的运行论中特别强调了法律实施对于发展的影响。[56]

在法律外部,发展法学还应注意与发展经济学、发展社会学、发展政治学等的跨学科交流。法律与发展运动的第一阶段便与发展社会学进行了较多互动,借用其中的现代化理论、依附理论、世界体系理论等辅助法学研究;运动的第二阶段也受到了新制度经济学的深刻影响。正是这些跨学科交流拓宽了法律与发展运动的研究范围,增加了法学的研究主题。[57] 事实上,法学、经济学、社会学、政治学等都具有促进国家发展的重要使命,出于协调、统筹各方面努力的考虑,也有必要加强发展法学与其他社会科学的互动。

作为跨越部门法的新兴学科,发展法学具有天然的包容性。目前学界相关研究覆盖的领域仍有一定的局限性,这来源于发展法学的新兴属性。在未来,发展法学应努力吸引各法律部门、社会科学领域的学者加入研究,从法律内外的制度与学理中汲取理论力量,推动自身成长为一门兼容并包的重要学科。

3. 内外兼修的发展法学

在经济全球化时代,世界各国的利益和命运都被更加紧密地联系在了一起,形成你中有我、我中有你的命运共同体。[58] 与此同时,我国正在构建以国内大循环为主体、国内国际双循环相互促进的新发展格局。在此背景下,促进中国未来发展需要同时关注国内、国际两个维度,既要专注自身建设,也要加强国际合作。此外,中国发展模式是对传统现代化道路的创新,随着该模式的日益成熟,我们也为广大第三世界发展中国家树立了良好榜样,提供了发展的新思路。由此,在中国发展与国际社会密切相关的背景下,发展法学也应做到内外兼修,关注国内、国际发展的双重维度,这也是其内外双重目标之体现。其中,外部维度主要涉及中外合作与中国模式两个方面。

---

[56] 参见张守文:《发展法学的基本框架初探》,载微信公众号"法治与发展研究院"2020 年 12 月 20 日,https://mp.weixin.qq.com/s/Yab2B7CjJCcoxp10XBze4g。

[57] 参见姚建宗:《美国法律与发展研究运动述评》,法律出版社 2006 年版,第 140 页。

[58] 参见赵可金:《以人类命运共同体理念引领经济全球化发展》,载《求是》2018 年第 8 期。

就中外合作而言,应当基于促进国内、国际共同发展的双赢理念将国际法的相关机制引入到发展法学的理论框架中来。例如,在本体论层面归纳国际法中有助于发展的相关规范;在价值论层面处理国家利益与国际利益的平衡协调;在规范论层面增加国际组织等全新主体;在运行论层面既要考虑公约、条约、互惠关系等国际合作机制,也要设计合理完备的争端解决机制。在此次新冠疫情中,对于公共卫生这一重要发展问题的治理便深刻体现出全球化时代国际合作对于解决发展问题的重要性,无论是疫情信息、物资的共享机制,还是后疫情时代经济的恢复重建,都需要各国的团结协作。[59] 这一现实充分证实了发展法学应将中外合作纳入自身研究体系之中。

就中国模式而言,在改革开放的四十余年间,中国在欧美模式、苏联模式、东亚模式之外探寻出了一条全新的现代化发展道路,学界称之为"中国模式""中国道路""中国方案"等。这一模式的特征在于中国是根据改革需要及所能承受的改革限度,在保证国家政治经济安全的前提下,逐步扩大开放领域。[60] 在该模式的引领下,我国在改革开放以来的短短四十余年间,便实现了经济社会的飞速发展。这一"发展奇迹"引起了广大第三世界国家的重视,这些国家与我国具有部分相似历史背景,在实现民族独立与解放后也面临谋求本国经济与社会发展的艰巨任务,它们希望借鉴我国经验以助力本国发展。然而,包括中国模式在内的任何一种发展模式都根植于特定国家环境,是属于"发展模式的制度维度"的具象且特别的道路,并不具有移植于他国土壤的普遍性。这一矛盾却能为着眼于"发展模式的理论维度"的发展法学所化解——当中国模式由具体制度转化为抽象理论后,便可依据制度背后的原理结合他国实际情况进行制度的再造与转换。由此,便能在避免制度移植"排异反应"的同时,为新兴国家发展提供有益启示。在当前发展法学的理论体系内,相关研究还很匮乏,未来应进一步梳理整合中国发展模式下能够为其他国家所借鉴的法律机制、基本理论及其转化机制,以与国际学界进行有效的沟通与

---

[59] 参见张守文:《公共卫生治理现代化:发展法学的视角》,载《中外法学》2020 年第 3 期。

[60] 参见尹倩:《"中国模式"的借鉴意义》,载《理论与现代化》2009 年第 4 期。

对话。

事实上,在国内、国际维度探讨法律与发展之关联也是美国法律与发展运动的重大关切。不仅两阶段运动都旨在探索第三世界国家发展的应然进路,在运动的第二阶段,学者们也将目光转向国际法与国内法的互动,如在人权领域强调国际人权准则与国内人权法的双重保障等。不同于美国研究的霸权主义属性,在我国语境下,强调内外兼修并不意味着中国模式的对外输出与移植,而是基于国际社会对于中国模式的关注。随着中国经济社会的持续健康发展,包括印度、俄罗斯在内的诸多国家都对中国模式所能提供的经验产生了浓厚兴趣,[61]如若在发展法学层面主动将这些关注合流为具有国际化的学术力量,必将推进法律与发展研究的深入。

四、结语

在学科划分上,学界将在两种以上不同领域的知识体系的基础上、采取"跨学科方法"发展起来的综合性科学门类定义为"边缘学科"。这类学科的研究无法纳入既有理论框架,往往游离于不同学科的中心课题与权威话语之外,无疑具有边缘化的特征;但同时,其所研究的内容又往往涉及科学发展的前沿部门,[62]因此又是新兴且具有广阔前景的。

发展法学作为一个横跨部门法领域,未来甚至可能包容经济学、政治学、社会学等诸多学科思想的新兴学科,无疑属于边缘学科的范畴。在今天,尽管发展法学选择了"发展模式的理论维度"这一科学逻辑,构建起初具规模的理论框架,也有越来越多的学者关注到了该领域的无限可能,但其实际上尚未从学术的边缘走向中心。为了实现这一跨越,发展法学不仅要在中国发展实践中激活自我,也要善于借鉴域外研究经验。其中,美国法律与发展运动同样以法律与发展间关系作为研究对象,虽然着眼于"发展模式的制度维度",形成了不同于发展法学的研究思路,但鉴于发展模式的双重维度间本就存在密切关联,加之运动拥有更为悠久的研究历

---

[61] 参见尹倩:《"中国模式"的借鉴意义》,载《理论与现代化》2009 年第 4 期。

[62] 参见季卫东:《从边缘到中心:20 世纪美国的"法与社会"研究运动》,载《北大法律评论》1999 年第 2 期。

史与学术传统，其仍旧可以为发展法学提供宝贵的经验与教训。

法律与发展运动能够为发展法学提供的最具代表性的启示有三。首先，发展法学来自发展实践，也应伴随发展实践成长，因此其理论与思考不应固化为先验真理，需要在实践与学术争论中不断修正与完善；其次，作为一个跨越部门法的学科，发展法学也应拓宽研究视野，从各法律部门，乃至社会科学的其他领域提取有关法律与发展的基本理论；最后，在国家发展同国内、国际社会密切相关的当今时代，发展法学也应关注内外双重维度，与国际学界形成对话。

基于以上分析，在未来，以法律与中国发展模式之互动为研究对象的发展法学也将伴随中国发展一同成长，成为一门保持开放、兼容并包、内外兼修的现代学科，为国家发展、法治进步注入理论活力，从而推动国家现代化发展目标的实现。

专　论

●环境行政公益诉讼履行判决的检视与优化

黄志勇*

摘　要:通过实证案例分析,发现目前环境行政公益诉讼履行判决适用中存在履责审查标准差异化、判理论证内容简单化、履责判项内容笼统化等突出问题。笔者通过宏观、中观和微观三个层次透视环境行政公益诉讼履行判决的适用困境,从理论和实践角度探析优化环境行政公益诉讼履行判决规则。引入"裁判时机成熟标准",即行政机关在特定期限内积极实施特定、明确的行为,是否可以改变公共利益受侵害状态,来判断在环境行政公益诉讼中具体性判决与原则性判决如何选择适用,并对具体性履行判决中履责方式、履责期限等因素如何限定加以细化,以提高履责判决的可操作性、可执行度和社会认同度,促进行政机关积极履责。

关键词:环境行政公益诉讼;履行判决;裁判时机成熟标准

2014年,党的十八届四中全会作出的《中共中央关于全面推进依法治国若干重大问题的决定》第一次提出探索建立由检察机关为主体提起的公益诉讼制度,由此引发我国公益诉讼的大潮。经过实践探索和立法构建,我国的公益诉讼体系主要包括民事公益诉讼和行政公益诉讼两种。检察机关作为国家监督机关行使保护社会公共利益的监督职责,有权启动民事公益诉讼和行政公益诉讼。由此,行政公益诉讼作为我国行政诉讼体系乃至公共利益救济的补强措施应运而生。2017年《行政诉讼法》修改,将行政公益诉讼纳入其中,使行政公益诉讼在立法层面被予以确

* 中国人民公安大学博士研究生。

认,使行政公益诉讼案件的审理有法可依。根据该法第25条第4款的规定,人民检察院提起行政公益诉讼的受案范围主要是针对生态环境和资源保护、食品药品安全、国有财产保护、国有土地使用权出让等领域行政机关不履行职责的情形。《2019年全国公益诉讼案例分析报告》数据显示,全国行政公益诉讼案件主要集中在生态环境和资源保护领域,占比达到68%。① 可见,在司法实践中,环保类案件占行政公益诉讼绝大部分,且该类案件本质实为不履行法定职责之诉,故履行判决已成为行政公益诉讼中最主要的判决方式。

目前司法实践中多出现确认违法判决和履行判决杂糅混用的现象。确认违法判决仅产生对行政行为进行法律评价的效果。"履行判决从其内容上看,是课以行政主体作为义务的给付性判决。"②基于行政公益诉讼所特有的监督行政机关履行监管职责、保护国家公共利益之立法目的,履行判决更应在行政公益诉讼中占据主要位置。在行政公益诉讼中,法院作出履行判决的法律依据,主要是《行政诉讼法》第72条及《关于检察公益诉讼案件适用法律若干问题的解释》第25条第3项的规定。这些规定仅概括性规定了履行判决的适用情形,但具体的适用规则和适用条件并未明确,尚待实践逐渐归纳确定。因此,行政公益诉讼案件中履行判决的适用规则即是本文欲着重讨论的问题。本文以实践中案件量最多的环保类案件为切入,从宏观目的角度对行政公益诉讼履行判决适用进行重新检视,对不履行职责的判断标准予以界定。引入"裁判时机成熟标准"对履行判决模式选择及履行职责内容给予规范化指引,旨在化解履行判决在环境行政公益诉讼中的适用之困。

一、环境行政公益诉讼履行判决现状考察

(一)样本探析:环境行政公益诉讼履行判决适用现状

为详细剖析环境行政公益诉讼履行判决在适用过程中存在的问题,笔者通过中国裁判文书网,选取2015年7月1日(公益诉讼试点开

---

① 参见《2019年全国公益诉讼案例分析报告》,载微信公众号"智慧检务助手"2020年1月8日,https://mp.weixin.qq.com/s/8QsyX5GKmMyWEfnayO03HQ。

② 吴振宇:《行政诉讼履行判决研究》,载章剑生主编:《行政诉讼判决研究》,浙江大学出版社2010年版。

始日)至2020年12月31日,以"行政案件""判决书""检察院""公益诉讼""环境""污染"为关键词检索,共获得570份文书。通过对裁判文书的二次整理,选取其中符合研究目的的408件判决责令行政机关履行职责的样本。此外,最高人民法院发布的《2019年人民法院环境资源典型案例》中有3例为作出履行判决的行政公益诉讼案件③,共411件环境行政公益诉讼案件作为本文最终的研究样本。笔者对其进行统计分析,具体情况如下。

从不履行法定职责的认定来看,笔者从行政机关职责类型和范围角度考量将样本案件中不履行法定职责的情形分为两种类型:第一,未履行或未完全履行行政机关专属监管职责,即该项职责仅归属被诉机关履行,且被诉机关具有有效可执行的监管手段,如责令改正、罚款等,共185件。第二,未履行或未完全履行行政机关概括监管职责,即被诉行政机关同其他行政机关一样仅具有一般的监管职责,并无法定的具体监管手段,共223件。

根据履行判决中所确定行政机关应具体履行职责的内容,可将其分为两种类型:第一种,原则性判决,即履行判决判项仅笼统判决被告履行某项法定职责,对于履行职责的方式、种类、履责期限并未涉及的共237件;第二种,具体性判决,即履行判决中判项不仅判定行政机关履行法定职责,而且根据具体案件情况进一步判定具体履行职责方式、履责期限、履责效果的共171件。

从判理的论证情况看,仅对是否构成不履行法定职责加以论证分析样本,其中未对如何履行法定职责进行论证的共178件,占比43.3%。结合具体案件情形,针对判定的履责期限、履责方式及效果进行合法性及合理性论证的共134件。

(二)现状检视:环境行政公益诉讼履行判决之异化

"履行判决就是法院对行政公益诉讼案件进行审查后,确认行政机关存在其应当履行却未履行的法定职责的行为,故判决行政机关需在一定期限内履行其应当履行的职责的判决方式。"④行政公益诉讼作为行政诉

---

③ 参见最高人民法院:《2019年度人民法院环境资源典型案例》中第三十七案例至第三十九案例,载中华人民共和国最高人民法院2020年5月8日,https://www.court.gov.cn/zixun-xiangqing-228361.html。

④ 程琥:《行政协议案件判决方式研究》,载《行政法学研究》2018年第5期。

讼的一种特殊形式，系从国外引入，且在实践和入法的过程中注入了中国特色。根据目前的法律规定和司法实践看，行政公益诉讼实质为课以行政机关作为义务之诉。行政诉讼中课以义务之诉包括狭义的或称一般的不履行法定职责之诉即要求行政机关基于自身职责而作出负担性行为和给付之诉即要求行政机关基于行政相对人的申请而作出授益性行为。结合行政公益诉讼的功能和立法目的看，应该与一般的不履行法定职责之诉对比，进而得出行政公益诉讼中作出的履行判决也较一般的不履行法定职责之诉作出的履行判决具有特殊性，具体表现见表1。

表1　行政公益诉讼与一般不履行职责之诉的区别

比较项	行政公益诉讼	一般不履行职责之诉
本质属性	客观诉讼即侧重法律秩序维护，以公益保护为固有目的	主观诉讼即侧重于相对人权利保护
立法目的	除具有监督行政机关依法行政的目的外，更侧重保护社会公共利益	主要以审查行政机关依法行政为目的，更侧重化解纠纷
履责启动方式	依职权履行职责	依申请履行职责
司法审查标准	结果标准即不仅审查是否作出了履行法定职责的行为，还将履行职责应达到的效果加以考量	行为标准即审查是否作出了履行法定职责的行为
判决方式	确认违法判决与履行判决可同时适用，也可单独适用	确认违法判决与履行判决只能择一适用
履责种类	1. 行政机关专属监管职责； 2. 行政机关概括监管职责	主要为政府信息公开职责、房屋拆迁补偿职责等各政府职能部门的专属法定职责

此外，通过样本分析可以发现以下行政公益诉讼履行判决适用过程中显现的异化特征：

1. 履责审查标准差异化

样本中对“不履行法定职责”的认定和判断无统一标准。行为标准与结果标准的区别在于，是否要求行政机关实施的履责行为实现特定效果或目标，这也将决定行政机关是否构成不履行法定职责，从而导致判决方式的不同。此时,极有可能产生"同案不同判"的情况,同时也无法发挥司法裁判本应具有的规则确立和示范作用,未能给予行政机关明确的行为指引(见表2)。

表2 不履责情形及认定标准比较

不履责情形	典型示例	认定标准	是否已作为	判决结果
被告向行政相对人作出行政处罚后,申请强制执行未获准予。相对人违法行为仍存在	(2018)吉0281行初37号	未监督行政相对人履行行政处罚决定	行政相对人对破坏的耕地已经自行恢复,种植了农作物,现在农作物已接近成熟,恢复了生态环境	1. 确认违法(略);2. 责令被告蛟河市国土资源局依法继续履行监督、管理职责,恢复生态环境
被告向行政相对人多次作出行政处罚,但未监督执行,环境损害仍存在	(2016)粤1803行初172号	环境损害仍持续	对占用林地仍未复绿	1. 确认违法(略);2. 被告应继续履行修复工作的监督管理职责,促使被毁林地按照《连州市白土山复绿工程水土保持措施设计方案》的标准进行修复、验收及跟踪管理,直至复绿工程被验收合格为止
被告向行政相对人罚款人民币6万元,并责令停止生产	(2017)苏0481行初76号	未追缴罚款并加处罚款	审理过程中被告已收缴罚款	确认被告作出行政处罚决定书后,未依法履行后续监督、管理和申请人民法院强制执行法定职责的行为违法

2. 判理论证内容简单化

样本中多数法院采用模糊化处理的方式,判理分析存在语焉不详的现象。仅简单认定被诉行政机关构成不履行法定职责,从而判定继续履行法定职责。但对如何认定为不履行法定职责,及应该如何履行相应的法定职责并未充分说理论证。即便在判项中对履责方式、时限及效果加以限定的履责判决中,多数法院也回避了提出该具体履责内容的推理过程。这种做法既不符合裁判文书应有的价值体现,不利于诉辩双方及社会公众对裁判合理性的认同,更不利于判决的执行(见表3)。

表3 履行判决类型及典型示例

履行判决类型	典型示例	适用情形	判理论证	判项内容
原则性判决	(2019)鄂0804行初114号	被告具有概括监管职责,无法仅通过被诉行政机关达到污染整治效果	详细论证:被告只能履行监管职责,根本难以在一定期限内让该水体达到Ⅲ类标准……需要漳河新区管委会召集多个行政机关共同配合……	责令被告荆门市生态环境局漳河新区分局继续采取有效措施对生态运动公园景观河(龙泉河)水污染防治依法履行环境保护监督管理职责
	(2018)甘1102行初1号	被告怠于履行职责,致排污口多年来未并入城区污水管网,对水资源造成破坏	简单论证:仅说明根据相关法律规定,被告应当履行监管职责	责令被告漳县住房和城乡建设局继续依法履行监督管理职责
具体性判决	(2019)黔0321行初536号	被告未履行专属监督职责,未对金星水泥厂闭坑矿山进行地质环境治理恢复和土地复垦复绿	详细论证:被告长期不履行监督管理职责,放任废弃矿山岩石裸露,接到检察建议后,仅向第三人发出责令治理通知书,不监督其是否履行……	由被告遵义市汇川区自然资源局对被遵义金星水泥厂废弃的仁江石灰石矿山环境治理和损毁的土地环境修复继续履行监管职责,限2021年6月底前验收合格
	(2019)吉0322行初39号	被告未对十家堡镇三家子学校对面山林内的垃圾堆立即采取措施,排除危害	简单论证:仅说明根据相关法律规定,被告应当履行监管职责	被告四平市铁西区十家堡镇人民政府继续依法履行辖区内环境质量监督管理职责,限30日内对十家堡镇三家子学校对面山林内的垃圾进行治理,改善环境质量

3. 履责判项内容笼统化

样本中237份履行判决的判项仅笼统判定被诉行政机关履行职责或继续履行职责，对具体如何履行职责并未说明。这种笼统式判决无法为行政机关的履责行为提供明确的指引，无法对判决是否得到完全执行进行判断，而赋予行政机关更多自由裁量权，对于行政机关并没有产生司法裁判应有的约束力，不仅使履行判决流于形式，还会造成"诉讼空转"，浪费司法资源（见表3）。

二、环境行政公益诉讼履行判决适用困境透视

通过上述现状检视可见实践中环境行政公益诉讼履行判决的适用并无统一标准，呈现无序性，欲解决上述实践中发现的具体问题，还需深挖根源，主要包括以下几个方面：

（一）宏观透视：司法权与行政权的博弈理论无法支撑履行判决合理适用

履行判决适用背后主要的理论根源是司法权对行政权的限缩，即司法权对于行政机关的自由裁量权的适用应当给予多大空间。对于这一冲突，理论界并无统一定论。有学者提出："行政权和司法权应当试图建立一种动态平衡，而这种平衡需符合以下条件：第一，行政权优先，司法权作为其补充；第二，司法权和行政权彼此尊重，各取所长，又不跨界。"⑤也有学者提出不同观点："从依法治国宏观角度出发，应提高司法权的地位，通过扩大司法权的审查，来强化司法权对行政权的制约。这既有助于促进依法行政，又有助于维护公民合法权益。"⑥对司法权何种情况下可以限缩行政权，进行何种程度的限缩，各地法院做法也不尽相同，但多数都选择模糊化处理或直接回避这一冲突，直接选择适用原则性判决。没有充分的理论支撑和指引，法院往往选择风险最小的裁判方式。但此做法无法实现对行政机关是否执行法院判决作出判断和效果考量，极易致使行政公益诉讼社会公共利益的保护功能无法实现，引起"循环诉讼"或"诉

⑤ 王明远：《论我国环境公益诉讼的发展方向：基于行政权与司法权关系理论的分析》，载《中国法学》2016年第1期。

⑥ 陈光中等：《中国司法制度的基础理论问题研究》，经济科学出版社2010年版，第96页。

讼空转”问题。此外,我国行政公益诉讼制度并非在理论与立法均完备的基础上建立起来,而是结合我国实践、借鉴国外先进经验,以先试点后立法的方式确立下来,所以该制度自身即存在理论准备和司法实践均不足的问题。

(二)中观透视:不明确细化的法律规范无法起到规范适用作用

现有针对行政公益诉讼制度的法律法规不明确、不完善,大多规定均停留在政策性规定层面,缺少实施细则等具体规定,缺乏可操作性。现有法律规定及司法解释中,对检察院提起行政公益诉讼的诉讼请求类型规定单一。与之相对应的,仅规定了履行判决这一判决方式,但缺少对履行判决具体适用范围、条件及行政机关履行职责具体内容的进一步规定和指引。同时,对“不作为”“不履行职责”“公共利益”的语义规定不明,致使审判实践中由于适用主体自身理解能力、理论及经验积累差异性,而使司法人员对关键要素的理解也存在个体差异,最终导致结论差异。既然行政公益诉讼已经作为一项特殊的制度嵌入既有的行政诉讼制度之中,那么在相关法律规范中也应当给予具体的体现,对其适用规则、适用条件、适用内容等方面的特殊性均应予以体现。

(三)微观透视:专业性、政策性等问题致使履行判决适用路径不畅

我国公益诉讼制度的发展路径较以往先立法再实践,通过实践再完善立法的常规路径不同,而采用先实践后立法的方式加以适用,这导致了我国行政公益诉讼在实践中格外谨慎。同时,目前行政公益诉讼案件主要集中在环境污染与治理领域,环境污染类案件具有调查取证难、专业性强、治理周期长等突出特点,检察机关和法院较之环保部门因缺乏专业执法经验,在审查判断过程中可能流于形式,缺乏专业性指导和理论支撑,为避免判决错误只能通过模糊化方式处理。此外,在实践中,不得不考虑若履行判决对履责方式、期限及效果给予过多限定,行政机关是否能根据裁判拘束力积极履行职责,若行政机关未履行判决,如何监督判决执行,如何进行救济。此问题从本质上涉及国家政策、国家机关权力之间的权力监督与制衡,操作层面则面临具体执行成本的现实问题,均困扰着司法机关和检察机关,故法院判决多数都选择回避问题。

三、优化环境行政公益诉讼履行判决规则的理论探析

（一）环境行政公益诉讼核心目的实现之必然要求

"行政诉讼法的作用不是简单的对公民权利的救济，而是司法机关对行政机关进行监督的法。"⑦而行政公益诉讼是，"检察机关利用诉讼手段，通过检察权启动审判程序，利用检察权与审判权双重权力合理施力，发挥司法权政策引导与威慑强制的双重功能，从而对行政权形成制约"。⑧ 因此，行政公益诉讼同一般行政诉讼一样，由司法权对行政权进行一定程度的监督，区别在于行政公益诉讼还肩负保护公共利益的使命，这就凸显出了行政公益诉讼的客观诉讼特征。特别是在环境行政公益诉讼案件中，通过检察权与司法权的适度干预形成压力，震慑行政机关积极依法行政，履行环境污染防治的公共职责。履行判决的细化和完善既是环境行政公益诉讼的重要"利器"，也是实现监督依法行政和保护公共利益目标的主要途径。履行判决的判理是否论证充分，履责内容是否具有指向性和拘束力，直接决定司法机关监督行政机关履行判决的可行性，直接影响环境行政公益诉讼目的的实现。

（二）环境行政公益诉讼履行判决之标准选择

1. 行为标准或结果标准在环境行政公益诉讼中的适用选择

如表2所示，司法机关采用行为标准抑或结果标准来认定行政机关是否履行法定职责，直接决定司法机关审查范围和强度，影响案件处理结果。"对不履行职责的要件判断主要集中在是否存在相应的职责、待履行职责是否有履行可能以及是否全面履行法定职责等三要素进行审查判断即三要素说。"⑨而行政机关是否全面充分履行法定职责往往成为决定构成不依法履行职责的核心要件。"行为标准，即法院仅对行政机关是否全面充分履责进行审查，不考虑违法行为是否停止或持续，不考虑公共利益

---

⑦ 马怀德主编：《2000年全国律师资格考试指定用书：行政诉讼法学》，法律出版社2000年版，第6页。

⑧ 孙谦：《设置行政公诉的价值目标与制度构想》，载《中国社会科学》2011年第1期。

⑨ 姜鹏：《不履行法定职责行政案件司法审查强度之检讨》，载《华东政法大学学报》2017年第4期。

受侵害状态是否已经消除。”[10]“结果标准，就是还需要审查相对人的违法行为是否停止或持续，考虑公共利益受侵害状态是否已经消除。”[11]行为标准，侧重判断行政机关是否积极作为，是否穷尽履责手段，给予行政机关更多的包容，而不问权益救济效果。而结果标准，侧重判断权益受侵害的状态是否仍在继续，权益是否得到完全救济，对于行政机关提出更为“苛刻”的要求。

2021 年 7 月 1 日起施行的《人民检察院公益诉讼办案规则》第 68 条、第 74 条、第 82 条分别规定了检察院决定行政公益诉讼立案、终结案件及认定行政机关不履行法定职责提起行政公益诉讼的情形，从这些规定中可以看出，检察院审查行政机关是否构成的不履行法定职责的标准侧重于行为标准，这与检察院的监督职能相关，但对于司法机关行使司法审查职能，则需要考量更多宏观和微观因素。

在环境行政公益诉讼中，行政机关履行职责行为往往是实施一系列兼具连续性和持续性的监管行为，行政机关若在其中任一环节怠于履责或者不履责而导致公共利益实际损害，即可能构成不依法履行职责。[12] 仅以行政机关实施履行职责的行为作为判断标准已不能满足行政公益诉讼的客观诉讼目的。从德国对于该问题的审查看，不拘泥于法律条文，还会结合合目的性审查与立法目的精神，注重对不履责的内容、效果及因果关系进行司法审查。[13]《最高人民法院关于审理环境公益诉讼案件的工作规范（试行）》规定，“行政机关虽已作出足以保护社会公共利益的行政行为，但社会公共利益仍处于受侵害状态，检察机关提起环境行政公益诉讼的，应予受理”。这一规定从某种程度上讲认可了结果标准。因此，本文主张采用结果标准为主，行为标准为辅的复合标准来判断不履行职责行为，如前所述可区分为两种不履责类型，即专属性职责型和概括性职责型。

第一，专属性职责型，即未履行或未完全履行行政机关专属监管职

---

[10] 刘超：《环境行政公益诉讼诉前程序省思》，载《法学》2018 年第 1 期。

[11] 沈开举、邢昕：《检察机关提起行政公益诉讼诉前程序实证研究》，载《行政法学研究》2017 年第 5 期。

[12] 参见卢超：《从司法过程到组织激励：行政公益诉讼的中国试验》，载《法商研究》2018 年第 5 期。

[13] 参见冯慧：《美国行政不作为司法审查的现状与未来》，载《南京大学法律评论》2005 年第 2 期。

责。此类主要指具有专属环境监管职责的行政机关未履行或未完全履行相应的职责,而导致环境污染处于持续状态,其中包括行政机关因先前作出处罚行为而产生的强制执行权或申请法院强制执行权,既不回复检察建议又未采取有效整改措施等情形。第二,概括性职责型,即未履行或未完全履行行政机关概括监管职责。此类主要指法律法规或行政机关三定方案中规定了行政机关对某事项仅具有概括性的监管职责,但未赋予其具体的监管手段,或者多个行政机关均有对某事项进行监管的职责,此时行政机关履行其概括性监管职责或者通过个别机关履行职责并不能达到停止公益利益受侵害的状态。

2. 原则性判决或具体性判决在环境行政公益诉讼判决模式中的适用选择

履行判决中的对于履责内容的限定程度不同,对行政机关的履责行为将产生不同程度的震慑力。法院在作出履行判决时,司法权应该审查的范围和判决行政机关履责内容的范围,主要有"原则判决说"和"具体判决说"等观点。⑭"原则性判决就是法院在履行判决的判项中仅概括性判定行政机关履行职责,但对履责行为的期限、方式及效果等内容不予限定,这些内容仍由行政机关自身在具体履责过程中自由裁量。该类判决主要考虑对行政机关的首次判断权的尊重和保障,这也是在一般不履行职责之诉中所采用的主流做法。"⑮"由于行政机关在其专属行政管理领域自身存在的专业性、优越性,使其在具体管理领域的事实认定和判断过程中具有先天优先性。"⑯例如,在某县检察院诉被告县环保局行政不作为一案中,法院判决责令被告县环境保护局继续履行对某公司的环境监管职责,即继续履行日常监管职责,督促该公司及时对矿山煤矸石自燃、土壤流失、大量酸性矿山废水污染环境等一系列生态环境问题进行恢复治理。但考虑到被告监管职责是一项长期的监管工作,监管对象需要较强的专业技术和大量资金支撑,被告应结合专家意见和上级部门指示合理确定履行期限,本院对被告的履行期限不作限定。而具体性判决,则是

⑭ 参见周佑勇:《行政不作为判解》,武汉大学出版社2000年版,第134~135页。

⑮ 章剑生:《行政诉讼履行法定职责判决论———基于〈行政诉讼法〉第54条第3项规定之展开》,载《中国法学》2011年第1期。

⑯ 黄先雄:《行政首次判断权理论及其适用》,载《行政法学研究》2017年第5期。

履行判决不是仅仅责令行政机关履行相应的法定职责,而是进一步限定了行政机关履行职责的具体方式、应当达到的效果、履行期限等关键要素的判决。具体性判决较原则性判决而言,显然限缩了行政机关的自由裁量权,但同时提高了判决可执行性,便于判决的监督和救济(见表4)。例如,某县检察院诉被告某县国土资源局不履行法定职责一案中,法院判决责令被告县国土资源局对选矿厂非法占用并破坏的涉案基本农田25.77亩、一般农用地2.85亩和林地3.34亩在复垦验收合格后的5年内,继续履行对土地复垦效果的监督管理职责。

表4 原则性判决与具体性判决差异

比较项	原则性判决	具体性判决
特点	保证行政机关的自由裁量权和首次判断权	限缩了行政机关履行职责的自由裁量空间,但同时提高了判决可执行性
表现形式	仅概括性要求行政机关履行法定职责,而不涉及履行的方式、效果、特定期限等内容	不仅判定行政机关履行法定职责,而且限定履行的具体方式、特定要求、特定期限

应具体时当具体,不应一味使司法权让步于行政机关的首次判断权。“行政机关首次判断权的适用前提是行政机关尚未对行政事务作出处理。”⑰在行政机关已经行使了首次判断权时,则无需重复适用。若重复适用,则会导致行政机关重新对其行为进行再次判断,不利于权益保护和诉讼目的实现。行政机关在法定期限内不履行职责本质上即是对其行政权行使的放弃。此时可视为针对检察机关提起履责事项的首次判断权已经由行政机关转移到司法机关,以此督促行政机关履行相应职责,实现公共利益保护效果。

(三)行政公益诉讼履行判决之比较借鉴

“闭门造车”无法提供更鲜活、更实用的思路和经验,域外有益经验的甄别和参考是必不可少的。例如,在司法审查强度区分程度的设计,即司法权与行政权应当保持何种界限的问题上,可以对域外经验予以考虑。

⑰ 李荣珍、王南瑛:《论行政首次判断权原则及其司法适用》,载《海南大学学报(人文社会科学版)》2019年第3期。

1. 特殊条件下司法权可干预行政权

在美国有司法权可越过行政权的情形，即“重新审理标准，指法院可以忽略行政机关的决定，独立判决案件事实问题，就像没有行政机关的决定一般”。⑱

2. 德国“裁判时机成熟标准”

德国行政法律体系中与我国履行判决的适用相对应的是义务之诉。根据德国《行政法院法》第113条第5款的规定，法院审查强度分为两个层次：(1)当原告提出合法、明确的请求，而行政机关由于非自身错误而不履行法定职责时，法院将判决行政机关作出行政行为，此时仍由行政机关决定履行职责内容。(2)当由于行政机关自身错误（包括适用法律、事实判断、自由裁量等）而不履行法定职责，导致原告合法权益被侵害的时候，法院应当判决行政机关按照原告的诉求和法院的判决重新作出行政行为，但由法院限定行政行为内容。⑲ 此种判决称为决定性判决，法院的决定代替了行政机关的自由裁量权，此时司法权对行政权的干预程度较强。“需原告承担义务之诉，如果原告胜诉应由法院判决行政机关作出行政行为，此时司法权对于行政权予以尊重；仅当行政机关出现裁量或判断错误并且对行政相对人权利产生不利影响时，法院可以作出决定性判决，且行政行为的内容是行政法院确定的。”⑳此种情况可被称为“裁判时机成熟标准”（见图1），即通过判断裁判时机是否业已成熟，决定行政机关是否还有独立裁量余地。这样最大程度平衡了司法机关的司法权、行政机关的行政权与行政相对人的合法权益之间的关系。

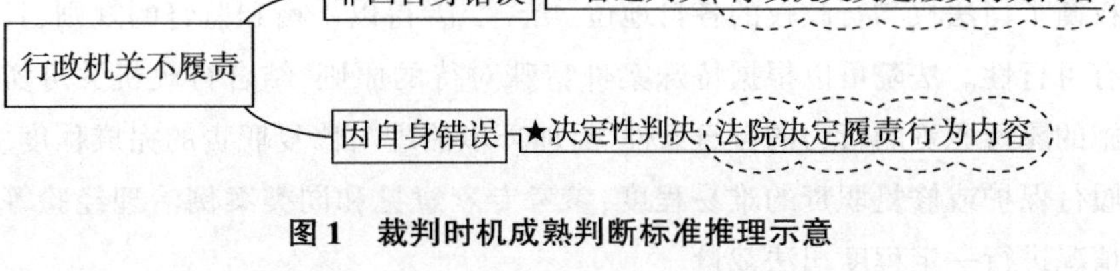

图1　裁判时机成熟判断标准推理示意

⑱ 王名扬：《美国行政法》，中国法制出版社2005年版，第679页。

⑲ 参见[德]弗里德赫尔穆·胡芬：《行政诉讼法》，莫光华译，法律出版社2003年版，第446~447页。

⑳ 黄先雄：《德国行政诉讼中司法权的边界及其成因》，载《比较法研究》2013年第2期。

四、环境行政公益诉讼履行判决的优化路径

制定具有合法性、合理性及可操作性的司法规则，统一司法应用的裁判思路，可以为行政公益诉讼制度的适用扫清障碍，提高审判质效，实现对社会公共利益的有效救济。因此，本文从以下几个方面完善环境行政公益诉讼中履行判决的适用规则。

（一）履行判决模式之选择适用

1. 适用裁判时机成熟标准之可行性

如前所述，原则性判决给予行政机关过多的自由裁量权，不利于公共利益的救济，不利于司法监督的效果。而具体性判决在实践适用中确实存在对行政机关课以过重义务且增加法院自身工作量的现实难题。此外并非所有环境行政公益诉讼案件都能判断出具体的履责内容和履责期限，具体执行判决时存在现实障碍。对于具体性判决和原则性判决如何选择适用更为合理，本文建议参考德国义务之诉中的“裁判时机成熟标准”并赋予该标准以符合我国实践的内涵。具体到我国环境行政公益诉讼中，“裁判时机成熟标准”，即是以行政机关不履行法定职责是否由于其自身原因为核心要素，来判断裁判时机是否成熟，进而决定法院作出履行判决时对行政机关履责行为的限定程度。行政机关在法定期限内不履行职责或不完全履行职责的行为本质上即是对其行政权限行使的放弃，此时可视为针对检察机关提起履责事项的首次判断权已经由行政机关转移到司法机关，从而督促行政机关履行相应职责，实现保护社会公共利益的效果，而不会导致司法权过分干预行政权的行使。此种适用标准合理地权衡了司法权与行政权的各自地位，给予二者得以平衡和监督的规则，具有可行性。法院可以根据特殊案件特殊对待的原则，结合行政机关可实施的履行职责的行为的自身条件、目前环境治理与修复职责的完成程度、履行保护或修复职责的难易程度，参考专家意见和同类案例治理经验等情况进行一定程度司法裁量。

2. 裁判时机成熟标准之适用规则

该标准的适用直接决定采用原则性判决或是具体性判决，对整个案件结果至关重要。具体规则如下：

第一步，基础判断，即对不履责的事实、证据、可行性等因素的基础审

查。此步骤是对不履行职责之诉构成要件的基本判断,也是必要步骤。行政机关不履责事实清楚,证据充分,还有继续履行可能性及可行性时,即到下一步。

第二步,核心判断,即审查行政机关不履行法定职责是否由于自身原因。当行政机关因自身原因未履行或未完全履行法定职责,导致公共权益受侵害时,裁判时机即为成熟,可适用限缩行政机关行政权的具体性判决;反之,则适用原则性判决。而是否由于自身原因的判断,主要在于审查行政机关不履行职责是否因其自身适用法律、事实判断、自由裁量、履责程序、主观懈怠等方面原因而未履行职责。

当不履行职责的事实清楚,证据充分,还有继续履行可能性及可行性,且只要行政机关在特定期限内积极实施特定、明确的行为,即可停止侵害公共利益或在一定期限内停止公共权益受侵害的持续状态。未履行法定职责的状态系由于行政机关自身原因未积极作为引起时即为裁判时机成熟,即可作出具体性判决,对行政机关履行职责的内容进行相应的限定,不需要再赋予行政机关自由裁量权;反之,即为裁判时机未成熟,而适用原则性判决。不存在自身原因比较典型的情况是,通过个别行政机关在一定期限内履行概括性职责不能完全达到停止侵害公共利益或停止公共权益受侵害的持续状态,而是需要多个行政机关配合,履行多种行政职责,且履责效果与履责时间无法明确把握和预测,此种更为复杂的情况,只能适用原则性判决。此时原则性判决给予行政机关一定自由裁量权,更具有合理性。例如,某区检察院诉区农业水利局不履行河水污染治理职责案。法院认为:生态运动公园景观河水污染的成因复杂,该污染治理需要区管委会召集多个行政机关共同配合,整体推进,综合治理,判决责令被告区农业水利局继续采取有效措施对生态运动公园景观河水污染防治依法履行监督管理职责。[21] 在该案中,由于公园景观河水的污染成因复杂,需要多个行政机关配合,区农业水利局仅具有概括性职责,仅靠区农业水利局履行职责并不能达到水污染防治的目的,且水污染未得到有效防治也并非因区农业水利局自身原因造成,此时适用具体性判决的时机并未成熟,因此适用原则性判决更为合适。

㉑ 参见湖北省荆门市掇刀区人民法院行政判决书,(2019)鄂0804行初113号。

(二)履行判决适用条件之限定

1.一般适用条件

履行判决的适用条件应根据采用的不同判决模式而设置。一般适用条件与一般不履责之诉的审查要件相同:第一,被诉行政机关具有相应的法定职责,此处的“法定职责”包括两种职责类型,即专属性职责和概括性职责。第二,被诉行政机关未履行职责或未完全履行职责。第三,公共权益受到侵害,且受侵害状态一直持续。第四,有继续履行职责的可能性和可行性。

2. 特殊适用条件

特殊适用条件则决定了具体案件适用何种类型的履行判决。在行政公益诉讼中运用上述“裁判时机成熟标准”对应两种不履行职责类型:第一种未履行或未完全履行行政机关专属监管职责类案件,系因行政机关自身原因未积极履行职责,可适用裁判时机成熟标准,采用具体性判决,明确判决行政机关履行何种行政职责,并明确履行职责的期限、效果等,便于对履责效果及后续判决的执行效果进行客观考量。而第二种未履行或未完全履行行政机关概括监管职责类案件,采用原则性判决更具合理性,即根据具体案件特殊情况和现实可能性,概括判决行政机关履行一定行政职责,而对履行职责的期限、效果等不予明确限定(见图2)。

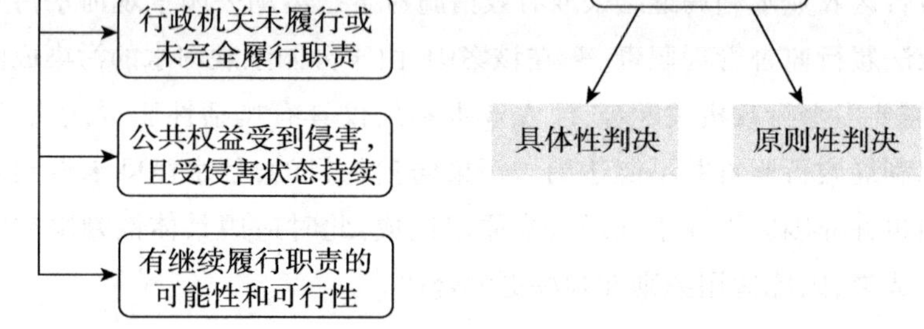

图2 履行判决适用条件示意

由于环境行政公益诉讼所特有的环境保护与治理的诉讼功能和立法目的，要求司法机关利用司法权强制行政机关实质性履行相应的保护和治理环境的法定职责，也要求司法机关和检察机关积极监控判决的执行效果，即环境治理效果。因此，具体性判决应当发挥其应有之效果，对履责期限、方式及效果给予细化和量化的指引。但同时应当注意到环境保护与治理的特殊性、技术性及持续性，结合环境污染现状、治理方式的可行性、治理效果的长期性等因素，科学设计具体性判决。一般而言，履行期限、履行方式及效果具备其一即属于具体性判决。

（三）履责方式及效果之确定规则

法院应结合检察机关提出的诉讼请求、具体环境污染类型、损害程度、修复可行性、修复成本等具体因素，分别对"法定职责""一定期限"等要素进行具体考量和判断，即对履行何种环境保护或修复的法定职责、履行方式及欲达到何种效果作具体的判定。特别是环境行政公益诉讼案件往往受到环境和资源先天条件限制，使行政机关的环境治理行为具有更强的程序性和长期性，从实施履行职责的行为到公共利益受侵害状态的停止及恢复至未受侵害状态需要一个渐进性和持续性的过程。因此，法院在判断时应进行专业性与合理性的综合判断，确保行政机关客观上有履行的可能性，防止对行政机关课以过于繁重的义务，不利于诉讼效果的实现。此时可以采用第三方意见机制和协商机制加以确定。

第三方意见机制，即引入第三方公共利益社会组织及相关领域专家，参考其出具的鉴定报告或提出的可行性意见。一般情况下，检察院发现环境污染问题时，在调查过程中多会委托鉴定机构对污染情况进行鉴定，可一并提出可行性修复方案，提供可供参考的修复方式、期限、欲达到的修复效果，供被诉行政机关和法院参考。法院在审理过程中也可以向公共利益社会组织咨询具体问题，作为参考。此外，可以引入协商机制。随着多元化解行政纠纷、诉源治理理念的普遍使用，通过协商、调解等诉讼以外的方式化解行政争议，实质解决纠纷是必然要求和趋势。在行政公益诉讼中，适用协商机制更具必要性和可行性。行政公益诉讼实质系司法权、检查监督权对行政权的监督，而最终的目的是实现对公共权益的救济和保护。此种关系并非具有绝对对立性，若能通过法院、检察院及行政机关协商机制，对于履行职责的可行性、履责方式、履责期限及履责欲达到的效果进行充分的论证和协商，作出的具体性判决更具合理性和可行性，有利于激励行政机关积极履行职责，有利于实质性化解纠纷。

（四）履责期限之确定规则

为保证诉讼效果、判决内容的可执行性及执行效果的可监督性，对行政机关履行职责应当指定期限。履责方式的不同和履责欲达到何种效果需要行政机关采用的调查强度和分配的调查时间不尽相同。特别是环境行政公益诉讼案件更具专业性和复杂性，往往通过一种方式或在短期内无法取得环境改善的效果，而需要行政机关综合多种手段，或多个行政机关共同施力，通过较为长期的时间方能实现环境治理效果。因此，在履责期限确定时除同样可运用第三方意见机制和协商机制外，应当综合考虑行政机关履责的程序性、专业性和例外扣除情形。例如，个别环境污染案件可能需要一定期间检测与监测来确定污染程度，或需要专业鉴定评估环境可修复的可行性，此类程序所需时间按照行政诉讼法惯例不计入履责期限更具合理性。法院同时应充分考虑行政机关履行职责的难易程度来确定最佳履责期限。

（五）判理论证要求

根据《行政诉讼法》和行政诉讼理论的要求，无论判决书还是裁定书都应当说明具体的裁判理由、适用的法律规范依据，将具体案件事实适用于法律规范的裁判证成过程体现于裁判文书的说理论证之中，从而体现裁判结果的合理性和可接受性。由于环境行政公益诉讼先通过试点实践指导立法，缺乏理论参考和指引，样本中多数法院采用模糊化处理的方式，对如何得出判项结论一带而过，没有进行详细的推理论述。这种做法既不符合裁判文书应有的价值体现，也不利于诉辩双方及社会公众对裁判合理性的认同，更不利于判决的执行。因此，履行判决应当根据既有的法律法规及法律规范文件的相关规定，依据行政机关和检察院在审理过程中提交的证据，并结合专家对于环境损害和修复的意见、同类案件处理情况等参考资料，对行政机关履行职责方式、效果和期限的合法性和合理性予以充分论证，便于行政机关后续执行，也利于检察院及法院后续对行政机关的执行情况进行有效监测。此外，判理论证充分在原则性判决中显得尤为重要,当法院认为案件法律关系较为复杂,不宜在判项中直接判令行政机关在特定期限内履行特定内容法定职责的,可以在本院认为部分通过判决说理的形式,厘清法律关系,提示行政机关履行何种行政职责,或对履责内容和履责期限给予必要的提示和倾向性意见,便于行政机关按照法院的倾向性意见履行相应的职责。

结　语

一般履行判决不能完全套用于行政公益诉讼中。行政公益诉讼履行判决的适用,不应局限于一般行政诉讼纠纷解决的基本功能,而应凸显行政公益诉讼兼具监督行政机关依法行政和保护公共利益双重目的的特殊职能。通过司法解释或指导性文件等方式完善环境行政公益诉讼中履行判决适用规范,界定不履行法定职责的判断标准,引入"裁判时机成熟标准"决定具体性判决和原则性判决如何区别适用,进而对具体性判决中行政机关应当采用何种方式、在何期限履行职责加以明确。这有助于行政机关依照司法判决指引积极正确地履行特定职责,实现公益诉讼终极诉讼目的,既是理论完善的重要方向和必然要求,也是实现环境污染类行政争议实质性化解的有效途径。

●论我国传统行政规则制定模式的困境、挑战与出路

钟扬民*

内容摘要:随着经济社会的迅猛发展以及行政法治的转型变革,行政规则制定在行政法治实践和司法审判实践中面临诸多困境。我国传统行政主导型行政规则制定模式具有需要完善之处,封闭型的行政规则制定模式需要有效的民主监督,公众间接参与型的行政规则制定模式需要真切反映公众真实意见,行政主导型行政规则制定模式容易导致部门利益法律化,实施型行政规则制定模式无法有效应对新问题新情况,作为装置的行政规则制定模式没有发挥装置辅助功能,因此行政法学理论上和行政法治实践上急需新的行政规则模式对传统行政规则制定模式进行变革与优化。协商式行政规则制定机制作为对传统行政规则制定模式的一种创新和变革,具有使行政规则制定参加者直接聚焦于自身代表的利益,优先考虑他们的关注事项并且作出利益最大化的选择,能够减少制定行政规则的时间和成本等功能优势,为我国行政规则制定模式的变革和社会转型法治发展的需要提供一种思路。

关键词:行政规则制定;类型化分析;行政程序;协商式行政规则制定

当代世界属于行政的世界。行政权的扩张是现代行政国家的基本特征。政府部门需要及时满足来自公民和企业等私人主体的各种行政服务

* 上海财经大学法学院博士研究生,美利坚大学华盛顿法学院访问学者;研究方向:行政法学。

需求,有效应对国内外不可预知的各种风险挑战,因而灵活多变、富有效率、便于实施的行政规则,成为各国政府首选的治理工具和治理手段。基于政府的天然属性和使命,行政机关行使行政权力需要努力实现自身公共管理和公共利益的行政目标,同时需要有效规制和保障公民、企业等私人主体的生存和发展。行政机关进行行政规则制定便常常在公民、企业组织等私人主体的诸多诉求与追求实现公共利益和公共秩序的行政任务目标之间来回权衡,以期作出最为合理、最大限度的均衡决策。如何使自身制定的行政规则广泛地得到社会各界的认可,并且高效、迅速地落实为具体的行政活动实践,实现行政目标和任务,成为当前行政机关行政规则制定的首要考虑。

因应我国行政国家的发展趋势以及行政法治变革的要求,行政机关对行政规则制定机制作出了重大制度安排,以确保行政规则制定权的依法使用,发挥行政规则制定作为政府灵活、高效行使行政权的重要工具和手段。尽管我国目前对行政规则制定没有作出统一的制度化体系安排与要求,但我国行政规则制定的实定法依据和国家政策依据基本齐全。比如法律层面有《立法法》(2023 年修正),国务院制定的行政法规有《行政法规制定程序条例》(2017 年修订)和《规章制定程序条例》(2017 年修订),以及地方政府制定的相关行政规范性文件管理规定如 2019 年《上海市行政规范性文件管理规定》等。党的十九大以后,国务院于 2018 年起连续出台了《关于加强行政规范性文件制定和监督管理工作的通知》《关于全面推行行政规范性文件合法性审核机制的指导意见》等政策规定,全面增强了对行政规范性文件的管理和监督。总体来看,我国行政规则制定的实定法和政策依据及规则体系情况,从宪法性法律《立法法》到国务院的行政法规、地方政府规章层面都有相应的规定,应当说是建立了比较完备的行政规则制定法律系统。

行政规则制定的研究一直是法学界特别是行政法学界的重要课题。行政规则制定制度、理论与案例的研究一直以来占据了行政法学研究的重大板块,特别是近年来行政规范性文件的附带审查机制推动了行政规则制定的研究与探讨。行政法治实践中,行政规则制定是行政机关行使行政权、实现行政目标的重要方式和工具。根据应松年教授的一则统计数据,“中国行政法的现状是,立法体制属于多层次,其中已经制定了 270

多部法律,80%都是行政法。还有700多部行政法规,12,000多部地方性法规,政府规章数量更多”。[①] 全国人大常委会法工委在2020年度备案审查工作情况报告中也指出,“全国人大常委会办公厅共收到报送备案的行政法规、地方性法规、自治条例和单行条例、经济特区法规、司法解释、特别行政区法律1310件,其中行政法规25件,省、自治区、直辖市地方性法规500件,设区的市、自治州地方性法规563件,自治条例和单行条例85件,经济特区法规80件,司法解释16件,香港特别行政区法律20件,澳门特别行政区法律21件”。[②] 由上述两组相关数据可见,行政规则制定在我国法律体系和行政规则体系构成中发挥了重要作用,我国行政规则制定在法律规则体系中的地位是非常重要的,其发挥的国家行政作用也是不可替代的。

一、我国行政规则制定的现状及其问题

改革开放以来,随着我国法制建设的逐步完善和法治水平的不断发展提高,加上法学界对行政规则制定问题的持续研究与推进,我国行政规则制定从过去的“令出多门”状态已经发展到建成了制度体系较为健全、从中央到地方行之有效的行政规则制定机制。但是,随着经济社会的迅猛发展以及法治需求的变革与转型,我国行政规则制定依然存在待改进之处,需要进一步优化和完善。

(一)行政实践视角:行政相对人对某些行政规则制定结果难以接受

案例一:苏州全国首推“文明码”政策

苏州于2020年8月27日宣布“苏城码”提档升级2.0版本即日启用。新版“苏城码”App搭载全国首创的“文明码”,通过“一人一码”构建社会文明积分信息识别体系,展示市民文明程度的个性画像,通过一码展示文明积分推动市民真正践行文明交通、志愿服务、垃圾分类、文明用餐、文明礼让、文明上网、诚信守法等良好习惯,形成“亮文明码、做文明人、建

① 应松年:《关于行政法总则的期望与构想》,载《行政法学研究》2021年第1期。

② 沈春耀:《全国人民代表大会常务委员会法制工作委员会关于2020年备案审查工作情况的报告》,载中国人大网2021年1月27日,http://www.npc.gov.cn/npc/c30834/202101/239178b5d03944c7b453ddc6bdd7c087.shtml。

文明城”的社会文明新风尚。[③] 有很多市民认为当地政府出台的该“文明码”政策属于管理过度。

案例二:沈阳农村厕所改造问题

2021年1月28日新华每日电讯发表沈阳部分农村厕改问题调查报告,揭示沈阳市自2016年至2020年投入上亿元财政资金进行农村厕所改造,然而由于设计缺陷大、工程质量差、后续保障弱,政府投入改造的8万余个厕所弃用超过5万个。调查记者归结惠民工程变成“伤心”工程的主要原因在于“没有走村入户调研、倾听农民意见,改造工程稀里糊涂上马”。[④] 新华每日电讯报道后一天即1月29日,沈阳市委、市政府召开“沈阳市推进农村改厕问题整改工作电视电话会议”,表示沈阳将逐户排查整改农厕,由沈阳市农业农村局牵头落实整改、沈阳市纪委监委全程实施严格监督。

(二)司法实践视角:司法机关对行政规则制定的合法性审查予以否定

案例三:最高人民法院2018年行政规范性文件附带审查典型案例——徐某英诉山东省五莲县社会医疗保险处不予报销医疗费用案[⑤]

这是2018年最高人民法院发布的行政规范性文件附带审查典型案例。徐某英的丈夫刘某喜患肺癌经医院医治无效后去世。在医院住院治疗期间产生医疗费用105,014.48元。2014年7月徐某英向当地县政府医保部门申请办理新农合医疗费用报销。当地医保部门作出书面答复:依据县卫生局、县财政局2014年相关行政规范性文件的规定,认为刘某喜就诊的医疗机构不属于政府举办的医疗机构,决定不予报销。徐某英认为县医保部门不予报销所依据的政策规定不符合省、市相应政策规定的精神,侵犯其合法权益,为此向县人民政府提出行政复议申请。县人民政府认为县医保行政机关作出的书面答复符合规定,于是作出行政复议决定维持县医保单位书面答复的决定。徐某英起诉请求人民法院撤销县

③ 参见《苏州:全国首推“文明码”营造文明新风尚》,载江苏文明网,http://wm.jschina.com.cn/9654/202008/t20200827_6781248.shtml。

④ 李铮、于也童:《沈阳五万气人“尬厕”堪称形式主义“标本”》,载新华网,http://www.xinhuanet.com//mrdx/2021-01/28/c_139704584.htm。

⑤ 参见《行政诉讼附带审查规范性文件典型案例》,载中华人民共和国最高人民法院网2018年10月30日,https://www.court.gov.cn/zixun-xiangqing-125871.html。

医保单位作出的书面答复，同时，对县医保行政机关所依据规范性文件的合法性进行审查。山东省日照市中级人民法院二审认为，案涉行政规范性文件依据的规定条款即“参合农民到市外就医，必须到政府举办的公立医疗机构”，该款规定对行政相对人的权利作出了限缩性规定，不符合上位法规范性文件的相关规定，不能作为认定行政行为合法的依据，书面答复应予撤销。对于徐某英的新型农村合作医疗费用依据上位规范性文件的规定应否报销，需由县医保行政机关重新审查并作出处理。二审法院撤销了一审法院的判决，撤销县医保单位作出的书面答复，并责令县医保单位于判决生效之日起60日内对徐某英的申请重新审查并作出处理。最高人民法院在典型案例评价中对限缩行政相对人权利不符合上位依据的相关规定，不能作为认定涉案行政行为合法的依据的裁判意见作出了肯定。

2018年最高人民法院行政审判庭曾对行政规范性文件附带审查情况做了一次统计，“根据相关数据统计，2016年1月到2018年10月，全国一审行政案件收案中规范性文件附带审查约为3880件。当前规范性文件任性的情况还比较常见，对规范性文件的审查是司法监督需要重点关注的领域”。⑥

案例四：国家工商行政管理总局商标局与安徽华源医药股份有限公司、易心堂大药房连锁股份有限公司、上海健一网大药房连锁经营有限公司商标行政纠纷案⑦

2012年12月14日，当时的国家工商行政管理总局商标局出台《关于申请注册新增零售或批发服务商标有关事项的通知》(以下简称《新增服务商标的通知》)，该通知第4条规定，设立注册申请过渡期，期限为2013年1月1日至31日。在该期间内，在相同或类似新增服务项目上提出的注册申请，视为同一天申请……在过渡期内，一般按以下原则确定商标专用权：同日申请的，初步审定使用在先的；同日使用或者均未使用的，由当

---

⑥ 《最高人民法院举行行政诉讼附带审查规范性文件典型案例新闻发布会》，载中华人民共和国国务院新闻办公室网2018年10月30日，http://www.scio.gov.cn/xwfbh/qyxwfbh/document/1641039/1641039.htm。

⑦ 参见安徽华源医药股份有限公司诉国家工商行政管理总局商标局行政纠纷案，北京市高级人民法院(2016)京行终第2345号行政判决书。

事人协商解决;在规定期限内不愿协商或协商不成的,以抽签方式确权。安徽华源医药股份有限公司、易心堂大药房连锁股份有限公司、上海健一网大药房连锁经营有限公司分别于2014年1月4日、11日、28日向(原)国家工商行政管理总局商标局提出了“华源医药”及其图标的类似服务项目注册申请。2014年10月23日,国家工商行政管理总局商标局针对安徽华源医药股份有限公司提出的注册商标申请作出决定即《商标注册同日申请协商通知书》:请各方当事人自收到通知之日起30日自行协商,保留一方的申请;若协商不成,将另行通知各方当事人以抽签方式确定一个申请人。安徽华源医药股份有限公司不服,提起行政诉讼要求撤销《新增服务商标的通知》并对该通知第4条的合法性进行审查,责令国家工商行政管理总局商标局重新作出决定。法院审查认为,国家工商行政管理总局商标局《新增服务商标的通知》的性质是规范性文件,该通知第4条的过渡期的内容规定实质上对《商标法》第31条规定的“同一天”进行视为“31个自然日”重新定义,法院认为该通知第4条关于过渡期规定不合法,不得作为本案被诉行政行为合法的依据。法院最终判令撤销国家工商行政管理总局商标局作出的《商标注册同日申请协商通知书》,并责令国家工商行政管理总局商标局对安徽华源医药股份有限公司重新作出审查决定。

从行政实践和司法实践两个面向考察我国行政规则制定的现状可以看出,行政机关制定出台的苏州“文明码”政策引发了相对人对行政机关的行政决策的异议,苏州市民不认可行政机关具有单方通过“文明码”积分的形式决定市民享受相关社会公共服务的权利,否认“文明码”的合法性和合理性;而在沈阳农村厕所改造案中,行政机关作出农村厕所整改决策时仅考虑整改城市形象工程,没有调查和考虑农民真实的意愿和利益,最终不仅影响农民的日常生活,还造成了行政资源和财政资源的浪费。沈阳相关行政部门自身已经认识到厕所改造决策的盲目性、违法性和不合理性。从司法机关对行政规则制定的审查评价情况来看,最高人民法院公布的典型案例即徐某英诉山东省五莲县社会医疗保险处不予报销医疗费用案以及被认为是中国行政规范性文件附带审查第一案的安徽华源股份有限公司诉国家工商总局商标局等商标行政纠纷案,司法机关在司法审判实践中判决行政机关作出行政行为的依据即行政规范性文件不具有合法性，通过司法公开和典型案例推广方式对行政规范性文件制定的违法性情况进行否定，进而行政机关在制定行政规则时，必须进行审慎考虑。

通过分析行政、司法两个实践面向中行政规则制定的情况，不难发现，我国现行行政规则制定机制在因应社会变迁和人们对经济社会发展的需求方面有待改进。我国现行行政规则制定机制按照传统的行政秩序管理理念采用行政主导型的行政规则制定方式，由行政机关自行裁量并选择治理方式和行政规则制定方式，在行政治理过程中决定需要的政策和方案。这种行政秩序管理理念和行政主导型行政规则制定方式产生的不利后果，引发了立法机关、司法机关以及行政相对人和行政机关自身对行政规则制定机制变革的反思。

二、我国行政规则制定问题的类型化分析

面对行政规则制定机制在当前全面深化改革开放攻坚期遇到的新问题、新情况，传统的行政主导型行政规则制定机制需要寻求新的解决方案和变革出路。围绕这一问题，从我国行政规则制定的现状出发，将我国现行行政规则制定模式予以学术类型化概括，就现行行政规则制定的传统模式面临的困境作出总结分析与归纳，以尝试和探索一种适应社会经济变革和行政法治发展需要的新型行政规则制定模式的可能性。

根据行政法治实践中行政规则制定的实际情况，可以将我国现行行政规则制定的模式类型化概括为以下几种，并对这些模式面临的困境进行详细分析。

(一)封闭型行政规则制定模式需要有效的民主监督

以我国行政权运行过程为考察视角，可以将行政规则制定分为封闭的行政规则制定模式和开放的行政规则制定模式。⑧ 行政规则制定的封闭模式是指行政规则制定过程中以行政机关行政权的运行为方向，通过行政程序的控制，对公民、法人和其他组织发生作用并最终以某种方式体现行政规则制定的结果。从行政方式角度来谈，行政规则制定结果体现

---

⑧ 参见张淑芳：《福利行政背景下政府公共服务市场化研究》，载《江西社会科学》2015年第11期。

的方式可以是以干预行政的方式体现出来，也可以以福利行政的方式体现出来。无论是干预行政方式还是福利行政方式，都是由行政机关作出决定。行政规则制定的开放模式是指行政机关并非单方面对行政相对人发生作用，其行使行政权或者行政规则制定权并非单一方向性的，而是多面向的和非闭环的，它将整个行政规则制定过程视作为一个开放系统来处理，有关的公民、法人和其他组织均可以通过多种方式参与到行政权的运行过程中来，而且保障这种各方参与的方式和程序，最终以某种方式展现行政规则制定的结果。

我国现行行政规则制定的一般过程及原理是封闭型运作的。有行政规则制定实务部门专家指出，“当前地方立法存在的一个重要问题就是过分依靠政府部门。不仅立项靠部门，而且后边要讲到的起草、组织调研、会签，直到向政府和人大报告，也都是由部门负责……”⑨行政机关在行政规则制定过程中以自身行政权的运转为唯一动向，从行政规则制定的准备，比如立项、起草工作，到合法性审查、相关行政机关的会签工作、政府常务会议以及人大常委会会议的审议等，均以行政机关为主角推动，对受规制对象及社会公众，比如公民、法人和其他组织包括行业协会、商会等，单方发生作用，或者较少邀请公众参与。这与行政机关作为规制主管机关对其所规制的事项和行业最了解具体情况，对于受规制对象的状况和诉求以及行政规则制定所要解决的问题及其来龙去脉和应对措施具有最优发言权相关。但是，尽管行政机关在这些方面极具优势，完全由其自身立项、起草、组织调研，可以实现针对性强、操作快、成本低且能快速解决规制问题，但是这种封闭型的行政规则制定运作模式与当代受规制对象和主体多元化，利益诉求多元化，公民程序参与权、表达权和监督权意识强化的现代法治理念发生碰撞。

（二）公众间接参与型行政规则制定模式需要反映公众真实意见

以行政规则制定在实践中的操作方式作为分类标准，可以分为公众直接参与型行政规则制定模式和公众间接参与型行政规则制定模式。⑩

⑨ 陈公雨：《地方立法十三讲》，中国法制出版社2015年版，第46页。

⑩ 参见张淑芳、关保英：《一种新的行政立法模式构想》，载《行政法学研究》1999年第3期。

公众间接参与型行政规则制定模式是指行政规则制定时,包括行政规则的提案(酝酿)、起草、表决、通过、生效等程序以规则制定机关为核心主体,公众参与意见、媒体舆论意见在行政规则制定过程中发挥了一定程度的影响力和功能作用,但其影响程度和功能有限。公众间接参与型行政规则制定模式中绝大多数参与者通过与该行政规则制定有利害关系的公民、法人或者其他组织间接表达意见而参与,他们不会直接参与行政规则制定过程或者参加程序事项比如进行投票表决。公众直接参与型行政规则制定模式是指公民、法人或者其他组织尤其是与制定的行政规则事项有利害关系的时候,直接参与行政规则的制定程序的全部过程,甚至在行政规则制定的表决时行使表决权。

从我国的行政规则制定实践中来看,我国现行行政规则制定模式以公众间接参与型为主。有专家指出,"从上海的实际情况看,在审议环节,社会公众参与立法、表达利益的途径较多参与也最充分"。⑪ 在现行行政规则制定过程中,如规章的制定,一般均会书面征求有关方面的意见。通常由行政机关的法制负责机构将规章草案寄送部分市政府各委办局、各个区县政府的相关法制负责机构以及工会、共青团、妇联、律师协会等听取意见;或者召开相关座谈会、论证会、听证会,在某些情况下甚至会通过媒体向社会公布草案征求意见。但是,这些公众间接参与的形式和途径具备,并不意味着公众的意见就能被行政机关听取和采纳。"实践中回应常委会组成人员、有关专门委员会的意见往往成为修改的首要任务,社会各方面的意见是否采纳至少在实践中的权重低于常委会组成人员审议意见以及专门委员会的审议意见。"⑫

随着我国行政法治的发展以及行政机关有效听取公众意见的方法的改进,现行行政机关在行政规则制定时以公众间接参与模式为主,参与方式利用互联网和其他信息技术手段进行听取意见。例如,笔者亲身参与的上海市人民政府一部规章的制定过程,即 2019 年 6 月出台的《上海市行政规范性文件管理规定》的制定,在出台之前,上海市人民政府办公厅即多次组织召开了各区、委办局相关法制工作条线的座谈会,就该规则草

⑪ 闫锐:《地方立法参与主体研究》,上海人民出版社 2014 年版,第 111 页。

⑫ 闫锐:《地方立法参与主体研究》,上海人民出版社 2014 年版,第 112 页。

案内容进行研究和探讨。[13] 在行政机关内部初步达成一致形成行政规则草案之后，在上海市人民政府官方网站（中国上海门户网站）向全市公民、法人和其他组织公开收集意见和建议，经对收集的意见和建议进行审慎考虑和综合研究后，最终制定和公布了《上海市行政规范性文件管理规定》。行政机关在行政规则制定过程中发挥主导作用并且决定制定程序的最终结果，而通过官方平台即互联网方式和邮寄形式等听取社会公众意见，主要是公众间接参与型行政规则制定模式。该草案向社会公布后，社会公众通过网络或者邮寄方式对该草案提出意见和建议较少。

（三）行政主导型行政规则制定模式容易导致部门利益法律化

根据行政机关对行政规则制定的主导或者回避态度，[14]将行政规则制定划分为行政主导型行政规则制定模式与行政回避型行政规则制定模式。行政主导型行政规则制定模式是指行政规则的制定活动主要由政府及其部门负责，行政规则文本的起草、修改等都掌握在行政机关手中。行政回避型行政规则制定模式是指政府自身不直接制定行政规则，而是委托有关专家、组织进行起草，试图通过中立第三方直接起草行政规则以规避政府部门利益法律化的弊端。

我国是典型的行政主导型行政规则制定模式。这种模式在我国行政法治实践中长期占据主导地位，其原因在于它符合行政机关对于行政效率的追求，有利于行政机关发挥社会管理职能对规制项目进行有效的处置和应对，同时能够实现对集体利益和社会利益的强调和落实。但是，也必须看到行政主导型行政规则制定模式对程序价值有可能忽视，对公民自由与财产权利、公民的知情权、参与权保障有可能缺失。

“立法中的部门利益法治化有些被夸大了，但部门立法合法化的问题也是需要正视的客观现实。”[15]行政主导型行政规则制定模式在起草时容易导致部门利益法律化的结果，从机制运行原理上看，行政机关起草行政规则的行为，实质上就是行政机关作为管理者来设计自身的管理权的行为，难以克服偏私的可能性。加上行政机关及其部门有自身利益需求和

---

⑬ 笔者作为该行政规章制定的亲历者，于2019年3月、4月参加了市政府办公厅举办的两次行政规范性文件管理规定制定的讨论会议。

⑭ 参见章志远：《行政立法相对回避模式之建构》，载《浙江社会科学》2018年第3期。

⑮ 刘平：《立法原理、程序与技术》，学林出版社、上海人民出版社2017年版，第76页。

倾向,如果采取单独起草行政规则的方式,则更加容易使得该行政规则草案趋于封闭型状态,因而行政主导型行政规则制定模式难以克服部门保护主义的局限。

(四)实施型行政规则制定模式无法有效应对新问题新情况

根据刘平和陈公雨两位专家关于行政规则制定实践的论述,可以将行政规则制定分为实施型行政规则制定和创制型行政规则制定。[16] 实施型行政规则制定的一个重要使命是解决上位法的原则和规定如何贯彻和落实的问题,尤其是应当考虑如何将国家相关立法落地,变得可操作、可遵守、可执行。创制型行政规则制定又可以分为自主型行政规则制定和先行型行政规则制定。自主型行政规则制定是针对地方行政规则制定而言的,主要涉及《立法法》所赋予的地方管理事务的领域。《立法法》(2023 年修正)赋予了设区的市制定地方性法规的权力以及设区的市的人民政府制定规章的权力,其主要限定于城乡建设与管理、环境保护、历史文化保护等方面的事项。[17] 先行型行政规则制定是指在国家尚未立法之前,一些地方先行制定地方性法规、规章予以规范。我国在诸多省份推行的自由贸易试验区,其中许多的法制建设工作就是先行先试的"摸着石头过河",比如中国(上海)自由贸易试验区 2013 年出台的《中国(上海)自由贸易试验区管理办法》(已失效),在行政执法体制、监管体制和管理方式等领域都是先行先试的内容,涉及税收、海关、金融、外贸等行政职权事项,其行政规则制定内容与国家法律和地方性法规规定相冲突,需要在法律法规授权范围内先行先试。

我国行政法治实践中,行政规则制定模式主要以实施型行政规则制定模式为主,行政机关履行法定职权,执行和贯彻落实上位法的原则和规定。但是,法律的固有缺陷即其稳定性和滞后性,常常落后于变化万千、

---

⑯ 参见刘平:《立法原理、程序与技术》,学林出版社、上海人民出版社 2017 年版,第 289 ~ 290 页;陈公雨:《地方立法十三讲》,中国法制出版社 2015 年版,第 8 ~ 19 页。

⑰ 主要参见《立法法》第 81 条、第 93 条等的规定。比如第 93 条规定,"省、自治区、直辖市和设区的市、自治州的人民政府,可以根据法律、行政法规和本省、自治区、直辖市的地方性法规,制定规章。地方政府规章可以就下列事项作出规定:(一)为执行法律、行政法规、地方性法规的规定需要制定规章的事项;(二)属于本行政区域的具体行政管理事项。设区的市、自治州的人民政府根据本条第一款、第二款制定地方政府规章,限于城乡建设与管理、生态文明建设、历史文化保护、基层治理等方面的事项。……"

日新月异的经济社会实践和层出不穷的新问题新情况,这些上位法甚至法规规章也需要随着经济社会情况的不断变化而时时进行更迭换代,以保持上层建筑对经济基础的适应性和及时反应性。因此,作为实施型的行政规则制定模式常常需要在上位法的变化之后才能被授予相应的职权进行更新,其本身却无法即时对社会变化作出调整变化,其所具有的执行性和实施性的天然属性,在应对风险社会和不确定性新问题新情况时,常常无法应对或者及时提供解决方案。

(五)作为装置的行政规则制定模式没有发挥装置辅助功能

我国行政规则制定从目的价值对程序的形态进行区分,可以分为作为过程的行政规则制定模式和作为装置的行政规则制定模式。⑱ 作为过程的行政规则制定是指行政机关开启行政规则制定任务到结束任务所必经的行政规则制定程序的自然过程。而作为装置的行政规则制定是指在行政规则制定过程中,为了实现作为过程的行政规则制定程序中难以完成的任务而以法律手段设置的辅助程序,比如设置听证、立法理由说明环节等。

我国行政规则制定的法律法规和国家政策等对行政规则制定的装置程序进行了设定。比如《立法法》第39条第1款规定了听取意见可以采取座谈会、论证会和听证会等多种形式,即是典型的作为装置的行政规则制定模式。⑲ 在当今的行政法治实践中,作为装置的行政规则制定模式为实现行政规则制定任务采用多种多样的辅助方式来解决行政规则制定自然程序中遭遇到的困难。有学者对上海市的相关行政规则制定实践的梳理,理论上概括出了10种公众参与方式,包括草案公开征求意见、立法座谈会、立法论证会、立法听证会、书面征求意见、市民旁听、调查问卷、第三方评估、基层立法联系点制度、立法专家顾问制度。⑳ 然而,尽管作为装置的行政规则制定模式形式已经多种多样,但行政机关真正有效运用这些

⑱ 参见朱芒:《行政立法程序基本问题试析》,载《中国法学》2000年第1期。

⑲ 《立法法》第39条第1款规定:“列入常务委员会会议议程的法律案,宪法和法律委员会、有关的专门委员会和常务委员会工作机构应当听取各方面的意见。听取意见可以采取座谈会、论证会、听证会等多种形式。”

⑳ 参见刘平:《立法原理、程序与技术》,学林出版社、上海人民出版社2017年版,第246~249页。

装置方式辅助解决行政规则制定难题,其效果并不明显,有相应实证考察比较指出"立法听证会中公众所提意见被采纳的较之其他形式更多",[21]主要原因在于立法听证会的装置程序透明度高,行政机关往往会制作听证会报告等向社会反馈听证会意见的采纳情况。然而,行政规则制定中采用听证会的装置程序模式是非常少有的,听证会举行的背后涉及听证代表人员的选取、听证主持人资源、听证会议场所资源以及行政会记录和报告等事项,需要耗费大量的行政资源和时间精力。总体而言,作为装置的行政规则制定模式并没有发挥其预期的装置辅助功能,帮助行政机关解决行政规则制定过程中的困难和挑战。

总而言之,对我国传统行政规则制定模式予以类型化概括:依行政规则制定权运行状态,分为封闭的行政规则制定与开放的行政规则制定;依相对人的参与方式,可以分为公众直接参与型行政规则制定和公众间接参与型行政规则制定;依制定行政机关的态度,可以分为行政主导型行政规则制定和行政回避型行政规则制定;依实务中行政规则制定的目的是否贯彻实施上位法,可以分为实施型行政规则制定和创制型行政规则制定;依行政规则制定的目的价值对行政规则制定程序形态的影响,可以分为作为过程的行政规则制定模式和作为装置的行政规则制定模式。

对上述几种行政规则制定模式的详细分析,旨在揭示行政规则制定在当前经济社会发展条件下遭遇到的困难和挑战。"在立法上,类型化思维作为一种价值导向的思考方式,能够保持法律规范的开放性和确定性的良性平衡。"[22]通过将行政实践中的行政规则制定模式类型化更能够揭示传统行政规则制定模式的困境。从我国行政规则制定的一般流程来看,行政机关将拟制定的行政规则需要先列入行政规则年度制定计划,然后经由起草部门进行调研起草文件,起草部门广泛听取意见,形成草案向相关办公机构登记办文,提交给相关法制工作机构进行合法性审查,行政机构有关会议进行审议作出决定,行政机构主要负责人或者经授权的负责人签署行政规则,向社会公布并且在行政机关门户网站等公开,有需要

---

[21] 闫锐:《地方立法参与主体研究》,上海人民出版社2014年版,第112页。

[22] 张斌峰、陈西茜:《试论类型化思维及其法律适用价值》,载《政法论丛》2017年第3期。

的话后续还可以开展行政规则效果评估和清理等工作。实践中,每一个环节都很重要,如果有一个环节不能顺利进行,则会导致行政规则制定的延迟或者失败。

结合行政机关在实践中的实际工作情况和上述几种类型化的行政规则制定模式来看,公众参与间接型行政规则制定模式主要体现在行政规则的列入年度计划、起草、表决、通过、公布生效等程序均以行政规则制定机关为核心主体,公众参与意见在行政规则制定过程中仅发挥一定程度的影响力和功能作用,并不能影响行政机关的行政规则制定结果。行政机关主导型行政规则制定模式主要体现在行政规则制定活动绝大部分由政府及其起草部门负责,行政规则文本的起草、修改等主要是由行政机关完成,尽管行政机关有时候也委托专家起草或者第三方中立机构进行起草,但这种行政规则项目非常少。

正是因为行政机关在行政规则制定程序中一直处于核心位置,公众参与在该程序中提供的影响和建议有限,因此公众参与间接型行政规则制定模式和行政机关主导型行政规则制定模式成为当下我国行政规则制定模式的重要表现方式。随着服务行政国家和风险行政国家的进一步演进、我国行政法治的发展进步以及公民权利意识的增强行政机关以单方直接决定相关行政规则制定事项的情形越来越与这些情境不相符合,当行政机关坚持传统的间接型公众参与行政规则制定模式与行政主导型行政规则制定模式,最终就会造成相关当事人对行政机关行政规则制定项目的合法性和合理性提出疑问与批判,正如苏州“文明码”事件㉓与沈阳农村厕所改造事件㉔引发的矛盾一样,当事人甚至会提起诉讼附带审查相关的行政规则,正如最高人民法院行政规范性文件附带审查典型案例张某英案㉕以及安徽华源公司案㉖一样,导致行政机关受到违法性判决,耗

㉓ 参见《苏州:全国首推“文明码”营造文明新风尚》,载江苏文明网,http://wm.jschina.com.cn/9654/202008/t20200827_6781248.shtml。

㉔ 参见李铮、于也童:《沈阳五万气人“尬厕”堪称形式主义标本》,载新华网,http://www.xinhuanet.com//mrdx/2021-01/28/c_139704584.htm。

㉕ 参见《行政诉讼附带审查规范性文件典型案例》,载中华人民共和国最高人民法院网2018年10月30日,https://www.court.gov.cn/zixun-xiangqing-125871.html。

㉖ 参见安徽华源医药股份有限公司诉国家工商行政管理总局商标局行政纠纷案,北京市高级人民法院(2016)京行终第2345号行政判决书。

费相关行政资源和成本。

因此,总体来看,我国行政机关现行行政规则制定模式正面临着经济社会转型变革以及行政法治发展要求的挑战,依传统秩序行政方式实施的行政规则制定模式面临着权利意识增强的人们对行政规则制定合法性和可接受性的批判。当前最突出的困境是,行政机关如何就实现行政目标任务与公民、企业等私人、组织权利保护,行政规则制定合法性合理性的诉求之间达成平衡与妥善处理?传统行政规则制定模式的这种困境需要行政机关和公民、企业组织等当事人共同努力寻找出路。

三、我国传统行政规则制定面临的挑战

中国当代社会进入全面深化改革关键时期,社会转型尚未完成,面临的是秩序行政国家、福利行政国家遭遇到的各种规制问题的妥善处理矛盾,加上新近以来风险社会引发的各种挑战,正如马怀德教授指出的,“新时代中国行政法学面临三大重要挑战,即传统行政管理向公共治理转化、党和国家机构改革带来的冲击以及现代科技对传统的行政管理形成的挑战”。[27] 行政规则制定作为行政机关常常采取的能有效且灵活应对这些挑战的措施,在当代中国国家治理工具和手段中占据越来越重要的地位、发挥越来越重要的功能。我国行政规则制定模式是一种由行政机关主导的、由受影响的利害关系人向行政机关作出证明和主张,最终由行政机关单独作出决策的一种行政规则制定模式。这种由行政机关主导的行政规则制定模式同样具有强烈的对抗性特征。

这种具有对抗性特征的传统的行政规则制定模式越来越不能适应中国的经济社会发展以及复杂多元化的行政规则制定需求,其面临的挑战主要表现在以下几个方面。

(一)相关利害关系人行政规则制定立场极端化

行政机关和受影响的利害关系人倾向于采取极端的立场,期待他们的利益和观点可以得到重视,从而在行政规则制定的制度安排中至少可以取得比较均衡地采纳后者中间位置的收获。比如,行政机关可能提出

---

[27] 马怀德、张雨田:《行政法学:面向新的实践需求不断自我更新》,载《检察日报》2020年1月4日,第3版。

一个远比其预期最终颁布要更严格的规章,因为它期望通过传统对抗性程序对其产生可观的压力从而调整它的立场。而且,如果行政机关缓和了其原始的观点和建议,行政机关就变成了是具有合理的和回应性的行政管理者。受规制的当事人倾向于采取极端的立场是因为他们也期望能在行政规则制定的过程中经过博弈,最后极端的意见能被均衡地采纳。这可以说是一种行政规则制定的双方默认的策略或者称之为传统行政规则制定的既定套路。参加者反对任何规制或者希望获取最小的侵害的规制,认为没有规制是可以的或者认为最多一个可以有一个轻微程度规制,并且根据需要而裁减他们的证据材料。因为当事人提倡极端立场,他们可能不情愿提供数据给行政机关以及给彼此,因为他们惧怕数据可能错误使用以及在极端立场中揭示了弱点。因此,对于当事人共同合作并且直接地解决事实和政策问题是非常困难的。相反地,当事人通常都采取掘壕固守的方式并为他们极端的立场做防御。

(二)行政机关难以了解真正需要规制解决的问题

当受规制影响的利害关系人处理问题是相互对立的立场时,行政规则制定的建议方案或者陈述必然也会带有偏见。相关当事人在表达其真实的关切时可能面临困难,因为他可能觉得会失去有关利益而无法获得最大优势。而且,当事人会发现必须去提议一个在当时可能并不是实际的观点和立场,以保证在未来能提议这个立场的选择可能性。因此,当事人的真实观点立场出现了这样一种情况:他们在行政规则制定时反映或者提出的每一个问题几乎是同等重要的,并且提出有关联的尽可能多的问题,尽管有些议题是不必要的问题。当事人在传统行政规则制定程序中不直接与另一方当事人处理这些问题,相反,是他们各方向行政机关的决策者做陈述提意见建议。基于这个陈述意见建议的环节,行政规则制定矛盾的议题可能表面上是限于各自陈述议题的讨论范围。但是,这些议题,可能并不是当事人真正关心的问题。如果行政规则制定者和相关利害关系当事人不能界定真正的关切问题,当制定以事实为基础的行政规则以及做出符合各方内在需要的政策选择时,行政机关的决策者将会在解决当事人的立场以及依据其掌握的现有信息资料作出决策时遇到重大困难。

(三)传统行政规则制定程序不适合解决多元化争议问题

传统行政规则制定程序中当事人对立的关系和立场决定了它不适合解决涉及许多当事人、涉及具有多种可能性结果的多元化争议问题的处理。而且,在多元化多中心利益化的问题中,行政机关对任何一个问题的处理决定都会影响到跟它相关的涉及该具体争议的其他议题的处理。在错综复杂的利害关系人之间处理多中心的争议问题,必然需要一定的沟通技巧,而如果行政机关仅通过对传统对抗性行政规则制定程序来予以解决的话,对抗制程序的天然属性排除了权衡多中心利益关系的可能性,这种进路必然遭遇到挫折或者失败。

(四)传统行政规则制定模式容易造成资源的浪费

利害关系当事人为了向决策行政机关证明自己提议的观点和主张的合理性,将为此作出针对性的研究和处理。在这种情况下,行政机关和其他的受影响的当事人也会不得不针对性地进行数据信息收集和研究论证以反击另一方,并且尽可能提出相反的事实材料或者数据案例情况。从行政机关就规制的真正目标来看,当事人的这些信息可能在行政机关最终作出决定时,相关影响可能微不足道甚至丝毫不具有相关性。当事人的研究,可能需要收集材料、付出体力、聘请专家论证等,耗费大量的时间和金钱。而且,传统行政规则制定模式的对立性特点使当事人相互倾向于隐藏提交科学的富有质量的信息资料,因为当事人必须为自己主张的立场提供最好的辩论,提供给行政机关的数据资料和信息的质量可能会让对方当事人掌握从而导致自身诉求的失败。

(五)传统行政规则制定模式容易形成职业中介团体

传统行政规则制定程序的利害关系当事人为了满足行政机关采纳其观点和立场的需要,倾向于培养专注于行政规则制定程序本身的专家以为自己提供服务。这些专家在当事人的聘请要求下相互竞争并提供对方当事人及有关专家相关活动的主要情报信息。这些专家成为行政规则制定活动中一方利益的倡导者与缔造者。某种程度上,在规则制定程序中这些专家的出现和使用反映了一种特别的专业化倾向。尽管这些专家售卖矛盾,反过来加剧了传统行政规则制定程序对抗性的问题。职业中介专家团体不仅很少有能力减少冲突,他们通常也缺乏实质性的能力和权力与另一方利害关系人参加者进行交易。因此,尽管行政机关的负责人他们自身承担着作决策的责任,但他们的责任通常通过这些专家过滤分流。比如,一旦一项行政规则制定程序开始了,项目的负责人倾向于将决策责任转移给法律事务工作人员。尽管项目管理负责人是被培养用来决定什么是对组织最有利的政策的,但是一旦行政规则制定程序开始,他就扮演一个不积极的角色。

(六)当事人对行政规则制定结果不予接受

传统行政规则制定程序中,由于行政机关负责人不直接面对利害关系人以确保行政机关在组织机制问题上获得有利的回旋空间,导致在传统行政规则制定程序中,行政机关负责人通常不是直接的参与者。各方当事人及其聘请的职业中介专家等形塑了需要讨论的问题并且为行政机关的决策者提供建议。通过这样一种运作机制使得行政规则制定增加了仪式性和程序结构性,并且进一步影响了行政规则制定程序直接解决问题的能力。最终,因为传统行政程序中使得当事人一方与另一方针锋相对,在竞争中失败的一方倾向于认为该行政规则制定的方案的决策不合法不合理,因为它没有充分考虑他们的立场。在这种状态下,当事人一方对行政规则制定违法性的认知从而使得传统行政规则制定程序的自愿守法性大大降低,甚至对制定的行政规则提出申诉或者提起诉讼。

四、我国传统行政规则制定的出路:协商式行政规则制定作为一种新兴的解决方案

协商式行政规则制定是指行政机关主持召集进行的、由行政机关与相关利害关系人代表组建协商委员会,就行政规则草案的制定进行协商并努力达成一致合意的一种行政程序机制。[28] 与传统行政规则制定方式相比,协商式行政规则制定当事人直接参与行政规则制定的决定,并且当事人的意见能够决定行政规则制定草案是否能够顺利通过,从而进入下一步常规的行政规则制定程序,而不仅仅是作为行政程序的外部参加者参与决策。他们与行政机关共同参与行政规则的制定并且保持一致方向,而不是通过提交信息作形式性参与而最终由行政机关决策者单独作

[28] See Philip J. Harter, *Fear of Commitment: An Affliction of Adolescents*, 46 Duke L. J. 1389(1997).

出决定。通常这些参与协商的当事人更加接近最终决策时代表自己利益的行政机关,而不是在传统行政程序中代表一方利益。因此,参加者在协商中能够作出实质性的决策,而不是在决策程序中作为参与者或者专家,仅有建议或者提议权而没有决定权。另外,协商是一种更便宜的决策方法,因为它降低了预估对立一方的观点而作出针对性的防范性研究等成本。

协商式行政规则制定思想的提出者约翰·邓洛普(其后来担任美国劳工部的部长),曾精练地概括协商式行政规则制定发挥优势作用的场域和原因:"行政规则制定和裁决程序不包括一种在冲突的利害关系人之间可以进行多元调解的机制。支持利害关系人向政府部门讨论他们的案件,而不是利害关系人相互之间探讨。在支持的观点中直接讨论和协商,多方调解是多方的需要——如集体协商谈判一样——使得当事人在他们的需求中设定优先顺序,与另一方进行权衡利弊,给他们创造一种激励使他们去寻找共同基础。在协商过程中每一方的价值、观念以及需求都变成了透明的,而一些多元理解的措施就成了一种协商的副产品。"[29]邓洛普教授是从美国传统行政规则制定的比较视角来开启协商式行政规则制定的,其论述是对美国传统行政规则制定程序机制运行问题的深刻把握。

美国行政程序法规定了正式行政规则制定程序和非正式行政规则制定程序。正式行政规则制定程序类似于立法性程序,需要进行严格的立法听证程序进行行政规则制定,而非正式立法程序则不需要采用立法听证的形式,但一般按照公告—评议规定程序规则进行。在行政规则制定的公告—评议行政规则程序实践中,制定行政机关与相关利害关系人即受规制的对象形成了一种越来越明显、严重的对抗性、对立性状态。美国传统行政规则制定过程中行政机关作为政策制定者,任由受影响的利害关系人之间相互竞争、对抗最终作出行政规则制定方案选择。这种对抗型行政规则制定程序在传统秩序行政时期有其时代适应性,比如,传统行政规则制定程序提供给利害关系人强烈的动力向政策制定者陈述事实和政策观点以供其考虑,使传统行政规则制定程序能够非常有效的生产和

㉙ Dunlop, *The Limits of Legal Compulsion*, reprinted in 1975 O. S. H. REP. (BNA) 884, 886 (Nov. 12, 1975).

收集信息。由于传统行政规则制定确保了每一个当事人知道另一方的争论事项，每一方当事人能够在竞争的状态中会展示对方的错误与缺陷，因而使传统行政规则制定程序发挥了像质量控制一样指出任何一方的错误和弱点，受政府决策影响的任何人有机会表达观点迫使政府考虑其观点，从而在竞争中说服政策制定者占到上风。

传统行政规则制定模式这种优点在当前行政法治发展变革时期却无法更新，面对多元主体的多元利益诉求、各种不确定性问题的应对风险，政府在行政规则制定中仅基于自身规制管理所获知的信息和情况无法洞察真实的变化趋势，无法以传统对抗性的行政规则制定模式完成政府规制治理的行政目标和任务。发端于对传统行政规则模式缺陷改进与变革的协商式行政规则制定模式，恰好为传统行政规则制定模式的缺陷提供了治愈和更新，这主要表现在以下几个方面：

（一）协商式行政规则制定参加者直接聚焦于自身代表的真实利益

协商式行政规则制定参加者不需要在行政机关领导和其他决策者之前倡导和维持极端的立场。因此，参加者能够发现存在于极端立场的持有者与维持自身核心利益之间的真正的问题。比如有环保公益组织反对某大坝的修建，因为他们担心大坝建好后将会导致附近部分低谷地方被淹没从而不利于当地发展。支持建大坝的人则是被洪灾袭击过、受过不利影响的大坝地区的农民。在相关政府部门的主持下，协商在支持建大坝与反对建大坝的两方之间进行。最后大家发现保存大坝是双方的共同利益，从而妥善协调解决了争议。毋庸置疑，如果按传统行政主导型行政规则制定模式由行政机关直接决策建或者不建大坝，后果将是总有一方不满意行政机关的决策结果，总会引发矛盾冲突。但是，通过协商程序，展示了当事人之间真正的利益诉求并且使得他们能够达成调解。

（二）协商式行政规则制定参加者能够实现利益选择最大化

在传统的行政规则制定程序中行政机关不可能关注到每个当事人在草案中的提议。行政机关一般聚焦于某些利害关系人对草案中提出尖锐批评的某些条款，但是对另外一些当事人来说这些条款却是无关紧要的问题。行政机关只能通过猜测协调这样的问题，因为它本身不知道如何把握对当事人的关注关切事项进行排序。但是，一个对行政规则草案中提出与自身相关的关键问题的利害关系人，能够很容易决定是否与另一个当事人联合行事或者协调行事。比如当行政机关拟订的一个行政规则草案倾向于认为受规制的企业应当严格遵从行政机关制定的标准。需要遵从该行政规则约束的企业则会反驳说从长期遵守的角度来看,这份行政标准规定应当更宽松才能更有利于行业和企业发展。那么,行政机关面对这样一个情况,究竟是规定一个宽松的标准以回应企业过重负担的诉求,还是规定较近的截止时间以回应企业直接保护的诉求。为难之处在于,行政决策机关在两个诉求之中决定偏向相关的任何一方,可能会招致另一方当事人对行政机关作出相反的结果更加满意。如果行政机关修改行政规则允许一个更长的时间来实施更严格的标准,可能有利于双方当事人,这样更加能够实现各方利益的最大化选择。

(三)协商式行政规则制定能够减少制定行政规则的时间和成本

行政规则制定成本的减少和时间的降低,主要是通过强调实践经验,而不是理论模型的预测实现的。在当前制定一项行政规则,行政机关必须证明拟制定规则的事实情况及说明相关的理由,即提供行政规则制定的必要性、可行性方案等论证材料。行政机关如果缺乏认真调研或者无法直接获取的相关真实数据,则常常运用源自模型理论和推测的数据展开论证。而在协商行政规则制定程序中则是由当事人共同讨论分享相关信息,资料皆来自一线。因此,在协商中运用的数据可能不需要像传统行政规则制定程序一样具有理论性和科学计算预测性。比如,行政机关基于高科技和理论的数据模型提出了一项行政规则。当事人则可能认为这些理论数据是不真实的,因为它没有反映出当事人实践的经验情况或者其他行政机关的经验信息。通过协商沟通,行政机关最终决定放弃理论推测,并且根据实际情况修改其行政规则草案。这个案例的经验是理论数据能够突出实践经验的关注点,而不是理论预测本身有优势。而且,实践经验的强调能够减少时间以及通过减少形成外部的理论数据的需求从而来降低制定行政规则的成本。

(四)协商式行政规则制定参加者能够关注制定行政规则的细节

在传统行政规则制定程序中,受规制的利害关系人提出的重要观点能够得到激烈的讨论。然而,行政规则制定项目中的微妙之处及细节事项可能会被行政机关或者另一方利害关系人忽视。即使行政规则制定事项中的相关细节事项没有被忽视,行政机关的决策者也可能无法领会它们的重要性。但是,在协商行政规则制定中,有利害关系的当事人基于其自身真实利益的考虑和取得最大化利益的选择,能够直接关注到需要解决问题的所有方面,以形成有效的行政规则制定方案。

(五)协商式行政规则制定能够增强行政规则的合法性

哈贝马斯指出,“法律的合法性最终依赖于一种交往的安排,作为合理商谈的参与者,法律同伴必须有可能考察一个有争议的规范是否得到、或者有无可能得到所有相关者的统一”。[30] 协商式行政规则制定的核心优势是增加了行政规则的合法性。如果协商式行政规则制定的所有当事人经过参与协商并经过充分讨论达成合意,行政规则将被认为是合理的,不存在异议。当行政规则实施时人们对该行政规则将会具有较大的可接受性。受利害关系影响的当事人代表参加了协商式行政规则制定,他将能够通过分享他们的委托人的决定、将委托人的关注和需求进行优先排序后与其他当事人进行协商谈判。无论最终的行政规则草案作出了什么样的妥协或者折中,最终的规则草案是经过了协商委员会全体成员的一致同意的,则这份行政规则具有合法性和有效性的情况是其他形式的行政规则制定无法媲美的。

总而言之,在当前我国社会急剧转型变革以及全面深化改革攻坚关键时期,基于协商式行政规则制定模式对传统行政规则制定模式的变革与更新,协商式行政规则制定模式以其所具有的功能优势,为我国行政规则制定提供了一种新兴可能性方案选择。

[30] [德]哈贝马斯:《在事实与规范之间:关于法律和民主法治国的商谈理论》,童世骏译,生活·读书·新知三联书店2014年版,第128页。

●论公共数据的概念内涵与理论基础

韩　阳*

摘　要：概念界定是制度建构的起点，理论基础是定义概念的关键。针对数据资源的“反公地悲剧”困境，需要扩大公共数据的范围类型，法律拟制更多的开放数据资源。但随意扩大公共数据的范围，容易侵害其他数据主体权益，导致个人信息、企业数据、平台数据与公共数据发生混淆。这种矛盾张力反映到公共数据的定义上，体现为概念特征不明、对象范围不定和指涉对象混同等问题。为探明公共数据的合理边界，本文引入了公物理论，试图区分政府信息与公共数据，体系化理解公共数据与数据公共性的关系，划分采集、共享和开放利用三个环节中的不同数据类型，最终提出新的公共数据定义。

关键词：政府信息；公共数据；公共性；公物理论

一、问题的提出

概念明晰是学术研究与对话的基础，法律规范性是澄清概念的目的指向。尽管数据与信息时常难以区分，但是人们通常将数据直观想象为0和1组成的字符串或集合，认为数据具有非物质性和可复制性。如果说对于数据尚有一定理解共识，那么如何看待公共数据则是见仁见智了。公共性是一个跨学科概念，哲学、政治学、经济学和法学对此都有不同的理解。因此，相较不断泛化公共数据的概念类型，探究概念形成背后的理论机理和可能边界，以便与后续制度建构完整匹配，这或许更有学术意义和实践价值。目前对公共数据的定义采取“主体+职责”的标准。但是，

* 北京大学法学院博士研究生。

通行概念如何演变至此？它的概念边界是否清晰？公共数据与政府信息有何区别？其他具有公共性的数据为什么不是公共数据？为解决上述问题，本文试着引入公物理论，界定公共数据的法律性质，借助公物的法律概念划分公共数据与其他概念的边界。

二、公共数据的概念梳理

学界和实务界目前使用的公共数据概念，以数据资源利用为逻辑主线，经历了从政府信息、政务信息资源、政府数据、政务数据到公共数据的概念演进。由于缺乏统一规定，不同法律规范仍在交叉使用以上几个概念，如《电子商务法》《网络安全法》《电信条例》都使用了公共数据的概念，《数据安全法》使用了政务数据的概念，地方立法在概念选择上更是繁杂混乱。通过梳理可以发现，概念演变之间存在两个明显的语词转变：一是由强调信息转向突出数据，二是政务数据或政府数据转变为公共数据。①

《2015 年政府信息公开工作要点》将政府数据开放作为信息公开的一部分，在主动公开部分提出"积极稳妥推进政府数据公开，鼓励和推动企业、第三方机构、个人等对公共数据进行深入分析和应用"。鉴于两个概念高度关联且容易混淆，国家层面逐渐有意使用政务信息资源的概念用以区分政府信息，但在定义上仍然仿照政府信息采用"主体 + 职责"的表述方式。如 2016 年国务院出台的《政务信息资源共享管理暂行办法》第 2 条规定，政务信息资源是指政务部门在履行职责过程中制作或获取的，以一定形式记录、保存的文件、资料、图表和数据等各类信息资源，包括政务部门直接或通过第三方依法采集的、依法授权管理的和因履行职责需要依托政务信息系统形成的信息资源等。虽然概念定义仍旧带有政府信息的明显烙印，但是观察定性用词可以发现，不同于政府信息公开的知情监督逻辑，国家层面已经逐渐将信息作为一种重要的生产生活资料，强调它的资源属性。

不同于信息资源，随着互联网产业的迅速发展和信息技术的升级变

---

① 制度实践和文献研究对政务信息资源、公共信息资源、政府数据、政务数据、公共数据等概念未作区分，按照"主体 + 职能"标准描述政府控制的数据资源，不同概念所指对象基本一致，所以本文不作细致区分。

革,作为一种以容量大、类型多、存取速度快、应用价值高为主要特征的独特资源,大数据资源逐渐被我国政府和社会认可。为促进发展方式转型和挖掘新的经济增长点,国家积极出台大数据产业促进政策。国务院2015年颁布的《促进大数据发展行动纲要》明确指出,数据已成为国家基础性战略资源,大数据正日益对全球生产、流通、分配、消费活动以及经济运行机制、社会生活方式和国家治理能力产生重要影响。“数据逐渐取代信息成为数据资源共享开放的主概念”,②政府数据和政务数据的概念频繁见诸中央和地方文件,如《交通运输政务数据共享管理办法》《山西省政务数据管理与应用办法》《贵阳市政府数据共享开放条例》等。宋华琳参照《政府信息公开条例》和《网络安全法》等立法例,将政府数据定义为“行政主体在依法履行职责过程中制作或者获取的,以一定形式记录、保存的各类数据资源”。③ 有观点认为政务数据与政府数据差别不大,在行文表述中作混同使用。④ 但也有学者认为政务数据范围大于政府数据,并且政务数据概念表述更精确。如郑春燕和唐俊麒认为“由于政府依旧是数据管理体系中的核心主体,常言之‘政府数据共享、政府数据开放’更多指的是数据共享与开放行为由政府做出,并非意指共享开放的内容仅为政府数据”。⑤

伴随政府数据开放实践的深入推进,我国政府数据开放范围不断扩大,公共数据概念取代政务数据成为通行概念。数据开放范围由政府部门拓展到具有公共管理和服务职能的事业单位,电力、燃气、通信等公用企业,部分地区甚至规定司法机关可以参照适用。如2017年颁布实施的《浙江省公共数据和电子政务管理办法》(已失效)规定,公共数据是指各级行政机关以及具有公共管理和服务职能的事业单位,在依法履行职责过程中获得的各类数据资源。水务、电力、燃气、通信、公共交通、民航、铁路等公用企业在提供公共服务过程中获得的公共数据的归集、共享和开

② 郑春燕、唐俊麒:《论公共数据的规范含义》,载《法治研究》2021年第6期。

③ 宋华琳:《中国政府数据开放法制的发展与建构》,载《行政法学研究》2018年第2期。

④ 参见陈晓勤:《政府数据开放:实践挑战与法律框架建构》,载《福建行政学院学报》2019年第6期。

⑤ 郑春燕、唐俊麒:《论公共数据的规范含义》,载《法治研究》2021年第6期。

放管理,适用本办法。2019 年颁布实施的《福州市政务数据资源管理办法》第 40 条规定,本市各级人民法院、人民检察院等国家机关的数据资源管理,可以参照本办法执行。由此可见,立法者选择不同概念表述的背后,反映了数据开放法律规范所调整的数据种类不断增多,已经突破行政机关和国家机构的固有界限,呈现逐步扩大的发展趋势。

对于政务数据与公共数据的关系,目前学者们的观点并不一致。社会中的公共机构和公共组织毕竟类型相对有限,经过几轮地方立法的概念扩充后,从政务数据演变为公共数据,虽然看似有概念上的突破,但实际上概念所涵摄的主要数据主体和数据类型并无太大变化,至少在语词上看公共数据与政务数据的差别不大。地方立法一般将公共数据定义为公共管理和公共服务机构在履行职责或提供服务过程中获取的数据。以此作为参照,不同学者对公共数据的概念有不同理解。赵加兵对公共数据做了四重限定,认为公共数据仅限于政府公共管理和公共服务,不包括能够识别行政相对人的数据信息,应该排除行政相对人专有的知识产权数据,认为公共数据也不同于为自然人、法人及非法人组织收集或形成的数据,提出"公共数据是指政府在履行公共管理职责和提供公共服务过程中形成的非专属于行政相对人的数据"。⑥ 不少学者对政务数据做狭义理解,认为政务数据仅包括政府收集获取的数据,进而认为公共数据范围广于政务数据。如张建文认为"公共数据的范围大于政务数据的含义,政务数据仅指公共数据中由政府部门保存和管理的数据"。⑦ 黄尹旭提出应扩展对政府数据开放主体和客体的理解,进一步延展至公共数据,认为"政府与其他公共机构创造、搜集数据的来源、过程及支持资金具有极高的共通性:全部或者部分使用财政性资金的相关机构都在满足国家目的及实践相关公共政策,其在公共资金支持下,履行公共职能,进而创造或者搜集了数据"。⑧

---

⑥ 赵加兵:《公共数据归属政府的合理性及法律意义》,载《河南财经政法大学学报》2021 年第 1 期。

⑦ 张建文:《能动司法与网络平台公开数据法律制度的型塑——评"北京微梦创科网络技术有限公司与云智联网络科技(北京)有限公司不正当竞争纠纷案"》,载《上海政法学院学报(法治论丛)》2021 年第 3 期。

⑧ 黄尹旭:《论国家与公共数据的法律关系》,载《北京航空航天大学学报(社会科学版)》2021 年第 3 期。

三、现行概念的学理反思

第一，概念特征不明，无法区分政府信息与公共数据。区分政务信息资源、政府数据、政务数据与公共数据的关系，更多展现为价值理念和语词涵摄的学术旨趣，概念混同对于制度运行的干扰并不明显。相较于此，明晰政府信息与公共数据的关系则实践意义重大。相较国外立法，我国政府信息公开制度起步较晚，《政府信息公开条例》在 2008 年 5 月生效实施，2019 年进行第一次修订。与此同时，2009 年 1 月美国奥巴马总统签署《透明与开放政府备忘录》，2019 年美国特朗普总统签署《开放政府数据法》。在我国政府信息公开制度发展的同时，政府数据开放制度作为舶来品被引介至我国。两种制度都是政府管控数据流的国家制度，具有相当的延续性和相似度，加之中美两国制度发展时间上的高度重叠，于是学术界和实务界最早都对标政府信息建构政府数据的概念内涵。2008 年实施的《政府信息公开条例》将政府信息定义为，行政机关在履行职责过程中制作或者获取的，以一定形式记录、保存的信息。2019 年修订《政府信息公开条例》，将“履行职责过程中”完善为“履行行政管理职能过程中”。《上海市公共数据开放暂行办法》将公共数据定义为，本市各级行政机关以及履行公共管理和服务职能的事业单位在依法履职过程中，采集和产生的各类数据资源。可以发现，政府信息与公共数据都采用“主体 + 职责”的界定标准，加之政府在两种制度实践中都占据主导地位，导致在文义解释上难以有效区分二者。概念定义服务于制度设计，制度建构以概念为逻辑起点。如果不能厘清两个概念的关系，很容易造成政府信息公开制度与公共数据开放制度相互倾轧。

第二，对象范围不定，无法区分各类公共性数据。数据不是单方主体的产物，需要经过多个主体共同完成，而且记录对象往往并不控制和处理数据，因此数据具有突出的公共性。[⑨] 随着公共数据概念范围的不断膨胀，各类“公共的数据”被认为是公共数据。如胡凌认为公共数据包括“在具有公共属性的领域或空间中，并非通过政府授权职责产生的但涉及

---

⑨ 参见谢鸿飞：《财产权的公共性》，载《上海政法学院学报（法治论丛）》2022 年第 5 期。

公共利益的数据。例如,进入公有领域的知识产权作品,或者具有公共属性的科学、学术知识”。进而认为公共数据应该“涵盖了各类主体在公共空间中不断产生的非私人化数据,在一定情况下需要政府立法推动和规范使用方式,确保公共利益得到维护,在条件允许时可以通过授权开放,通过政府向社会集中提供和管理”。[⑩] 梅夏英分析了个人和企业对信息的控制,在否定私权保护进路的客观局限后,认为所有数据都具有公共性,具备非排他性与非竞争性可以作为纯公共物品。[⑪]

将具有公共性的数据理解为公共数据,这种理论倾向值得深思和警惕,本文持两点理由:其一,公共与确权是一对相对的概念,数据具有公共性并不意味着所有数据都是公共数据。《个人信息保护法》赋予公民对于个人信息一定的控制权,学界讨论赋予企业一定的数据权利,这些现象背后都或多或少反映了个人和企业对数据一定的支配利益。个人信息和企业数据具有一定的公共性,可以通过限制主体控制权、强制开放流通等手段进行实现,不能完全否认它们的私权性。其二,防止公共数据概念范围的随意扩张,符合行政法学限制政府权力的价值理念。数据开放立法实践中,不少地方宣布政务数据为国家所有。如 2019 年山西省政府颁布的《山西省政务数据资产管理试行办法》第 7 条规定,政务数据资产是重要的生产要素,属于国有资产,其所有权归国家所有。为最大限度促进数据资源流通,学术和实践都有意扩大了公共数据的范围,但也应看到与资源如影随形的是权力的触角,行政权力有可能以国家所有或管制权力的名义发挥作用。因此,将公共数据的概念类型限制在合理范围内符合法治基本精神,也是十分必要的。

第三,指涉对象混同,无法区分不同类型数据。目前法学理论对于不同主体的数据界定标准并不统一,由于个人无法实现对自身信息的有效控制,为实现个人信息保护目标,《个人信息保护法》采取识别性标准界定个人信息,赋予公民个人一揽子工具性权利,用以对抗数据处理者。即便个人信息被多个主体控制,公民个人仍然可以进行穿透性控制。未经个

---

⑩ 胡凌:《论地方立法中公共数据开放的法律性质》,载《地方立法研究》2019 年第 3 期。

⑪ 参见梅夏英:《在分享和控制之间 数据保护的私法局限和公共秩序构建》,载《中外法学》2019 年第 4 期。

人知情同意,数据处理者不能将个人信息传输给第三人利用。与此对照,现行法律对政府、企业的事实性数据控制基本给予了合法性确认,[12]采用了控制性标准认定企业数据和政府数据,以是否合法控制作为数据权属的界定标准。但是,如果严格依据《个人信息保护法》的规定,政府和企业所掌握的个人信息,并不属于企业和政府,法律属性上仍是个人信息。于是,这种立法安排导致了个人信息与企业数据、政府数据的交叉性控制局面,形成一种"你中有我,我中有你"的现象。学者沈健州对此有形象描述,"个人数据与企业数据之间就可能出现交集,甚至以存在交集为常态。对于这类'骑墙者',其权利规则自然无法依照'个人数据归个人、企业数据归企业'的简单逻辑加以梳理"。[13] 政府所掌握的数据,如果可以识别到具体个人,如身份信息、信用信息、健康信息等,在《个人信息保护法》的调整下,不能未经同意提供给社会开放利用。类似的是,政府所掌握的企业相关数据,可能涉及企业的商业秘密,同样不能开放利用。

四、公物理论的分析引入

探讨公共数据理论的概念内涵,不能脱离其所具有的理论基础及其所处的时代背景。寻找公共数据的理论基础,方能看清它在概念地图中的相对坐标,以免概念泛化。阐明它所处的时代背景,才能推进行政法学的丰厚与深化。政府信息与公共数据、政府信息公开与公共数据开放、政府数据与公共数据,这些基本概念既具有相似性又具有差异性,制度展开存在含糊复杂的纠缠乱象。要厘清这些概念的关系,需要回到理论研究的起点,即公共数据的法律性质问题。为此,基于对公地悲剧的反思,本文引入了公物理论。

(一)公共数据制度的现实背景——基于对公地悲剧的反思

"公地悲剧"理论最早由英国学者哈丁提出,借以分析英国工业革命前的圈地运动,[14]核心观点是"具有排他性属性的所有权是避免资源被过

---

[12] 参见高富平:《数据流通理论 数据资源权利配置的基础》,载《中外法学》2019 年第 6 期。

[13] 沈健州:《数据财产的权利架构与规则展开》,载《中国法学》2022 年第 4 期。

[14] See Garrett Hardin, *The Tragedy of the Commons*, 162 Science 1244(1968).

度使用的有效方式",[15]通过法律对土地产权的"拟制稀缺"解决资源效率问题。美国知识产权学者詹姆斯·博伊尔教授对知识产权制度扩张的反思,对人们审视公共数据制度具有一定的启发意义。2001 年 11 月美国杜克大学法学院主持召开第一次公共领域主题研讨会,詹姆斯·博伊尔教授在会上指出:"过去 15 年来,知识产权在世界经济中的重要性和力量都在上升。权利已经从人类基因组扩展到互联网的各个领域,并通过法律支持的数字围栏、延长版权期限和加重处罚得到加强。为了应对新的复制技术,这种知识产权的扩展是否必要和可取?因为它会产生投资和创新?我们是否必须将公共领域私有化以避免'公地悲剧',或者廉价复制和全球网络技术真的可以使公用池管理比合法垄断更有效吗?"[16]我国现在与詹姆斯·博伊尔教授指出上述问题时的语境类似,甚至数据经济发展到今天,只是当时问题的重现。如劳伦斯·莱斯格在《代码 2.0:网络空间中的法律》一书中判断的一样,互联网在政府和商务力量的推动下并未保持开放,反而变得愈加封闭。

在文章《第二次圈地运动与公共领域建设》中,詹姆斯·博伊尔将美国知识产权的扩张比喻为第二次圈地运动,认为公地悲剧实际上是对富人掠夺穷人财产的美化。公地悲剧试图论证私有产权能够带来更高的效率,这种逻辑不仅在圈地运动中受到质疑,而且不能适用于无形财产。布兰代斯大法官曾说,一般的法律规则是,人类最崇高的产品——知识、确定的真理、概念和观念——在自愿与他人交流后,变得像空气一样自由,供人们使用。詹姆斯·博伊尔指出圈地运动实际上在否认布兰代斯的假设,认定任何公地都是低效率的,他举了人类基因组的例子。制药公司主张为生产新药和开展基因治疗,制药企业应该取得对人类基因数据的专利权。但普通民众却提出了朴素的反对意见,民众对自己的身体享有所有权,人类基因组应该属于人类所有,不应以财产权的形式由大公司垄断使用。虽然专利法保护的是原创性表达,但基因专利越来越接近底层数据,这客观上造成了知识产权的扩张,类似案例的增多实际上在美国掀起

---

⑮ 彭辉:《数据权属的逻辑结构与赋权边界——基于"公地悲剧"和"反公地悲剧"的视角》,载《比较法研究》2022 年第 1 期。

⑯ James Boyle, *Foreword*: *The Opposite Of Property*?, 66 Law and Contemporary Problems 2(2001).

了第二次圈地运动。对此,詹姆斯·博伊尔提出了两个关键问题:公地是否一定是低效悲剧的?更强的权利保护方案是问题的解决方案吗?他提出与土地不同,知识产品是非竞争性和非排他性的,反复利用才能实现价值最大化,封闭知识产品的自由流通显然会阻碍创新,因此只能赋予有限的排他性权利。互联网发展如此迅速,正是因为核心协议TCP/IP和HTML是开放的,类似语言一样,这些系统通过一个不属于任何人的通用框架允许所有人进行创建。[17] 根据制度经济学的观点,无论是传统财产权抑或知识产权,设计法律权利是为了降低社会成本,提高使用"物"的经济效率。那么对于无形财产来说,最佳的制度安排是短期专有权和公共利用的有效结合,忽视专有权的保护会挫伤科技创新的积极性,但永久保护垄断利益则会使经济激励制度失去正当性,因为无形"物"是一种公共产品,它理应由大众共同享有。

借鉴詹姆斯·博伊尔教授对公地悲剧的批评反思,本文认为公地悲剧的制度理论和权利话语本身无法被适用于数据领域,理由在于数据资源天然依附于各类主体,真正缺少的不是私人数据而是公共数据。数字经济强调万物互联,但是本质上仍是人的数据化和信息化,个人信息是维系数字经济运转的"原料"。为保护个人信息权益,凡是带有识别性的相关数据都被定义为个人信息。个人信息的产生天然依赖于其他数据主体,一则数据只能在交互之间产生,二则因为企业掌握着数据记录能力。最具有经济价值的个人数据资源初始掌握在个人和企业手中,在这个意义上或许根本就不存在天然的公共数据。同时,数据作为一种交互性的符号,本身是脱离主体的,在最抽象意义上垄断一种符号本身没有意义,在流通使用中数据资源才能价值最大化,不同数据主体都有控制更多数据资源的本能欲望。

经过数年来的"数据圈地运动",事实上还存在可以开放利用数据公地吗?如果本来没有公地,那么谈何悲剧?公地悲剧的简单套用或许才是最大的悲剧。就此而言,真正需要法律拟制的是公共数据,制度设计上应该促进数据主体尽可能地开放利用自身数据资源,唯有如此才能化悲

---

[17] See James Boyle, *The Second Enclosure Movement and the Construction of the Public Domain*, 66 Law and Contemporary Problems, 2001.

剧为喜剧。我国《个人信息保护法》和欧盟《一般数据保护条例》都赋予了公民“个人信息可携权”,不同于风险预防的立法目的,这种权利设计是希望借助个人权利主张实现数据资源的分配正义。但事与愿违,随着超级平台垄断地位的日益稳固和政企合作的程度加深,个人对平台的依赖性大大加强,一个比较明显的观感是近年来再也没有新的大型平台出现,越来越多的应用程序选择在大的平台生态下经营存活,这些都决定当用户黏性很高时,个人不会选择迁移个人信息。或者在固定应用场景下只有单一平台,个人信息无处可转。因此,研究视角应该转向政府,借助公物理论探索对公共数据的合理拟制,推动实现全社会数据资源的合理分配。既要避免公共数据供给不足,也要防止数据范围随意扩大。

(二)公共数据的法律性质分析——行政公物理论的引入

在法律关系中,数据是作为客体存在的,与自然人、法人、国家、国家机关等主体相对。“法律关系的客体是法律关系主体发生权利义务联系的中介,是法律关系主体的权利和义务所指向、影响和作用的对象。”[18]首先,数据具有客观性。作为记录主体活动的符号,数据一经产生就客观存在,不再依附于数据主体的意志。其次,数据具有有用性。数据资源可以实现多个主体的同时利用,依托不同相关性场景可以被挖掘产生经济效应。再次,数据具有可控性。“数据持有者可借由技术和硬件对数据实施控制,如通过定位存储位置、获得接口权限以及调用相应代码指令等将数据特定化。”[19]最后,数据具有法律性。我国《数据安全法》《网络安全法》《电子商务法》等法律都对数据治理进行了规定。因此,数据可以成为法律关系的客体。作为一种独立的经济资源,数据也可以成为法律上的“物”。公共数据亦是如此。“物”在公法与私法上具有不同的法律意义和制度安排,这决定了数据问题的公私法交叉性,也加剧了法律问题的复杂性。在行政法视角下,公共数据可以被视为公物。“公物是指,或者服务于行政活动(比如办公大楼)或者是供公众无须许可(比如街道、道路、广场)或根据特定的许可(比如学校、高等学府)使用的物。”“这些物有一

---

⑱ 张文显主编:《法理学》(第5版),高等教育出版社2018年版,第157页。

⑲ 李海敏:《我国政府数据的法律属性与开放之道》,载《行政法学研究》2020年第6期。

个共同的特点,即它们的目的都是直接服务于公众利益。”[20]在这个意义上,公共数据的公共性主要是指数据的公共用途,如服务于行政活动、特定活动和公众使用等。行政公产是公物的近似概念。“在我国,行政公产是指由行政主体为了提高公用而所有或管领的财产。这一概念主要包含三层意思:第一,行政公产必须供公共之目的;第二,行政公产必须由行政主体所有或管理;第三,行政公产是一种财产。”[21]公产概念更强调“物”的财产属性,但目前数据能否成为财产权的客体尚存在争议,[22]所以本文采用了公物的概念。借助公物理论可以有效回应现行概念中存在的问题。

第一,分析界定法律上的“物”。政府信息虽然也可以成为法律关系的客体,但它并不构成法律上的“物”。尽管《政府信息公开条例》强调发挥政府信息对生产、生活和经济社会活动的服务作用,但立法并未将政府信息视为法律上的“物”。理由在于,政府信息依附于生产活动,而数据已然成为独立的生产资料。相较政府信息公开,公共数据开放强调对数据的开放利用,要求数据的原始性、可机读性、及时性。这些要求都是将数据作为一种独立的经济资源进行对待。针对数据资源属于财产权利还是财产权益,民法学界展开了热烈讨论,这也从侧面说明了数据资源已经成为了法律上的“物”。

第二,区分“法律上的公物”与“事实上的公物”。除对自然事物的数据采集外,公共数据都是由私人数据转化而来。公共管理和服务机构在履行职责过程中采集的数据,属于个人信息和企业数据,并不能自动转化为公共数据。尽管个人信息和企业数据也具有公共性,它们在事实状态上被开放利用,但它们仍然不是公共数据。“私物要转化为公物,从而具有公物的法律地位,原则上必须有可以承载公物使命的形体的事实存在,以及政府对特定私物作出提供公用的意思表示(命名)。”[23]对于数据资源来说,命名表现为“再利用”的意思表示,既可以是公开命名公共数据,也可以是事实上对数据的公共利用。“对于公众事实上共同使用的财产,虽

---

[20] 肖泽晟:《公物法研究》,法律出版社2009年版,第23~24页。

[21] 梁凤云:《行政公产研究》,中国政法大学2001年硕士学位论文,第13页。

[22] 参见梅夏英:《数据的法律属性及其民法定位》,载《中国社会科学》2016年第9期;龙卫球:《数据新型财产权构建及其体系研究》,载《政法论坛》2017年第4期。

[23] 杨解君、赖超超:《公物上的权利(力)构成——公法与私法的双重视点》,载《法律科学(西北政法学院学报)》2007年第4期。

然涉及公共利益,但这并不能充分说明一项财产的公法地位。除非习惯法能够成为我国行政法的渊源,否则这种财产还需要以法律规定的行政行为或其他法律行为来使其具有公法上的地位,即由行政主体对财产作出开始公用的意思表示。”㉔个人信息和企业数据,尤其是平台数据,虽然事实上处于开放利用状态,但由于缺乏行政机关的意思表示仍然不能成为公共数据。微博诉脉脉和大众点评诉百度等不正当竞争案件也引证了这一点。

第三,区分采集、共享和开放利用三个数据环节。公共管理和服务机构在履行职责过程中收集的数据中有大量的个人信息和企业数据,此时发挥作用的公权力不同于数据共享和开放利用环节的公权力。换言之,这是不同的具体行政行为。在数据采集环节,行政机关依法通过强制或非强制的方式采集私人数据,由于缺乏公共利用的意思表示,该行政行为并未改变私人数据的性质。在履行法定职责中采集的数据,由于缺乏被“再利用”的命名行为,仍然只能是政府信息,尚不构成法律上的“物”。政府对个人信息和企业数据的加工利用所产生的衍生数据,只是履职活动的副产品,同样因缺乏公共利用的意思表示,不能被认定为公共数据,只能被视为政府数据或政务数据,即政府所控制的数据。在数据共享和开放利用环节,行政机关以事实行为进行命名,将这些数据转变为公务用公物和公共用公物。这些数据脱离了原来行政行为的束缚,被再次开放利用。它们虽然承载了公共利用的目的,但是私人权利仍然存在,只不过受到公共用途的限制而已。

五、对公共数据的再定义

(一)明确公共数据的界定标准

根据上文分析,本文认为,公共数据是指直接用于行政活动以及公共管理和服务活动的各类数据资源,包括公务用公共数据和公众用公共数据。相较政府信息的定义,公共数据强调数据用途的公共性,由制作获取的“副产品”转变为直接利用的“独立物”。对于各类公共性数据,个人信

㉔ 肖泽晟:《公物的范围——兼论不宜由国务院国资委管理的财产》,载《行政法学研究》2003 年第 3 期。

息、企业数据和平台数据,如果未经行政机关命名,都不能成为公共数据。行政机关的意思表示,既可以是明示的,也可以是默示的。区分数据采集、共享和开放利用三个环节,在数据采集环节不存在公共数据,内部共享数据属于公务用公共数据,外部开放数据则属于公众用公共数据。

美国在《开放政府数据法案》(Open Government Data Act)中采用政府数据资产(government data asset)的概念,分为公共数据资产(public data asset)和非公共数据资产(nonpublic data asset)。公共数据资产是指可向公众公开和已经以开放格式向公众发布,并通过搜索 Data. gov 发现的,或属于全球公共领域的一部分,如有必要,以开放许可证发布的数据。非公共数据资产是指该数据基于隐私性、安全性、保密性或其他基于法律的原因不能对外公开,或者该数据基于合同当事人之间的合同约定而被合同、许可协议、专利权、商标权、版权、商业秘密、法规或其他限制而不能对外公开。[25] 欧盟《关于公共部门信息再利用的指令》(Directive on the Re-Use of Public Sector Information)则采用了公共部门信息(public sector information)的概念,是指公共部门收集、制作、复制和传播许多活动领域的广泛信息,如社会、经济、地理、天气、旅游、商业、专利和教育信息。[26] 由此可见,美国和欧盟也没有将政府数据完全定义为公共数据,美国区分了公开的与非公开的政府数据概念,欧盟则将概念限定为公共部门数据,而没有直接适用公共数据的定义。

公物理论可以为概念界定提供指引,但没有解决正当性问题。为什么要将这些数据用于公共用途?为什么公共管理和服务机构所掌握的数据,更容易被界定为公共数据?本文认为这与数据主体的公共性有关。承担着法定职责的行政机关和事业单位因其主体具有公共性,所以履职过程中产生或获得的数据具有天然的公共性。水务、电力、燃气、通信、公共交通、民航、铁路等公用企业以企业形式运营,虽然它们已然脱离了公权力身份,但是所经营事项牵涉较广,利益重大,并且受到财政资金直接支持,所以所涉事项的公益性传导到数据资源上。对于这类数据应该取

㉕ Open Government Data Act,7. 24. 2017.

㉖ Directive(EU)2019/790 of the European Parliament and of the Council of 20 June 2019 on Open Data and the Re-Use of Public Sector Information(recast),Official Journal of the European Union,26. 6. 2019.

之于民,用之于民。

从数据利用者的角度看,公共数据所承载的权利本质上是一种复用权或剩余权利,它应该属于全社会所有,不能依靠契约合同完全让渡。根据现代产权理论,所有权与合同的最大区别是剩余权利。合同具有不完备性,如果出现没有约定情形,那么所有权人拥有对财产的剩余控制权和剩余收益权。[27] 数据产生于人与人之间的交互关联,数据关系本质上是人际关系,群体意义上的人拥有对数据的全部权利。这里的个人是一种群体和社会意义上的人,虽然外化为具体个人但仍具有整体性特征,因此可以理解为社会整体和普罗大众。公民之于国家、个人之于企业的关系,抽象意义上都可以理解为一种契约,或是社会契约,抑或商业协议。不同于传统自然资源,相关性而非因果性是数据资源价值的具体体现,因而未约定情形广泛存在,依附于固定场景的约定情形只占全部情形的一部分。虽然在行政活动或商业服务中,个人让渡了自己的数据资源,但他们仍保有对数据资源的剩余权利,有权要求政府和企业归还数据资源实现经济利益。契约只是约定了具体场景的数据资源交付,不能理解为产权人放弃了全部剩余权利,这是不合理的也是不公平的。对政府和企业来说,它们不能垄断对数据使用的控制,应由全社会掌握数据利用的剩余控制权。

(二)对数据公共性的体系理解

根据上文分析可知,公共数据与数据的公共性并不是一个问题,二者是什么关系呢?数据具有突出的公共性,应该对其作体系化理解,根据公共性程度的高低进行区分对待。必须强调的是,本文主要从资源利用角度对不同类型数据进行比较分析。数据具有的公共性越高,意味着数据资源越应该脱离数据主体的排他性控制,实现数据资源的开放利用。个人信息具有人格利益,对个人信息公共性的讨论应局限于日常生活和人际交流。即便个人信息具有经济属性可以重复利用,也不能随意将其转变为可以开放利用的纯粹经济资源。因此,个人信息的数据公共性最低。企业采集处理数据资源,付出了一定的经济成本。即便企业数据由个人信息汇聚而成,但是无法否定企业的经济投入,这部分财产性利益应该得

---

[27] 参见[美]保罗·米尔格罗姆:《所有权与产权》,宋协利译,载《经济社会体制比较》1994年第5期。

到尊重。企业数据权益主要表现为经济利益,企业数据的公共性高于个人信息的公共性。因此,如果需要将企业数据转变为公共数据,应该根据法律规定情形或给予必要补偿。平台数据涉及政府、企业和个人多个主体,数据权属关系复杂,难以通过统一规则予以界定。解决平台数据的公共性问题,应结合具体场景和实际案例综合考量。平台数据具有公共性,其公共性高低与否与执法成本和具体情形有关。当界权成本低于监管成本时,可以将平台数据认定为公共数据。当监管成本低于界权成本时,加强行政监管是更可行的方案。"财产权公共性源于财产的稀缺性和财产权的对世效力,即排他性的支配权。不同思潮和制度安排对财产权公共性的体现程度不一,最弱的公共性体现为要求财产权服务于物尽其用等社会目标,最强的公共性则消灭财产权。"㉘在逻辑上,公共数据是数据公共性的一种表现形式,它拥有最高程度的公共性。

㉘ 谢鸿飞:《财产权的公共性》,载《上海政法学院学报(法治论丛)》2022年第5期。

●论英国国会选举制度及其改革

郑志行

摘　要:英国国会选举制度主要包括六个部分的内容:负责组织选举活动的选举委员会,选区划分、选民登记、候选人资格条件、选举费用管理以及投票和计票程序。近年来,英国国会选举制度的改革主要集中于表决方式的改革和选举活动数字化的改革。英国国会目前采用的简单多数制表决方式可能产生民主代表性的问题,有进行改革的必要,但能否以可转移单票制取代简单多数制尚存争议。信息技术的发展使得选举活动数字化成为可能。这有助于解决选民参与度不足、选票无效、计票速度等问题。伴随着邮寄选票、电子机器投票、电话投票和在线投票等新投票方式的引入,选举活动如何在确保安全性、秘密性、准确性和透明度的同时,降低投票的成本,仍然需要细致的制度设计。

关键词:国会选举制度;表决方式;投票方式;数字化改革

英国开展选举活动的范围十分广泛,既包括中央层面的选举,即对参议院议员(Members of Parliament to the House of Commons)的选举,又包括地方层面的选举。苏格兰议会、威尔士国民议会、北爱尔兰国民议会等都会进行周期性的选举活动。地方层面的选举还包括城市议会和市长的选举,例如伦敦于2021年选举产生了新任市长,同时进行了伦敦议会选举。在这些纷繁复杂的选举活动当中,本文的研究对象是英国国会选举制度,介绍选举制度的现状及主要内容,分析已经开展的制度改革,并展望将来的改革方向。希望本文的研究可以对选举制度研究有所裨益。

一、英国国会选举制度概览

英国国会选举(the UK Parliamentary General Election, UKPGE),又被

称为中央议会选举或英国国会大选,英国国会选举是英国各地人民选择议员的机会,需要在每个选区选举一名下议院议员,而且该议员将在下议院代表一个地方(选区)长达五年。最近的一次英国国会选举是2019年举行的,候选人提名的截止日期是2019年11月14日,政治竞选活动为期4周,投票日是2019年12月12日。为了开展本次选举活动,英国国会通过了专门的提前选举法案《提前国会大选法》(Early Parliamentary General Election Act 2019)。在本次英国国会大选中,保守党(Conservative Party)获得了80个席位,居于压倒性地位。保守党净胜48席,赢得43.6%的选票,成为1979年以来获得最高得票率的政党。

值得注意的是,通常而言国会大选应当遵守2011年的《固定任期国会法》(Fixed-term Parliaments Act 2011)。根据该法,国会每五年举行一次选举活动,但下议院可以通过以下两种方式之一提前举行大选:获得下议院至少三分之二议员支持的决议,或对政府的不信任投票。但是,2019年的英国国会选举并没有遵循这一路径。因为政府希望提前举行国会大选,而这一动议连续三次都未获得通过。因此,时任英国首相鲍里斯·约翰逊引入了这项选举法案,简单多数议员投票通过《提前国会大选法》,并以该法为依据开展选举活动。

英国国会选举由英国选举委员会(Electoral Commission)负责组织选举活动,制度的主要内容包括选区划分、选民登记、候选人资格条件、选举费用管理以及投票和计票程序等。下文将分别展开介绍。

(一)选举委员会

英国选举委员会是根据2000年《政党、选举和公民投票法》(Political Parties, Elections and Referendums Act 2000)设立的独立法定机构。英国选举委员会由九名或十名委员领导,其中包括一名主席,①通过下议院议长主持的委员会直接向英国议会报告。② 选举委员会是一个独立的机构,负责监督选举,监管政治捐赠和选举过程中的政党开支,并且致力于提升公众对民主过程的信心。选举委员会对诸如选举行政、选举行为和政党

① Elections and Referendums Act, Political Parties, Article 1 (2000).

② The Electoral Commission, *Guidance: Candidate or Agent*, the Electoral Commission, http://www.electoralcommission.org.uk/guidance/resources-for-those-we-regulate/candidates-and-agents.

资助标准妥当性等关键问题都会发生影响，影响着人们参与政治的方式与政治合法性。

英国选举委员会在国会选举中主要发挥六项作用：第一，为地方选举主任（returning officers）和选举登记官员（electoral registration officers）制定指导手册，设定绩效标准，并报告选举管理者根据这些标准的执行情况；第二，为参选候选人及其代理人、竞选的政党以及无党派候选人提供指导；第三，登记政党和无党派人士；第四，增进公众对参加选举的认识与意识；第五，就选举活动给出报告；③第六，公布政党资金来源和使用方式的详细信息。④

选举委员会是根据公共生活标准委员会（the Committee on Standards in Public Life）的第五份报告建议所创设的。⑤ 该委员会认为，选举委员会是在很多国家建立相似机构之后比较的产物，是支持和维持英国民主系统的机构。⑥ 公共生活标准委员会还负责对选举委员会开展一系列的咨商和分析，确保选举委员会的现有授权、治理安排和可问责性框架符合委员会的要求。⑦ 开展咨商和分析的核心标准是自由和公正的选举（free and fair elections），包括选举委员会应当具备公正与一贯的选举规则，这些规则应当被合适管理与有效执行；形成健全、有竞争力的政党（healthy, competitive political parities），政党接受捐赠与开支应当涉及正当的公共

③ 如选举委员会在2019年选举后发布的UK parliament General Election 2019等。The Electoral Commission, *UK Parliamentary General Election* 2019, the Electoral Commission (Apr., 2020), https://www.electoralcommission.org.uk/sites/default/files/2020-04/UKPGE%20election%20report%202020.pdf.

④ The Electoral Commission, *Media handbook UK Parliamentary General Election (UKPGE)*, the Electoral Commission (Dec. 12, 2019), https://www.electoralcommission.org.uk/sites/default/files/2019-11/UKPGE%202019%20Media%20Handbook%20GB_1.pdf.

⑤ Committee on Standards in Public Life, *Standards in Public Life The Funding of Political Parties in the United Kingdom*, Committee on Standards in Public Life (Oct., 1980), https://assets.publishing.service.gov.uk/government/uploads/system/uploads/attachment_data/file/336870/5thInquiry_FullReport.pdf.

⑥ Committee on Standards in Public Life, *Review of The Electoral Commission*, Committee on Standards in Public Life (Jan., 2007), https://assets.publishing.service.gov.uk/government/uploads/system/uploads/attachment_data/file/336902/11thReport_Summary.pdf.

⑦ Committee on Standards in Public Life, *Review of The Electoral Commission*, Committee on Standards in Public Life (Jan., 2007), https://assets.publishing.service.gov.uk/government/uploads/system/uploads/attachment_data/file/336902/11thReport_Summary.pdf.

利益。然而,根据“自由和公正的选举”标准,选举委员会目前仍存在一些问题,具体体现为两个方面。一方面,投票方式的改革影响了选举公正。选举委员会根据现实情况的需要引入邮寄投票制度,这导致选举欺诈的数量有所增加,削弱了选举登记的准确性和可理解性,从而使公众对选举过程公正性的信任程度有所降低。另一方面,主要政党进行巨额贷款并且在上次大选中并未作出阐述,这导致公众对选举委员会确保资助正当性的监管框架的信任程度下降。⑧

这些问题出现的根源在于选举委员会的角色定位冲突与监管手段的失灵。首先,对选举委员会的授权过于宽泛,这导致选举委员会过度关注促进政策发展,鼓励投票者参与,忽视了其主动监管和提供建议的角色。其次,对选举委员会的授权过于宽泛,还导致了选举委员会确保选举过程的完整性和有效性,以及鼓励投票者参与的任务和选举委员会与政府的选举现代化项目(electoral modernization programme)展开合作之间的冲突。再次,选举委员会并未充分发挥其作为政党政治资金和竞选活动支出监管者的身份,这导致了其采取的是行政性监管手段,而非积极的以风险为基础的监管手段。最后,为了保护选举委员会工作人员的独立和公正采取了一些不合比例的限制措施,这可能会导致委员会缺乏有效履行职责所需的必要的专业性。⑨ 这些因素都将阻碍选举委员会的角色定位的实现。因此,选举委员会应当持续改革,从而确保其能够作为严格、专注、独立、战略的监管者,具有必要的领导能力、治理能力、技能和经验,以提高选举过程的完整性和有效性。

近年来,选举委员会也面临着一些新挑战。第一,选举法律需要现代化,地方政府持续面临预算压力,以及专业群体从选举工作岗位离职,这些都给选举委员会提供良好运行的选举制度带来了挑战。第二,在拉票制度改革的背景下,需要谨慎实施和管理并确保制度有序运行。第三,选

---

⑧ Committee on Standards in Public Life, *Review of The Electoral Commission*, Committee on Standards in Public Life(Jan., 2007),https://assets.publishing.service.gov.uk/government/uploads/system/uploads/attachment_data/file/336902/11thReport_Summary.pdf.

⑨ Committee on Standards in Public Life, *Review of The Electoral Commission*, Committee on Standards in Public Life(Jan., 2007),https://assets.publishing.service.gov.uk/government/uploads/system/uploads/attachment_data/file/336902/11thReport_Summary.pdf.

举委员会需要回应选民在数字时代的期待，让选举服务易于在线获取并使用，同时确保数字化的竞选工具不会损害竞选活动的透明度和完整性。第四，选举法律面临现代化的急迫需要，目前英国的选举法律明显存在过时、复杂且不一致的问题。第五，北爱尔兰地区捐赠的透明度亟待提升，在2017年7月之前向北爱尔兰的政党进行捐赠的任何信息都无需披露。第六，确保计划具有应变性，在准备计划时应当考虑到政治环境性质的变化，确保可以对计划外的选举事件作出回应，需要具备专家、经验和对选举投票进行可追溯记录。⑩

为了应对这些挑战，选举委员会明确了将来一个时期的改革方向：关注选民的需要，应对不断变化的环境，持续进行自由和公正的选举和公民投票，确保每一次投票都是安全和无障碍的；确保在政治资金融通方面建立一个越来越可信和透明的监管体系，监督资金流转的合规性，主动追查违规行为，增进与受监管者之间的理解；作为一个独立和受尊重的专门知识中心，利用知识和洞察力，进一步提高制度的透明度、公平性和效率，并帮助适应数字化时代；追求性价比，以更少的成本在第一时间实现更多的目标；充分利用资源和专业知识，为选民和立法者提供最重要的服务。⑪

（二）选区划分

在2019年的英国国会大选中，英国共计划分650个国会选区，每个选区通过简单多数决的方式选举出一名下议院议员代表。其中英格兰具有533个选区，苏格兰具有59个选区，威尔士具有40个选区，北爱尔兰具有18个选区。⑫

1986年的《国会选区法》（Parliamentary Constituencies Act 1986）调整的范围包括国会选区的分配和议员数量的变动。根据该法案，在英格兰、苏

---

⑩ The Electoral Commission, *Business Plan* 2019/20, the Electoral Commission (May 21, 2019), https://www.electoralcommission.org.uk/sites/default/files/pdf_file/Business-Plan-2019-20-Web-Accessible.pdf.

⑪ The Electoral Commission, *Business Plan* 2019/20, the Electoral Commission (May 21, 2019), https://www.electoralcommission.org.uk/sites/default/files/pdf_file/Business-Plan-2019-20-Web-Accessible.pdf.

⑫ The Electoral Commission, *Media handbook UK Parliamentary General Election (UKPGE)*, the Electoral Commission (Dec. 12, 2019), https://www.electoralcommission.org.uk/sites/default/files/2019-11/UKPGE%202019%20Media%20Handbook%20GB_1.pdf.

格兰、威尔士和北爱尔兰各设置一个边界委员会(Boundary Commission),作为独立、非部门公共主体(non-departmental public bodies)。边界委员会通过符合国会规则的选区划分方案,并经过下议院和上议院批准后生效。根据《国会选区法》,英国内所有选区在每10年到15年内需要进行一次一般审查,⑬随后被修改为每8年到12年进行一次。⑭ 在两次一般审查之间,委员会能够对管理区域内部进行临时审查,但并不能如同一般审查对选区边界作出实质性的变动。一个选区的选民"应当尽可能可行地接近选民配额(一个选区的平均规模)"⑮,选举委员会保留对这一规则具体解释的权力。⑯ 2011年,划分选区分配的规则发生了实质性变动。《国会投票机制和选区法案》(Parliament Voting System and Constituencies Act 2011)对1986年的《国会选区法》进行了实质性修改从而对2013年的第六次威斯敏斯特周期性审查(2013 Periodic Review of Westminster constituencies)产生了影响。

从实践情况来看,英国国会选举的选区调整是较为困难的。根据法案的规定,每五年会进行一次国会选区边界审查。⑰ 2011年的法案要求边界委员会到2013年10月之前建议新的议会选区边界,⑱从而在2015年的大选时做出调整。2011年到2013年四个边界委员会分别开展了选区审查活动,但是,2013年《选举注册和管理法案》(Electoral Registration and Administration Act 2013)将边界委员会报告的日期推迟到2015年以

---

⑬ Parliamentary Constituencies Act (1986).

⑭ Boundary Commissions Act, Section 2 (1992).

⑮ "Shall be as near the electoral quota [the average size of a constituency] as is practicable."

⑯ House of Commons Political and Constitutional Reform Committee, *What Next on the Redrawing of Parliamentary Constituency Boundaries*? (*Eighth Report of Session* 2014 - 15), UK Parliament(Mar. 9, 2015), https://publications.parliament.uk/pa/cm201415/cmselect/cmpolcon/600/600.pdf.

⑰ House of Commons Political and Constitutional Reform Committee, *What Next on the Redrawing of Parliamentary Constituency Boundaries*? (*Eighth Report of Session* 2014 - 15), UK Parliament(Mar. 9, 2015), https://publications.parliament.uk/pa/cm201415/cmselect/cmpolcon/600/600.pdf.

⑱ 2011年3月4日边界委员会发布了2013年审查报告(2013 Review, 也被称作 the Sixth General Review)。

后,[19]因此2015年大选的选区并未发生变化。此后,政府并未采纳边界委员会的建议,而是又在2016年到2018年开展了一次威斯敏斯特周期性审查。然而,这次周期性审查的结果仍未被政府采纳,最终被置于一旁(laid aside)。[20]

选区边界未经及时审查并修改,将会带来一系列的问题。例如,选民不平等将直接影响民主合法性,"如果2015年'错误'的政党最终在下议院获得最多的单一席位,如果选民不平等是主要因素,那么民主合法性将面临严重问题"[21]。尤其考虑目前的选区划分已经是历史的产物,这一问题将更为凸显,正如英格兰边界委员会所指出的,"2015年选举时使用的选区,是根据2000年2月公布的选民登记册中的选民来创建的"。[22]

边界委员会还倡导了一系列选区改革,例如减少国会选区数量,将选区的数量从650个下降到600个;改变国会选区的选民规模,选民规模必须落入英国选区平均选民人数的"+/-5%"以内;[23]明确选区划分的考量因素,在划分选区边界时应当将地理考量(geographical consideration)、地方政府边界(local government boundaries)、现存的选区边界(boundaries of existing consituencies)以及地方联系(local ties)考虑在内。[24] 然而这些改革并未得到实施。下议院政治和宪法改革委员会(House of Commons Political and Constitutional Reform Committee)在两份报告中指出了《国会投票机制和选区法案》存在的问题。[25] 首先,尽管要求将下议院议员的

---

[19] Electoral Registration and Administration Act, Section 6 (2013).

[20] 2010年大选在英格兰、苏格兰、威尔士和北爱尔兰分配的下议院议员数量分别是533人、59人、40人和18人。2013年边界委员会审查建议中分配的下议院议员数量分别是502(533-31)人、52(59-7)人、30(40-10)人以及16(18-2)人。然而,在2019年大选中,各地区分配的下议院议员数量依旧是533人、59人、40人和18人。

[21] Written evidence from John Cartwright [RPB 02].

[22] Written evidence from the Boundary Commission for England [RPB 13].

[23] 仅仅保留四个例外,怀特岛(Wight)有两个选区,奥克尼郡(Orkney)和设得兰群岛(Shetland)有一个选区,以及纳赫-埃利安纳拉(Na h-Eileanan an Iar)有一个选区。

[24] House of Commons Political and Constitutional Reform Committee, *What Next on the Redrawing of Parliamentary Constituency Boundaries*? (*Eighth Report of Session* 2014 - 15), UK Parliament(Mar. 9, 2015), https://publications.parliament.uk/pa/cm201415/cmselect/cmpolcon/600/600.pdf.

[25] House of Lords Constitution Committee, *Parliamentary Voting System and Constituencies Bill* (*Seventh Report of Session* 2010-12), HL Paper 58.

人数从650人减少到600人,政府并没有做出这一改动;其次,新规则要求考虑选举配额存在的差异,这会在英国的特定区域产生困难;最后,审查的时间结构使得候选人直到大选前18个月才能知道将要竞争选区的边界。为了降低调整选区的措施的影响,我们应当在一系列边界审查中规定一种渐进的办法,逐步减少选区数目并使其规模均等,而非通过一次选区调整实现。㉖ 上议院宪法委员会(the House of Lords Constitution Committee)就下议院议员数量的减少和议会选区边界变化接近选举时间等问题,也给出了相似的建议。㉗

作为2011年《国会投票机制和选区法案》实施的结果,2013年开展了选区审查,但整体上并不令人满意。不满意很大一部分来源是全体选民应该在英国选民配额5%上下浮动的规则。它改变了新议会选区边界划分的方式,严重限制了边界委员会需要考虑的诸如早期边界的连续性、地方社区等因素。㉘ 为了让涉及的主体能够更好地接受,可能有一些需要改变的问题:第一,重新考虑改变议会选区的数目;第二,考虑根据人口而不是选民来分配选区的可能性;第三,改变选区选民和选举配额之间容许的偏差;第四,减少边界审查的频率,并增加审查的时限;第五,改进与公众交流的过程;第六,对边界委员会在审查时考虑地方政府边界的情况进行审查。㉙

(三)选民登记

与选区边界划定和投票制度一样,选民登记是代议制民主和自由选

㉖ House of Commons Political and Constitutional Reform Committee, *What Next on the Redrawing of Parliamentary Constituency Boundaries*? (*Eighth Report of Session* 2014 - 15), UK Parliament (Mar. 9, 2015), https://publications.parliament.uk/pa/cm201415/cmselect/cmpolcon/600/600.pdf.

㉗ House of Lords Constitution Committee, *Parliamentary Voting System and Constituencies Bill* (*Seventh Report of Session* 2010 - 12), HL Paper 58.

㉘ House of Commons Political and Constitutional Reform Committee, *What Next on the Redrawing of Parliamentary Constituency Boundaries*? (*Eighth Report of Session* 2014 - 15), UK Parliament (Mar. 9, 2015), https://publications.parliament.uk/pa/cm201415/cmselect/cmpolcon/600/600.pdf.

㉙ House of Commons Political and Constitutional Reform Committee, *What Next on the Redrawing of Parliamentary Constituency Boundaries*? (*Eighth Report of Session* 2014 - 15), UK Parliament (Mar. 9, 2015), https://publications.parliament.uk/pa/cm201415/cmselect/cmpolcon/600/600.pdf.

举权的核心决定因素。选民登记由选举登记专员(electoral registration officer)负责。关于选举权的规定主要在1983年的《人民代表法案》(Representation of the People Act 1983)中,该法的第一节和第二节分别规定了英国议会选举权和地方政府选举权。第三节和第四节规定了两类特殊的不具备选举权的情况:监狱中被剥夺公民权的人,以及被拘押在精神疾病医院的被剥夺权利的人。根据1983年《精神卫生法》(Mental Health Act 1983)或1964年《刑事诉讼(精神错乱)法》[Criminal Procedure (Insanity) Act 1964],被定罪的服刑囚犯和因治疗精神障碍而被拘留在医院的罪犯不具备选举权。[30]

以英国议会选举权为例,在投票日需要同时具备四项条件才能作为选民投票:已在该选区的议会选民登记册上登记;不受任何法律上无投票能力的限制(除年龄外);是英联邦公民或爱尔兰共和国公民;达到投票年龄(18岁或以上)。以下对这四项要求予以简要介绍:

第一,记入选民登记册。选民登记册提供了居住并且有资格在选举期内的某一天投票者的名单。选举权只能在当事人进行选民登记之后行使,如果并未进行选民登记,那么便不能进行投票。[31] 登记是选举权的一个强制性手段。对投票登记目标的现代理解是:完整性和准确性。每一个有资格投票的人应当进行登记(完整性),以及只有有资格投票的人应当被包含在登记中(准确性)。[32] 登记引入了对"居住"的要求,并推动了权利的登记。对"居住"的要求可以看作一种行政手段,决定着特定的公民可以行使选举权的地区,也符合传统的社区代表观念。"居住"包括海外选民、海外贵族成员名义上的居住,以及某些选民作出声明(例如在精神健康机构中的人)。在实践中,对"居住"进行登记还决定着选举日选

---

[30] Law Commission, Scottish Law Commission & North Ireland Law Commission, *The Registration of Electors in the UK*, Amazonaws(Dec. 9, 2014), https://s3-eu-west-2.amazonaws.com/lawcom-prod-storage-11jsxou24uy7q/uploads/2015/03/Electoral-Law_Registration-of-Electors_Research.pdf.

[31] 参见1983年《人民代表法》ss 1和2。

[32] Law Commission, Scottish Law Commission & North Ireland Law Commission, *The Registration of Electors in the UK*, Amazonaws(Dec. 9, 2014), https://s3-eu-west-2.amazonaws.com/lawcom-prod-storage-11jsxou24uy7q/uploads/2015/03/Electoral-Law_Registration-of-Electors_Research.pdf.

举权利的行使,以及涉及的选举行政人员。

1832 年伴随着《改革法案》(the Reform Act)对选举权的扩张,登记制度被引入选举领域。符合复杂的财产资格的成年男性因而可以被记录并投票。虽然后来开始推行成人普选,移除了对于财产资格的要求,但选举登记仍然与不动产挂钩,每家每户都需要有人负责将居住者身份、年龄和公民资格等关键选举权利要求通知选举登记官员。2002 年在北爱尔兰引入了选举登记的新的概念——"个人选举登记"(individual electoral registration),登记的义务由个人承担,即可能的选民可以在一年内任何时间申请登记。它和滚动登记(rolling registration)不同,个人选举登记独立于年度调查,而非其补充。[33]

第二,公民身份。为了在英国议会选举中可能投票,当事人必须是英联邦公民(包括英国公民),或者爱尔兰共和国的公民。为了具备登记的权利,英联邦公民必须根据移民法律获得进入英国的许可,或不需要该许可。

第三,投票年龄。英国投票者必须在 18 周岁及以上。

第四,不具备缺乏投票法律能力的情形。特定的人不具备投票资格。其中包括根据 1983 年《精神卫生法》被拘留的人,和刑事定罪后在监狱服刑的罪犯等。在国会选举中,英国的贵族也不具备投票的法律能力。根据判例法,除了根据 1999 年《上议院法案》(the House of Lords Act 1999)第一节和第二节不能在上议院就坐的世袭贵族,其他贵族不具有投票能力。[34]

(四)候选人资格

为了能够作为英国国会大选的候选人,必须在提名日和投票日符合年龄在 21 岁以上,并且属于英国公民、爱尔兰共和国公民或者有资格的

㉝ Law Commission, Scottish Law Commission & North Ireland Law Commission, *The Registration of Electors in the UK*, Amazonaws(Dec. 9, 2014), https://s3-eu-west-2. amazonaws. com/lawcom-prod-storage-11jsxou24uy7q/uploads/2015/03/Electoral-Law_Registration-of-Electors_Research. pdf.

㉞ Law Commission, Scottish Law Commission & North Ireland Law Commission, *The Registration of Electors in the UK*, Amazonaws(Dec. 9, 2014), https://s3-eu-west-2. amazonaws. com/lawcom-prod-storage-11jsxou24uy7q/uploads/2015/03/Electoral-Law_Registration-of-Electors_Research. pdf.

英联邦公民。除上述积极条件外,英国还规定了较为繁杂的消极条件:

第一,身份限制。具备一定身份的人不能作为候选人,包括公务员、警察部队成员、武装部队成员、政府提名的商业公司董事、法官、英联邦以外任何国家或地区的立法机关成员、能在上议院投票的贵族成员以及有权在上议院就座和投票的英国教堂主教等。[35] 以上的列举并不全面,不合格身份的详细名单载于 1975 年《下议院取消资格法案》(House of Commons Disqualification Act 1975)。

第二,国籍限制。其他国家(包括除英国、爱尔兰共和国、塞浦路斯和马耳他以外的欧盟国家)的公民没有资格成为英国国会议员。欧洲议会的议员无法作为英国国会的成员。

第三,破产情况限制。在破产的情况下,如果受制于英格兰、威尔士、北爱尔兰法院的破产限制令或债务救济限制令,或者房地产被苏格兰的法院扣押并且尚未清偿债务,不具有候选人的资格。如果某人被英格兰、威尔士或北爱尔兰法院判定破产,或受临时破产限制令,但并未出现上述情况,则破产的情形不会影响其候选人资格。[36]

第四,犯罪情况限制。根据 1981 年《人民代表法案》如果被定罪且被判处监禁或拘留多于一年的罪犯,无论被拘留在英国、爱尔兰共和国、海峡群岛、曼岛(the Isle of Man)或非法逍遥法外,都不具备代表资格。[37] 如果候选人被指控有腐败、非法选举行为,或者与捐赠有关的犯罪行为,也不具备候选人资格。非法选举行为从当事人被选举法院宣告有罪开始持续的三年内都不适格,腐败行为从当事人被选举法院宣告有罪开始持续

㉟ The Electoral Commission, *UK Parliamentary General Election*: *Guidance for Candidates and Agents Part* 1 *of* 6-*Can You Stand for Election*? The Electoral Commission (Nov., 2018), http://www.electoralcommission.org.uk/__data/assets/pdf_file/0019/173017/UKPGE-Part-1-Can-you-stand-for-election.pdf.

㊱ The Electoral Commission, *UK Parliamentary General Election*: *Guidance for Candidates and Agents Part* 1 *of* 6-*Can You Stand for Election*? The Electoral Commission (Nov., 2018), http://www.electoralcommission.org.uk/__data/assets/pdf_file/0019/173017/UKPGE-Part-1-Can-you-stand-for-election.pdf.

㊲ The Electoral Commission, *UK Parliamentary General Election*: *Guidance for Candidates and Agents Part* 1 *of* 6-*Can You Stand for Election*? The Electoral Commission (Nov., 2018), http://www.electoralcommission.org.uk/__data/assets/pdf_file/0019/173017/UKPGE-Part-1-Can-you-stand-for-election.pdf.

的五年内都不适格。

第五,选区限制。在同一场英国国会大选中,候选人不能同时在一个以上选区参选。[38]

对不适格的人的提名是无效的,选举主任将会拒绝接受他们的提名书。

(五)竞选开支

在英国的国会选举中,设置有规制期(regulated period)制度,即竞选支出受到限制的期限。大选的规制期从正式成为候选人的第二日开始,到投票日截止。最早能够正式成为候选人的日期是英国议会被解散的日期。[39] 在这一时期内,设置有支出限额,包括固定数额和根据竞争选区内登记的选民人数确定的可变数额两部分。固定数额为8700英镑,可变数额由登记的选民人数乘以每个选民的额度计算得出。在行政区选区(苏格兰自治区域),每个选民的额度是6便士,在郡选区每个选民的额度是9便士。

英国对于候选人支出的监管十分严格。候选人支出包括在规制期内为选举目的产生的任何费用,例如任何种类的广告,赠送给选民的自我推荐材料、交通成本、职工薪酬、场所费用以及其他的行政费用等;也包括在规制期开始之前购买,但是在规制期内使用的商品或服务,以及免费或者超过10%的非商业折扣的被赠送的商品或服务。

除了对候选人支出进行限制,还包括对政党支出的限制。在候选人规制期开始之前,为提高代表政党的候选人的地位进行的支出,将落入政党支出规则的范围。值得注意的是,支出不需要同时作为候选人的支出和政党的支出被计算两次,在促进候选人的活动上的支出很可能计入候选人的支出限额,在促进政党而不是候选人的活动上的支出很可能会包

㊳ The Electoral Commission, *UK Parliamentary General Election: Guidance for Candidates and Agents Part* 1 *of* 6-*Can You Stand for Election*? The Electoral Commission (Nov., 2018), http://www.electoralcommission.org.uk/__data/assets/pdf_file/0019/173017/UKPGE-Part-1-Can-you-stand-for-election.pdf.

㊴ The Electoral Commission, *UK Parliamentary General Election* 2019: *Great Britain Guidance for Candidates and Agents Part* 3 *of* 6-*Spending and Donations* 6, The Electoral Commission (Nov., 2019), https://www.electoralcommission.org.uk/sites/default/files/2019-11/Candidate%20Part%203%202019%20UKPGE%20GB.pdf.

含在政党竞选支出的规定中。[40]

对于在欧盟议会选举中没有候选人代表的政党，在英国国会大选中的支出限额，是“固定数额”与“一个政党在英国各地区争夺的席位数乘以3万英镑”两者中的较大者。固定数额在英格兰、苏格兰和威尔士分别是810,000英镑、120,000英镑和60,000英镑。本文试举一例说明。如果一个政党在英格兰竞争200个选区，在苏格拉竞争20个选区，在威尔士竞争10个选区，那么它的支出限额为6000000英镑（200×30000英镑）+600000英镑（20×30000英镑）+300000英镑（10×30000英镑），从而得以超过固定数额。为了确保在规制期内的竞选支出能够被精确记录并报告，只有候选人、代理人，以及代理人或候选人授权的人才被允许带来（incur）支出。带来意味着作出支出资金的法律承诺。在规制期内，代理人将进行大多数候选人的支出活动，但有三个例外：候选人可以在代理人被任命前支付物品的费用；候选人可以支付最多600英镑的个人费用；以及代理人可以书面授权他人支付例如信笺或者邮寄的费用，授权必须包括支付的数额。候选人可以自己作为选举代理人，[41]代理人和候选人必须提交选举记录是完整并且准确的声明。代理人一旦被任命，就必须保存任何20英镑以上的支出的发票或收据，以及所有选举材料样品的复件（如信件或手册）。对于每一项支出，代理人应当记录的信息包括支出的对象（如手册或广告）、供应人的姓名和地址、数量和价值，以及支出的日期。在选举之后，代理人必须符合接受和支付发票，以及在最后期限前向地方选举主任提交支出和捐赠申报的。同时，即便并未支出任何费用，代理人和候选人也需要提交声明和申报，这也被称为“零申报”

---

[40] The Electoral Commission, *UK Parliamentary General Election* 2019: *Great Britain Guidance for Candidates and Agents Part* 3 *of* 6-*Spending and Donations* 6, The Electoral Commission (Nov., 2019), https://www.electoralcommission.org.uk/sites/default/files/2019-11/Candidate%20Part%203%202019%20UKPGE%20GB.pdf.

[41] The Electoral Commission, *UK Parliamentary General Election* 2019: *Great Britain Guidance for Candidates and Agents Part* 3 *of* 6-*Spending and Donations* 6, The Electoral Commission (Nov., 2019), https://www.electoralcommission.org.uk/sites/default/files/2019-11/Candidate%20Part%203%202019%20UKPGE%20GB.pdf.

(nil return)。[42]

（六）投票和计票

在投票和计票过程中有多种官员在履行职责。(代理)选举主任[The (Acting) Returning Officer]负责选举活动,副(代理)选举主任[The Deputy (Acting) Returning Officer],在选举活动中辅助(代理)选举主任。投票站主任(Presiding Officer)对投票站的投票行为负责,需要保证选票的秘密和安全,指示和监督投票站人员的工作,维持投票站秩序,根据需要处理特殊投票程序,接受选民的邮寄投票等,保证选票的秘密和安全。投票站主任还负责确保(代理)选举主任指令合规。监督人(Supervisors)负责监督计票小组并且向(代理)选举主任报告,计票人(Counters)被分成计票小组,对选票进行计数。

1. 投票

在投票日之前,选举委员会需要提前做好一系列准备,包括设置投票站,准备投票站所需要的一系列设施和材料,分配选票,准备投票站登记册及缺席投票名单,为投票站提供对应号码表等。[43]

在投票日当天,对于大多数来到投票站的选民,投票需要遵循下列程序。第一步,检查选民身份。工作人员应当迎接选民,并要求他们确认姓名和地址,确保选民有资格进行投票。工作人员以在选民登记册上画线的方式标明选举人的选民号码。第二步,发放选票。工作人员在选票号码旁边相应的号码列表上写下选民号码(如果没有预印的情况下,还要写下投票区相关字母),确保选票包括预先打印的官方标记(如条形码或水印)。然后,向选民交付未折叠的选票,从而确保选民能够看到全部候选人。第三步,投票。确保选民独自去投票隔间进行投票,保护他们的秘密投票权利。任何其他人都不允许陪同选民去投票隔间,除非有残疾或不

[42] The Electoral Commission, *UK Parliamentary General Election* 2019: *Great Britain Guidance for Candidates and Agents Part* 3 *of* 6-*Spending and Donations* 6, The Electoral Commission (Nov., 2019), https://www.electoralcommission.org.uk/sites/default/files/2019-11/Candidate%20Part%203%202019%20UKPGE%20GB.pdf.

[43] The Electoral Commission, *Part C-Administering the Poll*, *UK Parliamentary Elections in Great Britain: Guidance for (Acting) Returning Officers*, The Electoral Commission (Nov., 2018), https://www.electoralcommission.org.uk/sites/default/files/pdf_file/UKPE-Part-C-Administering-the-poll.pdf.

能阅读的选民请求协助投票。选民在投票隔间中以不受干扰的状态进行投票。在选民将选票放入投票箱之前,应当将选票折叠,并且将选票号码和选票背面独特的识别码展示给投票站主任。工作人员应当严格遵守上述流程,不能因为疏忽剥夺选民权利。[44]

投票工作必须在 22 时结束。但若有资格的选民 22 时还在投票站内,或者在投票站外排队并且以投票为目的(无论队伍在投票站内还是延伸到投票站外),那么这些选民将被允许投票。如果有人 22 时还在投票站内或者在投票站外排队,目的是带回邮寄的选票,那么其将不受 22 时的限制。工作人员应当尽可能确保所有等待的选民在 22 时前可以获发选票,同时在投票站关闭之前也应当进行检查,确保在 22 时后没有人加入队列中。在上述所有人都完成投票后,投票站主任应当密封票箱,任何候选人、选举代理人或者投票代理人都可以在其上盖章。此外,投票站主任负责完成文书工作,填写所有工作表格,打包投票站的材料,并且根据(代理)选举主任的指令将选举材料运输到计票中心。[45]

2. 计票

在英国国会大选中,(代理)选举主任应当在 22 时投票结束之后的 4 个小时之内采取合理措施开始计票。计票分为两个阶段,计票员会先对选票的数量进行计数,再对选票上的投票结果进行计数。一系列的因素将会影响选票开始计数的时间,如选区的地理范围,以及从投票站将选票运送到计票点所花费的时间等。[46]

在第一个阶段,计票员为选票的数量进行计数。计票工作人员需要

---

[44] The Electoral Commission, *Handbook for Polling Station Staff: Supporting a UK Parliamentary Election in Great Britain*, The Electoral Commission (2019), https://www.electoralcommission.org.uk/sites/default/files/2019-11/UKPGE%20Polling%20Station%20Handbook%20final%20English%20web.pdf.

[45] The Electoral Commission, *Handbook for Polling Station Staff: Supporting a UK Parliamentary Election in Great Britain*, The Electoral Commission (2019), https://www.electoralcommission.org.uk/sites/default/files/2019-11/UKPGE%20Polling%20Station%20Handbook%20final%20English%20web.pdf.

[46] The Electoral Commission, *Counting the Votes at a UK Parliamentary General Election*, The Electoral Commission (2017), https://www.electoralcommission.org.uk/sites/default/files/pdf_file/UKPGE-easy-guide-to-the-count-FINAL-FILE-DL-Leaflet.pdf.

将每个投票箱的实际选票数与选票账户(ballot account)进行比较。选票账户是由每个投票站的投票主任填写的说明发出选票的表格(邮寄的选票以同样的方式计算)。投票箱被打开并倾倒在桌子上,之后将空箱展示给在场的每个人。计票小组统计并记录每个投票箱中的选票数量。如果选票数量与预期数量相符,选票就可以进入第二阶段的计票。如果不相符,计票小组将被要求重新计票,直到数字匹配,或者连续两次统计得出相同数量的选票。选票账户上的数字与投票箱中的数字之间的任何差异都会被记录下来。(代理)选举主任将准备一份声明,说明每个投票箱收到的选票数与预期的选票数,并提供给候选人和代理人。[47]

第二个阶段,记录选票上的投票结果。为了确保投票的秘密性,不同票箱的选票会混合在一起。计票小组按候选人对选票进行分类并计票。在候选人旁边的方框中没有标记"X"的选票被称为"可疑"选票,它们将交给(代理)选举主任或副(代理)选举主任进行裁决。只要投票者的意图是明显的,投票就可以被认为是有效的。如果(代理)选举主任无法从选票上得知投票人的意图,这些将被称为"否决"票,同时注明拒绝的原因。排序完成后,计票小组将所有有效票和被否决票相加,统计每个候选人的得票数,并与第一阶段的选票总数进行核对。(代理)选举主任将与候选人及其代理人分享临时结果。[48]

二、英国国会选举制度的表决方式之争

(一)现有表决方式的类型

目前英国采用的"简单多数制"表决方式被认为在一定情况下可能缺乏民主性。例如,2015年英国国会大选中,有12.6%的人(3,881,099人)投票支持英国独立党(UKIP),但仅仅产生了一名国会议员。与之相对,保守党获得了大概三倍的人数支持,但国会议员的人数是英国独立党的

---

[47] The Electoral Commission, *Counting the Votes at a UK Parliamentary General Election*, the Electoral Commission (2017), https://www.electoralcommission.org.uk/sites/default/files/pdf_file/UKPGE-easy-guide-to-the-count-FINAL-FILE-DL-Leaflet.pdf.

[48] The Electoral Commission, *Counting the Votes at a UK Parliamentary General Election*, the Electoral Commission (2017), https://www.electoralcommission.org.uk/sites/default/files/pdf_file/UKPGE-easy-guide-to-the-count-FINAL-FILE-DL-Leaflet.pdf.

331 倍。[49] 因此,除单选区简单多数制以外,还有其他选举制度可资借鉴:

第一,选择投票制(Alternative Vote)。在采取单一选区制的同时,将相对多数获胜制改为绝对多数获胜制,通过选民们对候选人进行偏好排序,最终通过不同偏好相加产生绝对多数的投票结果。目前北爱尔兰议会的补选采用这一种选举制度。

第二,混合选举制。把单选区制和政党名单比例制两种方式结合在一起,在英国被称为"附加名额制"(Additional Members System)。给予每名选民两张选票,第一张选票按照单一选区制进行选举,第二张选票追加授予政党席位,使得国会席位的分布更加契合于选民给政党投票的比例。目前苏格兰议会选举采用的就是这种选举制,在 129 名议员中,73 名由单选区简单多数制产生,另外 56 名分地区由比例代表制产生。

第三,可转移单票制(Single Transferable Vote)。将单一选区制改为多选区制,选民需要对候选人偏好进行排序,候选人得票率只要达到一定比例即可当选。这可以使选民既能够选择候选人,又能够选择政党。1973 年开始,北爱尔兰地区议会开始使用可转移单票制。

第四,比例代表制(Proportional Representation)。比例代表制要求按照所有党派所获的选票的比例分配议席。但实践中很多国家实行议会门槛制,把特别小的党排除在议会之外。[50]

(二)表决方式的历史演变

1800 年,根据《联盟法案》(the Act of Union 1800)创立了英国国会。在这一时期,下议院的选举制度和现在的选举制度存在较大的区别。这一时期的表决机制为简单多数制(First Past The Post,FPTP),选民根据选举产生的席位数投出相应的票数,获得更多选票的候选者当选。但是,选区的规模、选区选举产生的下议院议员数量等都存在巨大的不同。选区安排的极度不合比例导致了选举的不平等。尽管有观点认为,"实质上的

---

[49] Local Government Association, *Calling for Urgent Electoral Reform: Our View on Voting System Options for Local and UK Parliamentary elections*, Local Government Association (Jul., 2016), https://www.local.gov.uk/sites/default/files/documents/calling-urgent-electoral——dc8.pdf.

[50] 李济时、韩荣卿:《当前英国的选举制度改革:根由、进程与争议》,载《当代世界与社会主义》2018 年第 5 期。

代表”(virtual representation)可以正当化选区划分的不平等,因为议会并不代表地区,而是代表利益。然而从17世纪中期开始,改革者始终拒绝“实质上的代表”的逻辑。1832年,英国政府通过了《大改革法案》(the Great Reform Act 1832):一方面采用复数投票制(plural voting),增加了选民的数量;另一方面开始规制选举权。最为重要的是,他们推动了接下来数年中更进一步的投票制度改革。[51]

保守党下议院议员 Winthrop Mackworth Praed 提出了限制投票制(limited vote)。限制投票制要求在多成员的选区中,选民所投的票数应当少于席位数,这将确保少数派也可以获得代表。自由党下议院议员 James Garth Marshall 主张累积投票制(Cumulative Vote),它要求多成员选区中投票的数量等于席位的数量,允许选民根据他们的意愿自由分配选票数量。在19世纪50年代后期,Thomas Hare 提出了可转移单票制(STV),这种表决制度需要选民对候选人根据偏好进行排序,并通过投票的总数决定选举的配额,获得比配额更多选票的候选人将获选。1867年的《第二改革法案》(the Second Reform Act 1867)将选举权的扩展和席位的重新分配结合起来,有限采用了限制投票制,要求每个选民仅能选择两个候选人,从而使选举结果更平衡。尽管实践中限制投票制并没有符合比例性(proportionality)的要求,[52]但这是英国第一次比例代表制的实验。

19世纪的最后十年见证了英国从选择投票制向简单多数制转变的过程。在1884年,Gladstone 领导的自由党政府通过了《第三改革法案》(the Third Reform Act 1884),英国大多数单成员选区采用简单多数制的表决方式,所有的三成员选区以及大多数两成员选区被废除。在第一次世界大战爆发前,尽管表决机制还存在突出问题,但并未采取过多的改革措施。1916年召集成立的议长会议(speaker's conference)提出了较为激

---

[51] David Klemperer, *Electoral Systems and Electoral Reform in the UK in Historical Perspective*, the Constitution Society (Apr., 2019), https://consoc.org.uk/wp-content/uploads/2019/04/David-Klemperer-Electoral-Systems-and-Electoral-Reform-in-the-UK-in-Historical-Perspective.pdf.

[52] David Klemperer, *Electoral Systems and Electoral Reform in the UK in Historical Perspective*, the Constitution Society (Apr., 2019), https://consoc.org.uk/wp-content/uploads/2019/04/David-Klemperer-Electoral-Systems-and-Electoral-Reform-in-the-UK-in-Historical-Perspective.pdf.

进的修改倡议,要求放弃采用简单投票制,在行政区选区采用可转移单票制,并在其他区域采用选择投票制。自由党和工党对选择投票制取得了统一认识,但对于可转移单票制的认识产生了分歧。在一系列的投票中,下议院支持采纳选择投票制,但是拒绝了可转移单票制。这一法案并没有在上议院获得通过,上议院保守多数因为政党利益,对选择投票制具有敌意,要求在行政区选区采纳可转移单票制,在郡选区采纳简单多数制,但这一立法又被下议院所否决。最终两院形成了妥协——放弃可转移单票制和选择投票制,而采行简单多数制。这最终通过了上议院的审查并形成了1918年的《人民代表法案》。

英国和欧洲其他国家存在不同,其他国家在1918年至1919年几乎采取了一些形式的比例代表制,然而英国没有采取任何形式的比例代表制。后来,英国政府也在逐渐尝试引入可转移单票制,例如在1919年的《印度政府法案》将可转移单票制作为了印度中央议会的选举方式,1921年英国官员将可转移单票制写入了马耳他的新宪法。此外,1919年爱尔兰在地方层面也引入了可转移单票制,并且在北爱尔兰和南爱尔兰新设立的议会也采纳了可转移单票制。1930年,下议院投票通过了意图引入选择投票制的选举改革法案(Electoral Reform Bill),不过法案最终被上议院否决。关于选择投票制的改革原本希望以议会法案(Parliamentary Act)的形式获得通过,但由于经济大危机的出现并导致1931年工党政府下台,选举改革在接下来很多年内都不会纳入议程。[53]

1948年,新的《人民代表法案》将简单多数制作为了英国议会选举的统一机制,废除了复数投票制。然而,在20世纪70年代,北爱尔兰重新引入了可转移单票制,自由党向工党政府施加压力,希望采纳比例代表制,但是最终并未获得通过。1974年的两次选举明确显示出简单多数制的不合比例性:自由党获得了超过19%的投票,但仅获得了2%的席位。在20世纪80年代社会民主党建立后,这一问题变得更加尖锐。以1983年为例,社会民主党和自由党联盟获得了超过25%的选票,虽然仅仅和工党差2个

---

[53] David Klemperer, *Electoral Systems and Electoral Reform in the UK in Historical Perspective*, the Constitution Society (Apr., 2019), https://consoc. org. uk/wp-content/uploads/2019/04/David-Klemperer-Electoral-Systems-and-Electoral-Reform-in-the-UK-in-Historical-Perspective. pdf.

百分点,但只获得了23个席位,比工党少186个,占总席位的3.5%。[54]

Tony Blair的新工党1997年大选中获胜后也进行了一系列改革。一方面,因为认识到简单多数制使政党失去了权力,表决方式改革急需被提上日程。另一方面,实践中采取不同表决方式的地区也随之增加。1998年设立的威尔士议会和苏格兰议会结合了简单多数制和比例代表制,将广义比例与选区代表结合起来,采取单一选区两票制(additional member system, AMS)。2000年伦敦议会也采纳了单一选区两票制作为投票制度。

在这一背景下,工党希望通过公投改变下议院表决制度,并且成立了Jenkins委员会,由专家委员会选择简单多数制的替代方案。该委员会在考虑广泛比例性、稳定的政府、扩展选民选择以及通过选区连接选民与下议院议员后,最终提出了"选择投票制+"(Alternative Vote Plus, AV+)。它与苏格兰和威尔士使用的单一选区两票制存在相似之处,将直接选举的代表和地区内名单排名前列的代表相结合,从而符合比例性的要求。但是,通过选择投票制而非简单多数制产生直接选举的下议院代表。委员会认为,选择投票制可以确保单成员选区内的代表获得多数的支持。由于来自自由民主党人和工党内部的压力,最终没有就从简单多数制向"选择投票制+"的改变进行公投。[55] 由于2010年大选产生了没有多数党的议会(hung parliament),表决方式改革成了需要解决的问题,于是在2011年4月举行了公投。时任首相卡梅伦认为,简单多数制"不仅仅是一种计票的方式,还是作为国家的公正性的表达"。[56] 但是,在这次公投中,

---

[54] David Klemperer, *Electoral Systems and Electoral Reform in the UK in Historical Perspective*, the Constitution Society (Apr., 2019), https://consoc.org.uk/wp-content/uploads/2019/04/David-Klemperer-Electoral-Systems-and-Electoral-Reform-in-the-UK-in-Historical-Perspective.pdf.

[55] David Klemperer, *Electoral Systems and Electoral Reform in the UK in Historical Perspective*, the Constitution Society (Apr., 2019), https://consoc.org.uk/wp-content/uploads/2019/04/David-Klemperer-Electoral-Systems-and-Electoral-Reform-in-the-UK-in-Historical-Perspective.pdf.

[56] David Klemperer, *Electoral Systems and Electoral Reform in the UK in Historical Perspective*, the Constitution Society (Apr., 2019), https://consoc.org.uk/wp-content/uploads/2019/04/David-Klemperer-Electoral-Systems-and-Electoral-Reform-in-the-UK-in-Historical-Perspective.pdf.

只有42%左右的投票率,而且68%的投票人否决了选择投票制。尽管如此,当下选择投票制的失败不能阻止将来对其他简单多数制替代的实验。[57]

(三)表决方式改革的反思

回顾过去200多年,简单多数制作为英国下议院表决制度并非预先注定的:它并非英国的初始制度,也不是许多改革者所追求的制度。简单多数制并不是为了实现民主所选择的表决方式,仅仅是英国民主"默认"的制度,具备高度偶然性。因此,议会选举制度的改革,并非卡梅伦所言会构成对选举的破坏。[58] 简单多数制并没有足够的历史基础被无条件坚持,英国国会选举制度不应当仅仅关注简单投票制形式上的延续性,而是有必要分析具体表决制度的功能和特质。

选举改革者所倡导的主要投票制度除"选择投票制 +"以外都在现行选举中发挥着作用。在不同的机构采用不同的表决方式,例如在国会选举和英格兰地方选举采用简单多数制,而在苏格兰议会、威尔士议会选举中采用的附加名额制,在北爱尔兰和苏格兰地方选举中采用的可转移单票制。考虑到国家议会和地方议会的选举目的不同,在国家层面采用简单多数制和地方层面采用其他表决方式并不矛盾。由此可见,英国民主从来都没有和单一的投票制度绑定,英国的选举制度也会时常发生变化。

不过,地方层面的选举制度当下面临着一系列的问题,例如:(1)候选人者较少;(2)无人竞争席位;(3)当选代表周转率较低;(4)管理行政人员周转率较低等。考虑到英国政府引入《地方主义法案》(Localism Bill)增加地方自治,地方政府的选举改革需求更为迫切。[59] 一方面,地方层面的选举改革应当更加关注需要有效、负责的代表,而不是如何在不同党派

---

[57] David Klemperer, *Electoral Systems and Electoral Reform in the UK in Historical Perspective*, the Constitution Society (Apr., 2019), https://consoc.org.uk/wp-content/uploads/2019/04/David-Klemperer-Electoral-Systems-and-Electoral-Reform-in-the-UK-in-Historical-Perspective.pdf.

[58] 例如在苏格兰的选民有资格使用五种不同的投票机制,在威斯敏斯特议会采用简单多数制,在欧盟选举中采用以列表为基础的比例代表制(List-Based PR for European Elections),在地方选举中采用可转移单票制,在填补单一空缺的地方补选中采用选择投票制,因为选举单一候选人的可转移单票制实质上等同于选择投票制。

[59] Vernon Bogdanor, *English Local Elections*, Electoral Reform Society (May 5, 2011), https://www.electoral-reform.org.uk/wp-content/uploads/2017/06/2011-English-Local-Elections.pdf.

之间进行平衡。[60] 另一方面,可转移单票制对于地方选举具备一些优势,它允许投票人在不同的政党间以及政党内选择候选人,不仅可以在一个政党享有事实上的控制权的同时促进选举,还能通过将一些缺乏竞争的单一成员选区整合成更大的多成员选区解决候选人不足的问题。可转移单票制还有利于妇女代表,可转移单票制鼓励政党提出具备更多支持者的候选人名单,有助于实现性别平等。[61] 可转移单票制还能够加强代表和选民之间的联系,[62]对 2016 年北爱尔兰选举的实证模拟研究表明,可转移单票制能够在将较低的偏好传递给政治中心时为选民提供些许帮助,从而起到缓和民族划分的明确界限的功能。[63]

三、英国国会选举的数字化改革

(一)选举活动数字化

良好运作的选举需要和选民更好地交流。当竞选者清楚地解释他们的政策和政治观点时,选民更能以有意义和知情的方式行使自己的投票权。在英国,竞选者开始使用新的方式与选民交流,尤其是例如 Facebook, Google, YouTube, Twitter, Instagram 等数字化社交媒体公司提供的广告服务。竞选者在数字广告的开支占广告总开支比重从 2014 年的 1.7% 增长到 2015 年的 23.9%,在 2016 年和 2017 年又增长到 32.3% 和 42.8%,已经达到相当高的水平。[64]

---

[60] Vernon Bogdanor, *English Local Elections*, Electoral Reform Society (May 5, 2011), https://www.electoral-reform.org.uk/wp-content/uploads/2017/06/2011-English-Local-Elections.pdf.

[61] Vernon Bogdanor, *English Local Elections*, Electoral Reform Society(May 5, 2011), https://www.electoral-reform.org.uk/wp-content/uploads/2017/06/2011-English-Local-Elections.pdf.

[62] Vernon Bogdanor, *English Local Elections*, Electoral Reform Society(May 5, 2011), https://www.electoral-reform.org.uk/wp-content/uploads/2017/06/2011-English-Local-Elections.pdf.

[63] John Coakley et al., *The* 2016 *Northern Ireland Assembly Election: How Voters Use STV*, Electoral Reform Society (Feb., 2017), https://www.electoral-reform.org.uk/wp-content/uploads/2017/06/2016-Northern-Ireland-Assembly-Election.pdf.

[64] The Electoral Commission, *Digital Campaigning: Increasing Transparency for Voters*, the Electoral Commission (Jun., 2018), https://www.electoralcommission.org.uk/sites/default/files/pdf_file/Digital-campaigning-improving-transparency-for-voters.pdf.

竞选工具数字化可以使竞选者在更容易和更节约成本的情况下与选民沟通的政策和政治观点,但新技术也可能会减少选民对选举活动完整性的信心。例如,外国的机构或个人可能在没有物理上进入国家的基础上尝试以在线的方式对选民产生影响,竞选者也可能尝试通过隐藏网络活动绕过对竞选支出的限制。选举委员会就此表示,"目前还不清楚数字化竞选材料的幕后控制者,公众对选举活动数字化的透明度有重大担忧"。[65] 从其他国家和地区的实践来看,选民和竞选者针对美国、法国、德国和爱尔兰在近期选举中竞选活动数字化现象,也会担忧出现混乱、干扰和误用。[66] 此外,外国政府组织可能利用数字化手段开展间谍活动并阻碍英国选举,政府和立法者也相应地表达了对数字化工具被不当使用的担忧。因此,竞选活动的数字化向选举委员会提出了一系列重要的问题。[67]

有多个组织负责对选举活动的数字化进行监管。例如,数字、文化、媒体和体育选择委员会(Digital, Culture, Media and Sport Select Committee)持续进行"假消息"对现代民主影响的调查。信息专员(Information Commissioner)负责调查政党、社交媒体公司以及其他的商业组织对个人数据的利用和分析。选举委员会需要实施和监管关于竞选活动资金来源和竞选者资金开支的法律规则,其中包括用于数字化竞选活动的资金,目的是确保选民信任数字时代的竞选资金规则。

选举委员会与相关的政府部门合作进行选举法律修改,使其更加适应数字时代的要求。[68] 这些要求具体包括:

第一,进行数字化竞选活动的候选人需要在选举委员会登记,既包括

---

[65] The Electoral Commission, *UK Parliamentary General Election* 2019, the Electoral Commission (Apr., 2020), https://www.electoralcommission.org.uk/sites/default/files/2020-04/UKPGE%20election%20report%202020.pdf.

[66] The Electoral Commission, *Digital Campaigning: Increasing Transparency for Voters*, the Electoral Commission (Jun., 2018), https://www.electoralcommission.org.uk/sites/default/files/pdf_file/Digital-campaigning-improving-transparency-for-voters.pdf.

[67] The Electoral Commission, *Digital Campaigning: Increasing Transparency for Voters*, the Electoral Commission (Jun., 2018), https://www.electoralcommission.org.uk/sites/default/files/pdf_file/Digital-campaigning-improving-transparency-for-voters.pdf.

[68] The Electoral Commission, *Digital Campaigning: Increasing Transparency for Voters*, the Electoral Commission (Jun., 2018), https://www.electoralcommission.org.uk/sites/default/files/pdf_file/Digital-campaigning-improving-transparency-for-voters.pdf.

登记的政党候选人也包括个人候选人。政党候选人由政党向选举委员会登记,个人候选人向选举委员会登记。

第二,数字化竞选活动的支出也要符合“规制期”的要求和支出限制。选举委员会将向竞选者和英国政府部门提出如何改进报告开支的规则和期限的倡议。登记的政党、非政党竞选人必须在选举后将开支的详细内容寄送给选举委员会,并提交给地方选举主任。社交媒体公司应当与选举委员会合作,改进其在选举中竞选材料和广告的政策,例如应当清晰地表明广告的来源等。

第三,限制了数字化竞选活动中资金的支付者。国会要求,只有对英国政治有真正利益的人才能够利用资金影响选民。只有居住在英国或者在英国登记投票的人,或者建立在英国的组织,才能够向政党和竞选人提供资金。尽管数字化工具的全球性特征正在给这一限制带来挑战,

第四,设置了实施机制。作为监管者,选举委员会有权力调查违反上述规则的情况,并以民事制裁的方式进行金钱惩罚。规则也设置了刑事犯罪条款,警察也可以调查违反规则的情况并在法院提起公诉。⑲

这些建议一方面有助于提高数字化竞选的透明度,防止外国资金干预选举活动;另一方面,选举委员会有权力对违反规则的竞选者处以高额罚款并形成威慑。⑳

(二)投票方式数字化(e-voting)

数字化投票方式正在逐步发展,这意味着选举计数中将采取电子或机械设备辅助,包括机械或电子选票分类和技术,在线登记并且允许选民在任何一个投票站投票、电话投票、网络投票、普通邮寄投票等。㉑ 数字化

---

⑲ The Electoral Commission, *Digital Campaigning: Increasing Transparency for Voters*, the Electoral Commission (Jun., 2018), https://www.electoralcommission.org.uk/sites/default/files/pdf_file/Digital-campaigning-improving-transparency-for-voters.pdf.

⑳ The Electoral Commission, *Digital Campaigning: Increasing Transparency for Voters*, the Electoral Commission (Jun., 2018), https://www.electoralcommission.org.uk/sites/default/files/pdf_file/Digital-campaigning-improving-transparency-for-voters.pdf.

㉑ The Independent Commission on Alternative Voting Methods, *Elections in the 21st Century: From Paper Ballot to E-voting*, the Independent Commission on Alternative Voting Methods (Jan., 2002), https://www.electoral-reform.org.uk/wp-content/uploads/2017/06/The-Independent-Commission-on-Alternative-Voting-Methods.pdf.

投票方式也会带来一些问题,例如如何确保选票的安全性和秘密性,并保证公众持续信任选举过程。廉洁、准确而且安全的选举投票方式对实现可信并且有活力的民主是不可或缺的。为此,英国建立了替代投票方式独立委员会(The Independent Commission on Alternative Voting Methods),对英国选举中投票、计票方式进行审查、分析并提供建议。目前而言,英国选举的投票、计票环节仍存在一些问题:

第一,公民参与选举程序的积极性逐渐下降。过去的十年中,出现了历史上最低的地方选举投票人数。由 MORI 代表选举委员会进行的选民态度调查[72]表示,在 2001 年大选中有 21% 的未投票选民是因为"前往投票站十分不便而放弃投票",也有 16% 的选民因为"在选举日离开选举地"。这表明投票方式数字化将有助于增加投票人数。

第二,在选举中经常出现无效选票。尽管投票远非复杂事项,但无效票仍经常出现(在 2001 年大选中达到了 0.26%)[73],这通常是因为选民没有标记、错误标记、标记过量,或者标记显示了选民的身份信息等。数字化投票方式应当减少无意识的选票损毁。

第三,计票速度问题。投票人数,以及雇佣的计票人数都会对计票速度都会产生影响。为了能够迅速产生投票结果,数字化投票方式具备优势。

第四,投票结果的准确性问题。尽管现有的投票制度允许结果存在一定偏差,但是需要受到候选人和代理人的审查。数字化的投票方式有助于降低结果偏差。

第五,成本问题。1997 年的大选花费了 5200 万英镑(不包括选举登记的费用),相当于平均为每个选民花费了 1.19 英镑。新技术的引入虽然会在短期内增加成本,但随着时间的延长,新的方式将变得更加低廉。[74]

为了解决公民参与选举程序的积极性逐渐下降、在选举中经常出现

---

[72] Attitudes to Voting and the Political Process (Jul. 4, 2001).

[73] 根据由 Plymouth 大学向选举委员会提供的数据计算。

[74] The Independent Commission on Alternative Voting Methods, *Elections in the 21st Century: From Paper Ballot to E-voting*, the Independent Commission on Alternative Voting Methods (Jan., 2002), https://www.electoral-reform.org.uk/wp-content/uploads/2017/06/The-Independent-Commission-on-Alternative-Voting-Methods.pdf.

无效选票、计票速度问题、投票结果的准确性问题以及成本问题，对投票方式进行改革便成为选举制度可能的发展方向。英国政府考虑将一些新的投票方式，例如邮寄选票、电子机器投票、电话投票和在线投票等引入选举活动中。为了使这些新投票形式的引入不损害选民的信任和选举流程的有效性，这些投票形式应当符合特定的要求：新的投票方式应当保证安全性，防止选民冒名投票或者不正当的干预；保证秘密性，要防止任何人对投票产生不当影响或者追溯投票结果；保证投票的便捷程度，投票过程应当足够简单；保证投票的透明度，整个过程应当具备审查的机会；保证计票的速度和效率，计票过程应当不存在延迟，不会降低公众信任水平；保证计票结果的准确性，选民应当获得准确的投票结果；考虑到投票方式对投票人数的影响，在鼓励最多数有资格的投票者进行投票的同时，不以有区别的方式为代价；考虑到投票方式的成本，有充分的资金得以支持。[75]

具体来看，邮寄选票、电子机器投票、电话投票和在线投票在实现这些要求上都有一定的优势，也存在需要解决的问题，替代投票方式独立委员会也有针对性地提出了一些建议，以下分述之。

第一，关于邮寄投票（Postal Voting）。在没有投票站的情况下，每个登记的选民都会收到一份邮寄的选票。这些选票需要在选举日的投票截止时间之前交回适当地点，然后按传统方式计票。邮政投票为选民提供了更多便利，可以可控的成本增加投票率，实现人人平等投票。然而，邮寄投票可能在投票人身份和投票保密性等方面存在一些问题。为此，委员会提出了以下建议：（1）在地方选举、欧洲议会选举和议会补选中进一步试点；（2）要求选民在登记时和完成邮寄投票时提供他们的出生日期，避免冒充投票；（3）建立登记册保存被退回的投票者记录；（4）允许没有收到选票、没有时间补发的邮递投票的选民到投票站参加投票；（5）让选民充分了解邮寄选票的时间表；（6）充分考虑邮递选票的投递和退回

---

[75] The Independent Commission on Alternative Voting Methods, *Elections in the 21st Century: From Aaper Ballot to E-voting*, the Independent Commission on Alternative Voting Methods（Jan., 2002）, https://www.electoral-reform.org.uk/wp-content/uploads/2017/06/The-Independent-Commission-on-Alternative-Voting-Methods.pdf.

安排。[76]

第二，关于电子机器投票（Electronic Machine Voting）。选民通过按钮或触摸屏幕进行投票，然后结果被存储到系统内的电子存储装置中。电子机器投票无助于提高选民投票率，但不会引起任何差异访问（differential access）的问题。电子机器投票可以使投票体验更人性化，帮助视力和听力障碍的选民在无人帮助的情况下投票，在人们投票出现问题之前发出警告，并提高计数的速度和准确性。但是，引入电子机器投票的成本较高，还会因为没有纸质文件存档造成对投票过程的审查变得更为困难。[77] 对于改进电子机器投票，选举委员会给出了如下建议：(1)选举主任应当在现场进行硬件和软件的真实性和严谨性测试，候选人和代理人也有机会在场。(2)投票数据应该在记录和存储过程中被复制，防止发生数据损毁。(3)投票机器应该记录管理者和选民的所有行为。(4)在候选人和代理人的请求的情况下，应当提供选举日在投票站的投票人数；在宣布投票结果后，尽快向候选人及代理人提供按投票站划分的详细投票细目；在候选人对选举结果发生质疑时，保障法院可以获取选举数据。[78]

第三，关于电话投票（Telephone Voting）。电话投票为选民提供了更多便利，能够在成本可控的基础上增加投票率。电话投票不仅可以防止选民无意中破坏选票，还能让计票过程更快更准确。但是，电话投票在投票人身份可识别性与投票的保密性等方面可能带来问题。与电子机器投票相同，电话投票也会造成对投票过程的审查变得更为困难。对于改进电话投票，委员会提出了一系列的建议：(1)交互式语音系统应尽可能方

---

[76] The Independent Commission on Alternative Voting Methods, *Elections in the 21st Century: From Paper Ballot to E-voting*, the Independent Commission on Alternative Voting Methods (Jan., 2002), https://www.electoral-reform.org.uk/wp-content/uploads/2017/06/The-Independent-Commission-on-Alternative-Voting-Methods.pdf.

[77] The Independent Commission on Alternative Voting Methods, *Elections in the 21st Century: From Paper Ballot to E-voting*, the Independent Commission on Alternative Voting Methods (Jan., 2002), https://www.electoral-reform.org.uk/wp-content/uploads/2017/06/The-Independent-Commission-on-Alternative-Voting-Methods.pdf.

[78] The Independent Commission on Alternative Voting Methods, *Elections in the 21st Century: From Paper Ballot to E-voting*, the Independent Commission on Alternative Voting Methods (Jan., 2002), https://www.electoral-reform.org.uk/wp-content/uploads/2017/06/The-Independent-Commission-on-Alternative-Voting-Methods.pdf.

便选民使用,并能够在任何阶段重复指示和选项;(2)在确认投票前,选民必须有机会审视他们的选择;(3)有足够多的电话线路保证选民接入;(4)系统应当记录通话的所有内容。[79]

第四,关于在线投票(Online Voting)。在线投票为选民提供了更多便利,有助于增加投票率。此外,在线投票还可以避免选民破坏选票,并实现更快更准确的计票。然而,在线投票也存在一些问题,例如核实投票人身份与确保投票过程的秘密所带来的困难,以及在线投票系统在受到外部攻击时的安全问题。在线投票还可能产生差别访问的问题,部分对计算机系统不熟悉的选民可能在使用在线投票时存在障碍。在线投票也存在与电话投票、电子机器投票同样的可审查性问题。委员会提出了如下建议:(1)在任何试点之前,应成立一个技术特别小组,以便对在线投票系统进行评估;(2)允许选民使用数字证书作为选民身份验证形式;(3)允许选民将选民证配合个人识别号码使用以验证身份;(4)投票人的身份和投票结果应当在系统中分开存储,只有法院有权要求识别特定主体的投票情况;(5)在线投票系统应当保证稳定流畅运行;(6)随机产生个人识别号码,并禁止购买或出售。[80]

总之,在引入新的投票方式时,选举委员会应当与提供设备的公司签订标准化合同,确保选举过程中使用的任何硬件和软件符合相关标准,负责在选举过程中所有阶段硬件和软件的标准设置。此外,选举委员会应当保障必要的立法允许采取相应的投票方式。

四、结语

英国国会选举制度在内容上十分丰富,在形式上呈现出制定法和判例法相结合的特征。近年来,英国选举制度中的表决制度面临着争论,简

---

[79] The Independent Commission on Alternative Voting Methods, *Elections in the 21st Century: From Paper Ballot to E-voting*, the Independent Commission on Alternative Voting Methods(Jan., 2002), https://www.electoral-reform.org.uk/wp-content/uploads/2017/06/The-Independent-Commission-on-Alternative-Voting-Methods.pdf.

[80] The Independent Commission on Alternative Voting Methods, *Elections in the 21st Century: From Paper Ballot to E-voting*, the Independent Commission on Alternative Voting Methods(Jan., 2002), https://www.electoral-reform.org.uk/wp-content/uploads/2017/06/The-Independent-Commission-on-Alternative-Voting-Methods.pdf.

单多数制的正当性遭到质疑。伴随着信息化、数字化的发展,新的投票方式引入也会给选举制度带来新的挑战。本文通过上述制度介绍和改革分析,希望能够大致勾勒英国选举制度的基本情况、重大争议与改革方向,并从中汲取有益的经验。